# 体験の言語化

早稲田大学平山郁夫記念
ボランティアセンター［編］

成文堂

# はじめに

　本書は、2014年から2016年の3年間で実施された「『体験の言語化』WASEDAメソッド構築のための研究プロジェクト」の成果を広く社会に伝えることを目的としている。読者の方にお読みいただくにあたって、「体験の言語化」という言葉が、本文中では1つの意味を持っていることをはじめに説明しておきたい。

　1つ目は、広く一般的な意味として、人が何かの体験を言語にする営みや実践という意味での「体験の言語化」である。哲学や言語学をはじめ、それぞれの学術分野では、行為や体験をめぐる多様な理解や議論がある。2つ目は、早稲田大学平山郁夫ボランティアセンター（以下、WAVOC）が早稲田大学として取り組んだ学生支援活動の名称としての「体験の言語化」である。この3年間のプロジェクトは、それまで10年以上に渡ってWAVOCが実践してきた「大学生がボランティア体験を言語化するための支援活動」が基礎となっている。WAVOCでは、そうした支援経験を通じて、大学生が、ボランティア、サークル、部活動、アルバイト等、大学のキャンパスを超える多様な現実社会での体験を自分の言葉にする実践を「体験の言語化」と呼んできた。そして、3つ目は、この3年間のプロジェクトで大学生が自らの体験を言葉にするために早稲田大学で開発された講義の名称としての「体験の言語化」である。この講義は、現在、早稲田大学グローバルエデュケーションセンターより提供されている。2016年時点で7名の教員が25クラスを担当しており、8回の講義として方法論がガイドブックによって標準化されている。

　本書では、多数の執筆者が「体験の言語化」について様々な立場から論じているが、それぞれの文脈において上記の3つの意味でこの言葉が使われていることをご理解いただければと思う。また、各章ではそれぞれ専門的な立場から、「人が体験を言語化すること」という哲学的な考察から、早稲田大学の教育ビジョンとのかかわり、具体的な3年間のプロジェクトの紹介まで、その内容は多岐に渡る。読者の方には、それぞれのご関心、ご興味に合わせ

て各章をお読みいただきたい。

　本研究プロジェクトは、まだまだ発展途上のプロセスであるが、これまでの私たちの成果を世に問うことで、「教育」に関するさらなる議論や研究、実践活動が広がることを願いたい。

　2016 年 10 月

兵藤智佳
岩井雪乃

# 目　次

はじめに

序　早稲田大学がめざす教育……………………鎌田　薫 (1)

### 第1部　早稲田大学のグローバル人材と体験の言語化

第1章　早稲田がめざすグローバル・リーダーの養成
　　　　──人と人とのぶつかり合いが人を育てる──
　　　　………………………………………………古谷修一 (7)

第2章　「体験の言語化」に期待すること……橋本周司 (15)

### 第2部　世界の高等教育における体験の言語化

第1章　日本の大学教育における「体験の言語化」の
　　　　意義………………………………河井　亨・溝上慎一 (23)

第2章　世界の大学教育における「体験の言語化」の
　　　　意義──「育成されるべき資質・能力」の
　　　　観点から──………………………………和栗百恵 (64)

## 第3部　科目「体験の言語化」の内容と開発プロセス

第1章　「体験の言語化」科目の授業内容……兵藤智佳（95）

第2章　「体験の言語化」科目の開発過程
　　　　――複数教員で展開するための標準化――
　　　　………………………………………………………………岩井雪乃（115）

第3章　感情を気づきの起点として、体験を言語化する
　　　　………………………………………………………………秋吉　恵（132）

第4章　「社会の課題」への接続に関する実態と課題
　　　　………………………………………………………………加藤基樹（139）

第5章　他者を鏡に省察を促すロールプレイの用法
　　　　………………………………………………………………石野由香里（145）

第6章　国際協力における学生のボランティア活動とは
　　　　――「体験」に向き合うことの意味――
　　　　………………………………………………………………島﨑裕子（152）

第7章　「体験の言語化」における学生の学びと成長
　　　　………………………………………………………………河井　亨（158）

### 第4部　学術院の専門教育と体験の言語化の交差点

第1章　「体験の言語化」の言語化
　　　　──「福祉」を巡る＜「体験」と「言語化」＞を
　　　　手掛かりとして──……………………… 久塚純一（191）

第2章　社会科学の経験学習と言語化……… 早田　宰（215）

第3章　理工系教育と「体験の言語化」の交差点
　　　　………………………………………………… 朝日　透（234）


### 第5部　体験の言語化の可能性

第1章　「体験の言語化」今後への期待…… 大野髙裕（259）

第2章　教育の国際潮流・国際目標達成における
　　　　「体験の言語化」の可能性 ………… 黒田一雄（265）

第3章　「体験の言語化」の今後の可能性… 村上公一（272）


あとがき ……………………………… 本間知佐子・鈴木　護（279）

# 序

## 早稲田大学がめざす教育

鎌田　薫

　近年、科学技術の進歩、とりわけ AI（artificial intelligence：人工知能）やロボットなどの進化は著しく、つい最近も人工知能が世界最強の囲碁棋士を破ったことが大きな話題になった。2045 年にはコンピュータの能力が人間の能力を上回る技術的な転換点が訪れるという予測もあり、オックスフォード大学のオズボーン准教授は、「コンピュータによる技術革新が急速に進むことで、今後 10〜20 年の間に、人間が行う仕事の約半数が自動化されるだろう」と予測している。

　このように科学技術が急速に進展し、それに合わせて経済や社会のあり方も急速かつ劇的に変化して、将来を見通すことが著しく困難な時代を、たくましく生き抜き、世界の平和と社会の繁栄の実現に貢献しようとするならば、未知の事象に遭遇しても、持てる力を総動員して、問題の本質を見抜き、主体的に調査・分析・検討を深めて、望ましい解決策を練り上げ、文化的背景や価値観の全く異なる多様な人びとと協働しながら、これを実行していく力を培っておかなければならない。

　また、経済構造に着目するならば、規格化された製品の大量生産と大量消費が成長を支える工業中心の時代から、より高度な情報・知識に基づく多様で付加価値の高い製品・サービスの提供が成長を支える時代へと変容してきているのだから、高度の専門的な知識・技能・情報処理能力を身につけ、それを日々更新していくことが必要とされるようになっている。

　さらにまた、コンピュータやロボットが大きく発展して人間の仕事に取って代わるようになればなるほど、逆に、人間ならではの個性豊かな発想や高度の倫理観、優しさや思いやり、芸術的な感性などの「人間らしさ」が現在以上に強く求められるようになるものと思われる。

ところが、これまでのわが国における教育においては、与えられた課題について、速く正確に、予め定まった正解を見つけ出すことに重点が置かれ、新しい時代に対応するために必要とされる主体的に考える力や人間力を涵養することには消極的であって、どのような問題にも唯一無二の正解があるという前提で大学入学試験がその傾向を助長してきたことが反省されている。

内閣総理大臣の下に設置された教育再生実行会議においても、これからの時代を見据えた教育制度・教育内容を実現するため、幼児教育から社会人教育に至るまでのさまざまな制度改革を提言してきたが、教育方法に関しては、小・中・高等学校から大学までを通じて、課題解決に向けた主体的・協働的で、能動的な学び（アクティブ・ラーニング）へと授業を革新し、学びの質を高め、その深まりを重視することの必要性を強調している。

早稲田大学においても、2012年に、新たな将来計画"Waseda Vision 150"を策定した。そこでは、20年後の早稲田大学の教育・研究・社会貢献および大学運営体制のあるべき姿（ビジョン）を思い描き、そのビジョンの実現に向けて、13の核心戦略と約70の具体的プロジェクトを提示して、これに基づく改革を着々と実行しつつある。

教育面では、①個性豊かで多様な学生が互いに切磋琢磨することで、主体的・能動的に知力・体力・人間力を伸ばしてきたという本学の良き伝統を維持・発展させるために、入学者選抜制度の抜本的改革や奨学金制度の拡充等を通じて、国内外から多様で優秀な学生を迎え入れ、②グローバルリーダーとしての基礎力を涵養するため、学部の如何を問わず、実践的外国語力、学術的文章作成力、数学的・統計的思考力と情報処理力等の基礎的スキルと幅広い教養を身につけさせ、③グローバル化対応能力を向上させるために、留学生の受け入れ・送り出しを促進し、④主体的に問題を発見し、解決する力を涵養するために、少人数の対話型・課題解決型授業、体験型授業等を拡充し、学生の課外活動を奨励している。

本書で取り扱う「体験の言語化プロジェクト」はその取り組みの一つであり、大きな成果を生むことが期待されている。

学生たちが、課外活動、フィールドワーク、インターンシップあるいはボランティア活動やアルバイトなどを通じてさまざまな体験を積むことは、社

会の現実に対する認識を深め、「学び」に対するモチベーションを高め、キャリア形成に対する意識を地に足のついたものとするなど数多くの効果をもたらしている。しかし、それらの体験を一人ひとりの学生の人格形成・能力向上の歩みの中に定着させるためには、体験を通じて得た驚きや感動を言語化し、論理的に整理した形で自らの中に定着させ、他者に向かって説得的に語りかけるという過程を踏むことが必要であり、それが、我々の求めてきたクリティカル・シンキングの理想的な実践例にもなると信じている。

　本学の平山郁夫記念ボランティアセンター（WAVOC）の教員たちは、過去14年に渡る大学生へのボランティア活動支援を通じて、体験を言語化し、他者に伝える教育実践が、社会的な課題に対する学生たちの当事者意識を高め、学びの意欲を高めることを実感してきた。そして、こうした実践の蓄積を「ボランティアに限らず多様な体験を言語化する教育実践」として拡大し、その方法論を独自に開発することに取り組んできた。こうした経験を踏まえて、2014年に、学生がボランティア活動、アルバイト、サークル活動等、多様な経験を自分の言葉で語り、自らの力で社会の課題を発見するための科目を設置し、体系化された授業の実践を通じて、いっそうの質的向上を図りつつある。

　このようにして体系化された「体験の言語化」に関する理論と実践の方法論を論ずる本書は、教育関係者に大きな刺激を与えるものと確信している。

　教育は森を育てるようなものであると言われる。苗木が育ち、豊かな森になるまでには長い時間が必要であり、その過程も日々目に見えるわけではなく、知らず知らずのうちに少しずつ成長し、気がつけば大きな森になっているというようなものである。学生たちの成長も、そしてまた「体験の言語化」プロジェクトの効果も同様で、すべてが直ちに華々しい成果として現れるわけではないだろう。しかし、心が揺さぶられた場面を論理化して自らの中に定着させること、現実に体験した諸問題の本質を見いだすこと、自分の頭で考え抜くことの苦しみと喜びを知った学生たちは、生涯を通じて、主体的・能動的に思考し、行動するために必要な地力を間違いなく身につけているはずであり、それこそが教育の目指している究極の効果であると思う。

　文末ではあるが、本書の編集・執筆に力を尽くしてくださった全ての関係者に、心よりの敬意と感謝の意を表したい。

# 第 1 部

# 早稲田大学のグローバル人材と体験の言語化

# 第1章
## 早稲田がめざすグローバル・リーダーの養成
―― 人と人とのぶつかり合いが人を育てる ――

古 谷 修 一

### 一　中退者が評価される早稲田

　大学の一貫した教育課程を考えれば、これを途中で断念する「中退」は大学教育の未完を意味する。その点だけで言えば、教育課程をすべて修了した卒業者は、これを完了していない中退者よりも、教育課程によって養成される人材としての価値が高いと言える。ところが、早稲田大学は、ときに「中退組」が大きなブランド力を持つ珍しい大学である。実際、早稲田を中退し、日本あるいは世界を舞台に活躍されているOB・OGはたくさんいる。もちろん、数の上では卒業された方々の方が圧倒的に多いことは間違いないが、中退をされた方々が、さまざまな分野において人間的な魅力を示し、あるいは人を統率する力を発揮され、目立つ存在となっていることも否定できない。

　だが、これらの中退組の方々にとって、早稲田で学んだことは意味がなかったのだろうか。大部分の方にとって、おそらく答えは否である。筆者がお会いしお話を伺った限りの範囲でも、むしろ早稲田で学んだからこそ、今の自分があると強く自覚されている方々は多い。彼らは、早稲田で何を学んだのか、何を得たのだろうか。教育課程で修得されることを専門的知識と呼ぶとすれば、彼らが得たものは、専門的知識以外の何かであり、その何かゆえに、彼らを魅力的な人物にしているのではないか。教室での講義や演習・実験以外でも、早稲田にいる人は「教育されている」のではないか。早稲田という空間が、そしてそこに集い、青春の一時期を過ごすという経験が、人材を育てる。いわば早稲田という「場」に備わる教育力を意識せざるをえない。

　では、早稲田の「場」の教育力の本質は何だろうか。当然のことながら、新宿区西早稲田という場所にいることに意義があるのではない。中退組は、

サークルやボランティア活動などに熱中し、それゆえに本来の教育課程を断念したのだろうが、おそらく、そのプロセスで多くの人に接し、時に共感し、時に衝突しながら、異なる考えや経験を持った人々と交わったことが重要なのだろうと思われる。早稲田には実に多様な人間が集う。これらの人々との交わりが、人格的な陶冶や魅力の醸成に大きな影響を持っていると考えられるのである。

　だが、これは本質的に中退者か卒業者かにかかわらない、早稲田の特質であるとも言える。しばしば「早稲田らしい」という形容句が使われる。決してスマートに洗練されているわけではないが、元気があって、話（議論）好きで、行動力があり、率先して物事に取り組む。そうした社会一般に流布している「早稲田らしさ」のイメージは、個々の学生をミクロに見ればすべてに当てはまるわけではないが、とりわけ他の大学の学生と並べて見る機会を得ると、マクロ的には正しい学生像を示していると実感できる。先ごろ世界的な高等教育専門調査会社であるQS社が、2016年のGraduate Employability Rankingsで早稲田大学を日本国内第1位、世界第33位に位置づけたことは、そうしたことの1つの証左とも考えられる[1]。ビジネスの世界に通用する優秀な人材を求める雇用者が、早稲田の卒業生を高く評価する理由は、この「早稲田らしさ」が人間的なポテンシャルと密接に結び付くからにほかならない。しかし、早稲田に入学してくる学生だけが、もともと「早稲田らしい」特質を内在させているわけはなく、この「らしさ」は早稲田が後発的に育てた、あるいは引き出したものである。つまり、早稲田の「場」の教育力は、専門的知識の修得と併存しながら、その効果を発揮していると言えるのである。

　現在、早稲田大学は創立150周年を迎える2032年を目指し、総合プラン「Waseda Vision 150」に基づく改革を実行しているが、その中心にある目標は「グローバル・リーダーの育成」である。そして、早稲田らしさを体現した学生像は、このグローバル・リーダーの基盤とも言えるものである。一般に、グローバル・リーダーと言うと、英語力を駆使して、海外でバリバリと働くイメージを持たれる向きがあるが、早稲田はそうした狭いリーダー像を標榜しているわけではない。Vision 150が目指すグローバル・リーダーは、どこにいても、またどのような分野で活躍するにせよ、周囲の人々の幸福の実

現を目指す強い意志を持ち、多様な価値観・文化的背景をもった人々をひとつにまとめ上げ、これをリードする人間的力量を持った人材である。その活躍の場は国内外や分野を問わない。もちろん、ニューヨークや北京などの国際的なビジネスの場で、異なる背景を持った人々と交渉をし、互いの利益を実現する人材も、グローバル・リーダーと言えるだろう。しかし、難民キャンプで人々の信頼を得ながら、食料や衣料支援を適正に配分し、キャンプの秩序を維持するためにも同様の能力は必要となるし、日本における地域の活性化や伝統文化の継承発展においても同じである。個々の状況は異なっても、いずれも人間が作る社会であり、そこにいる人間を動かす、人間の心を動かす営為が必要となる。そこで通用するのは、突き詰めれば人間としての総合的な力量であることは間違いない。早稲田におけるこうした人間的力量の養成の根幹にあるのが、早稲田の「場」の教育力が内在させる「人と人とのぶつかり合い」の契機である。

## 二　tsunagaru（繋がる）プログラムがもたらすもの

「人と人とのぶつかり合い」をどのように実現し、それがどのような力の養成につながるのか。ここでは、教務部社会連携推進室が実施している tsunagaru プログラムを素材として見てみよう。

tsunagaru プログラムは、地域で頑張っている人や中小企業の経営者の生き様に触れることで、「自分とは何者なのか」を考え、新たな自分を切り開くための教育プログラムである。地域の造り酒屋、建設会社、漁師や農家などに4～5名のグループで派遣され、3～4日地域の方々のお宅に泊めていただきながら、それぞれの仕事を体験する chiikiru（地域る）プログラム、首都圏の中小企業の経営者の鞄持ちをしながら、その姿に直接触れる mochimasu（持ちます）プログラムで構成されている。これらを実施するなかで、学生がお世話になった方々との繋がりによって、大きな変化を実感していることが認識されるようになった。単なる職業体験や仕事のお手伝いではなく、むしろ一つのことに打ち込んでいる一人の人間に肉薄することで、学生の内面に自らへの問いかけを誘発する効果を生んでいるのである。

たとえば、ある造り酒屋では、店の主との語らいが熱く展開される。なぜ家業を継いだのか。地域の将来はどうあるべきか。日本酒の世界展開を考え、どのような戦略を打つのか。そうした話は生きた社会学や経済学のゼミであったと、参加した学生たちは声をそろえて言う。専門的知識においては、自分たちの方が豊富であるという自負は粉々に砕かれ、さらに自らの立つ場所で精いっぱい生きる人の圧倒的な存在感に打ちのめされる。それは大きな飛躍の一歩となる内面の変化である。

　この内面的な変化は、グループの学生間での議論へと繋がってゆく。自らが感じたことを、共に行動した仲間も同様に感じているのか。しかし、それもまた必ずしも同じではない。自らの感覚を他人に伝える難しさ。しかし、それを乗り越えて、1つのチームとして仕事に取り組む一体感を強めること。こうした一連の経験は、表面的な付き合いの人間関係ではなく、人に「ぶつかる」ほどの勢いと覚悟を持つことによって、初めて生まれる。それこそが、tsunagaruプログラムが目的とすることである。

　こうした点を理論的な表現に代えれば、①体験したことを自らの内面に自覚化する、②自覚化された内容を他者に的確に伝えるために整理し、言語化する、③単に内面の思いを言葉にするだけでなく、それをグループの共通目的に押し上げ、他者を納得させて実践化する、ということになるだろう。このプロセスこそが、早稲田大学が長い歴史と共に自然に培ってきた「場」の教育力の本質とも言える。多様な学生が数多く集う早稲田にあっては、学生生活そのものが人とぶつかる体験の場であり、また無数の人々のなかに埋没しないよう、そこで得たものを自らの言葉で主張する場であった。そうしたことの繰り返しが、「早稲田らしい」学生を育成してきたと言えるだろう。tsunagaruプログラムは、それを意識的・自覚的に作り上げることを意図したものと位置づけられる。

## 三　さまざまなプロジェクトの統合的な意義づけ

　こうしたプログラムの実施には、次のような批判が可能であるし、実際にそうした否定的なコメントを受けたこともある。いわく、これまで早稲田で

はそうした人材は自然のうちに育ってきたのに、それを意識的に行わなければならないというのは、むしろ早稲田の衰退ではないか。あるいは、日本の学生一般が積極性を失ってきていることは理解しているが、早稲田の学生でさえ、そうした用意されたプログラムを受講しなければ、「早稲田らしさ」を醸成できない状況なのか。

　こうした指摘は一面では当たっている。人口減少の中にいる若者世代は、多くの同年代者がせめぎ合って成長してきた団塊の世代とは異なる。そもそも人と人のせめぎ合いの機会が少なくなっているだけでなく、自己意識を強く持って積極的に主張を行うことを良しとしない、一般的な傾向があるようにも思われる。くわえて、早稲田でさえ、新入生の70％近くは東京、神奈川、埼玉、千葉の出身者で、出身地だけを見ても多様性は減少してきている。比較的均質化した学生が、周りと同化することを志向する状況において、積極的に行動する契機を大学が提供することは、早稲田においても必要とされていることは事実である。

　もっとも、早稲田では依然として570におよぶ公認サークルが活発に活動し、多くの学生がこうした活動に積極的に取り組んでいる。また、5000名近くの外国人学生が毎年学び、全学生の10分の1ほどが外国籍を持つ学生という状況である。キャンパス内で、英語、中国語、韓国語の会話を聞くことは日常である。地方出身者が少なくなっている一方で、外国出身者は多くなり、その意味での多様性はむしろ増大している。そうした状況においてもなお「人と人とをぶつける」ことを自覚的に行うことは、むしろ早稲田の教育そのものを振り返り、その全体像を包括的に定義することに資する側面があることを指摘しなければならない。

　近年、アクティブ・ラーニングという言葉が一般的になり、学外における体験型学習もその一部を構成するものと理解されてきている。しかし、アクティブ・ラーニングは教育方法を基盤とする概念であることに留意すべきである。他方で、すでに述べてきたとおり、大学教育はその教育目的において、二重的な性格を持っている。すなわち、第一に専門的知識の修得であり、第二に人間としての力量の訓練・修得である。アクティブ・ラーニングの一例である対話型・問題発見型授業は、専門的知識の修得をより効果的に進める

ための方法であるが、同様にたとえば経営学の現場を学ぶために会社で実務を体験することも専門的知識の修得である。だが、tsunagaru プログラムのように、地域の経営者の仕事を手伝い、その人と対話を繰り返すことは、同じように off-campus の体験型学習であっても、そもそも教育目的が異なる。簡単にすべての新しい手法をアクティブ・ラーニングの名のもとに括ることは、第二の教育目的を見失わせる可能性を内在させている。

　こうしたことから、早稲田大学では、学内外において展開されているさまざまなプログラムを、「人と人とをぶつける」プログラムという共通コンセプトでまとめ上げることにより、早稲田の教育が専門的知識の修得と人間的力量の増進の2つの車輪を持ち、その両輪のバランス良い回転を目指すことを鮮明にしようとしている。たとえば、現在早稲田で動いているプロジェクトの例をいくつか挙げてみよう。

① **プロフェッショナルズ・ワークショップ**：プロフェッショナル（企業・自治体・団体）が実際に抱える問題について、学生のグループ・ワークなどを通じて問題解決に取り組み、解決策を提案する実践型の産学連携プロジェクト。
② **平山郁夫記念ボランティアセンター（WAVOC）のボランティア活動**：WAVOC 公認の 27 の海外・国内のボランティア・プロジェクトに加え、各地で発生する地震、豪雨、大雪などの自然災害地域への支援ボランティア派遣。
③ **インターンシップ・プログラム**：キャリアセンターが実施する行政機関や企業でのインターンシップや留学センターが主催する海外インターンシップ。
④ **異文化交流に関わるボランティア**：国際コミュニケーションセンター（ICC）が行う留学生交流イベントを、学生スタッフとして企画・運営。

　これら以外にも実に多くのプロジェクトが動いている（早稲田で展開されるプロジェクトの全体像については、キャリアセンター作成『みらい設計ガイドブック』を参照[2]）が、こうした活動はそれぞれ固有の目的を持っている。プロフェッショナルズ・ワークショップは企業・団体と大学のコラボレーションが目的であるし、WAVOC の活動は支援を必要とする地域・人々に対して行われることが主目的である。インターンシップは将来のキャリア形成を主眼としており、ICC も第一義的には留学生のためのイベント開催が目的であって、日本人学生スタッフはその運営を支援することが役割である。だが、こうして一見す

るとバラバラな目的を持つプロジェクトも、「人と人とをぶつける」ことによる教育効果という視点から見ると、共通した側面が立ち現われてくる。

プロフェッショナルズ・ワークショップでは、たとえば企業の社員と向き合って、課題を克服する方策を探る。その過程で、必然的に社員の方々が持つ高い問題意識や意欲に触れることになり、それ自身が参加した学生にとって自覚化・言語化・実践化の大きなきっかけとなる。ICCの学生スタッフは、文化や宗教の異なる留学生の意見を集約し、さらにイベントを成功させるためにスタッフ相互で繰り返し意見交換をしなければならない。このプロセスが多様性を持つ人と人とのぶつかり合いを生み出し、人としての力量をアップする契機となる。従来こうした活動は、専門的知識を獲得するための正規カリキュラムとの関係で言えば、副次的なものと捉えられてきた。しかし、人間的力量の増進という視点に立つならば、正規カリキュラムに勝るとも劣らぬ意義を持った教育プログラムと評価することができる。

また、こうした「人と人とをぶつける」教育を念頭におけば、これらのプロジェクトの実施において留意すべき点も明確になる。たとえば、被災地においてボランティア活動が行われる場合、ボランティア学生だけが集まって支援活動を行うのではなく、地元の人々や他のボランティア団体の方々との接点を多くすることが求められる。インターンシップにおいても、単に企業の説明を聞くということではなく、現場で働く人たちと直接に交流することが可能なプログラム内容を構想することが重要となる。このように、「人と人とをぶつける」教育という柱を立てることにより、既存の活動についても改善すべき方向性が意識化されることになる。

以上のように、早稲田大学では、グローバル・リーダーの養成という視点から、社会との連携、体験型学習、課外の活動などに通底する教育理念を1つのコンセプト（人と人とをぶつける人づくり）に統合し、その方法論を共通化する作業を進行させており、これによって早稲田における教育の特徴を、社会に対して、世界に対して、さらに鮮明にしたいと考えている。そして、その取り組みの一環として、「体験の言語化」科目も「人と人をぶつける」ひとつの「場」となっていくと期待している。

## 四　おわりに

　2016年4月の入学式にあわせて、早稲田キャンパスには様々な分野で活躍されるOB・OGの方々の大きな顔写真パネルが掲げられた。早稲田の教育が「人をつくる」ことである以上、新たな学生に大きなインパクトを与えるのもまた、早稲田の「場」を経験した先輩たちの姿であろうと考えた企画である。その際、これらの顔写真とならんで、つぎのような文章がパネルとして張り出された。それは早稲田が標榜するグローバル・リーダー像を端的に示し、それを実現するために大学が取り組んでいく方向性をも明らかにするものである。最後に、その一部を引用し、本稿を閉じたい。

>　世界が間違いを犯そうとするとき、君はそれを止める力を持てるか。
>　君はそれを止める言葉を持てるか。
>　世界が愛を見失いそうになっているとき、君はそれに光をあてることができるか。
>　君はその光に仲間をあつめることができるか。
>　世界を動かそうとするとき、君はまず目の前にいるひとりを動かさなければならない。
>　そのひとりの胸のなかにある心を動かさなければならない。
>　つまりそれは、ひとりの心を動かすことができたなら、世界を動かすことができるということだ。
>　君の言葉は、国境を越えて、人種を越えて、時を越えて、文化を越えて、それを必要とするひとに届くか。
>　世界に届く言葉をもて。その言葉で責任をもて。
>　WASEDAは、そういう人間を作る場所だ。

---

[1] QS TOP UNIVERSITIES, Graduate Employability Rankings,
　<http://www.iu.qs.com/qs-graduate-employability-rankings-year-2016-pilot/>.
[2] みらい設計ガイドブック2016
　<http://www.waseda.jp/inst/career/assets/uploads/2016/04/mirai2016.pdf>

# 第 2 章

## 「体験の言語化」に期待すること

橋本 周司

### 一 はじめに

　体験した事柄を言語で表現するのは、物事の本質に迫る人間の知の根源に位置する作業であるが、そのまま授業科目のタイトルになることは珍しい。筆者は、応用物理学科所属で計測・情報工学を専門としており物理学をベースとしてメディア情報処理とロボット工学の研究を行なってきた者である。本書の主題については門外漢とも言えるが、本プロジェクトの一端を拝見して抱いた期待と「体験の言語化」が持つ意味の拡がりについて私見を述べる。

### 二 体験の言語化と聞いて

　早稲田大学では、創立150周年の2032年を目指して策定されたWaseda Vision 150に基づいて、国際化の推進と教育・研究の飛躍的向上を目指して約70のプロジェクトが進行中である。わずか80人の学生から始まった本学であるが、いまや約60万人の校友の多くが国内外で活躍している。一流企業の役員、政治家、あるいはスポーツ、芸術文化、また、NPO活動や社会の片隅で黙々と仕事をする人など、それぞれ誇りを持って仕事をしておられる姿を拝見するのは嬉しいことである。大学では長年にわたって社会の様々な場で活躍された先輩たちをお迎えして講演をお願いする機会がある。そのようなときに多くの方が共通して学生たちに話されるのが、「学生時代はほとんど授業には出ず勉強はしなかった」ということである。「学生時代にもっと勉強しておけばよかった」とも言われるのではあるが、どうもそれは謙遜ではなく授業以外で得たものが現在の活躍の源になっているようにも見えるので

ある。確かにかつての早稲田大学は「学生一流、建物二流、教師三流」などと揶揄されて、教育にあまり熱心ではなく面倒見の悪い大学という評判が一部にはあった。それにもかかわらず、早稲田大学は授業カリキュラムを超えたところで大きな教育をしてきたように思える。

　最近の早稲田大学は教室には最新設備が導入されてカリキュラムも大幅な改革が進んだ。教員の意識も変わり休講も少なく、様々な新しい教育手法も導入されている。学生の出席率も大きく改善した。熱心に教室に向かう学生たちの姿を見て、前述の卒業生たちの言葉をふと思い起こすことがある。授業に出ないで勉強もしなかったのに、何故あの人たちは社会で活躍できる人材に育ったのか。早稲田大学の何が彼らを育てたのか。その時代にあった何かは今でも早稲田大学にあるだろうか。最近の大学教育では、問題発見・解決型、反転授業、など新しい考え方が導入されているが、これまでの改革で失ってしまったものは無いだろうか。学生の気質も変わってきている現在でも、昔の早稲田が正課外で持っていたと思われる学習機会をどうしたら維持・強化できるか、などと考えていたときに「体験の言語化」という新しい科目のアイディアを聞いた。提案された先生方の話を伺い現場を見学して、体験の言語化は学術的な知の社会実装という大学の従来の志向とは逆向き、つまり社会体験を知的活性に結び付けることを狙いとするものと私なりに了解した。

## 三　言語化の意味

　社会あるいはより広く実世界での体験を言語化するということには、主に2つの意義があると思われる。

　第一は、言語化による体験の記録つまり心への固定・定着である。社会あるいは自然界での体験とは、身体的なセンシングの記憶ということができる。物理的な身体に刻まれた記憶は、時間の経過に伴う身体そのものの変化によって、ぼやけ、薄れ、やがて失われるが、言語という符号に適切に置き換えることにより、この喪失を避けることができる。言語は単なる個人的な覚えのための記号列ではなく、他者と共通であることから、言語化によって体

験を他者と共有することが可能となる。また、やがて変化してしまうであろう未来の自分と現在の経験を共有するためにも言語化は必須である。言語化によって未来の任意の時点での自分と今の新鮮な記憶が共有される。その上で個々の体験は、解決されるべき、あるいは維持されるべき事象として明確に定義される。また、言語化する前の体験へと遡及できることも新たな体験をより敏感に受容するために重要である。

　体験の言語化の第二の意義は、言語の持つ展開力に根差している。つまり、言語化し記述した結果は、構文的には文法に基づいて、また、意味的には連想と論理に基づいて、変化と展開が駆動される。その結果、原体験にはない新しい体験が言語の上で可能になる。言語化を経ずには他者と共有できず、忘却以外に展開がない身体的記憶では、体験から新しい体験に発展することは容易ではない。言語化によって、体験してはいないが、その原因となったことや体験を生じせしめたメカニズムの発見につながり、その進化あるいは発展の末に他者との共感、世界への批判と目覚め、自分の位置づけが可能となるのである。この過程は、第一の意義で述べた問題発見よりもはるかに重要である。言語化による体験の共有に基づいた問題解決は、一種の対症療法的な解決を与えるのみであるのに対して、言語化に続く展開は問題の根底を突き止めて、問題の根治への展望を開くからである。

　「体験の言語化」科目における教師あるいは他の学生との議論は、体験の言語化に関する上の2つの意味で、体験者をガイドし言語化能力を鍛えて、展開可能な頑健な言語化を促すように行われる必要がある。そして、この間の一連の作業に関する達成感は成功体験として学び一般への意欲をかき立てることになるはずである。そのための組織的な方法論の研究が体験の言語化プロジェクトの目的である。

## 四　体験の言語化の諸相

　現行の「体験の言語化」科目は、ボランティア活動を体験のベースとしているが、より広く見れば、大学教育の様々なところに体験のベースは存在する。

理系学部での、実験・実習では対象が自然現象や人工物など様々であるが、その主目的は体験である。また、これらの科目ではレポートという言語化に加えて発表と討論の機会を設けることが多い。自然科学においては、まず対象を操作し現象の観察・測定という体験あるいは場合によっては純粋な思考実験の体験を振り返り、主として世界共通言語である数学を用いた言語化が行われ、論理的な数理モデルとして共有される。つぎに、これに基づいて数式言語の展開力を使った推定と予測から次の体験（実験、思考）を計画して新たな知の段階に至る。体験が思想化し次の体験への準備をするのである。自然科学に限らず人文・社会科学においても、それぞれの分野に関わる体験の言語化という作業は学問とその発展過程への気付きの大きな手段となっている。我々の学問はこれにより発展してきたのであり、体験の言語化という作業は欠かせないものである。言語化は思想化であり、また思想が無ければ体験は正しく受容されない。大学において学生に醸成されるべき第一の重要な事柄は学問への当事者意識であり、上述の体験の言語化はその重要な過程を担っている。

　次に、人生のキャリア形成の場としての大学という視点で考えると、昨今盛んにおこなわれている各種のインターンシップでの職業体験は、就業に繋がる社会生活への当事者意識を育むものであり、これも体験の言語化の１つの着地点ということができる。インターンシップをより効果的にするにはレポートに加えて何らか言語化修練が求められる。また、課外でのサークル活動も大学の重要な教育環境を形成している。学生同士、ときには卒業して社会人になった先輩との交流も、サークルでの体験を言語化する作業として個人の人生を設計する際の糧になると思われる。前述の諸先輩の学びはこのようなところにあったのかもしれない。

　今回のプロジェクトの発端となっているボランティア活動はもっぱら学生個々の自主性に依存してきたこともあり、集団内での議論が必須となる活動を除けば、体験の言語化の組織的な実践が最も遅れていたところであるが、社会問題への接近と社会総体に対する当事者意識の醸成という大学の人材育成における第三の要素に関わるものである。早稲田大学が多くの有為な人材を輩出してきた背景には、学生同士あるいは教員との課外での付き合いの中

での自己の振り返り、他者への共感、反発・批判を通しての体験の言語化とその展開による社会的問題への気付きがあったのかもしれない。

　学問に着地する体験の言語化とキャリアプランと就業に着地する体験の言語化は、体験の前に関連する講義科目が用意されているが、ボランティアについては、体験前に修めるべき社会問題に関する講義科目が明確に示されていないように思われる。実社会の様々な所での活動体験は、それを未来の自分を含む他者に伝える価値がある。また、その活動が必要とされる社会の背景には根源的な課題がある。社会にはほとんど無限の活動の場があるが、いわゆる学問的な一般化から抜け落ちてしまう個々の事情を授業で取り上げることはできない。したがって、予備的な知識・思想をほとんど持たないまま自然を観察させて理科に関心を持たせようとする小学校的なナイーブな状況にならざるを得ず、言語化できない曖昧な感動のみがあるばかりで、確実な着地が覚束なくなる恐れがある。それゆえに、経験豊富な教員の適切な介入とガイドがより重要になる。「体験の言語化」プロジェクトがボランティア体験をベースにして社会への着地を目的に計画されたことは大いに的を得たものと言える。

　人生という行為において、良く生きること、成長することとは、知識人として、職業人として、また市民生活者としてのそれぞれの諸相において、意思→体験→言語化→自然、社会、他人への洞察→新たな意思に基づく行動→体験……という体験の言語化の循環によるものと考えられるのである。

## 五　「体験の言語化」への期待

　対象が言語化以前であるならば、言語化によって新しい学問を創る。言語化されているのならその知を学問として共有し発展させる。「体験の言語化」科目はボランティアから始まったが、演習、実験、実習、インターンシップ、社会連携プログラム、サークル活動などすべてにおいて様々な着地点に向かって、発表と討論に基づく体験の言語化の導入が可能である。プロジェクトの発展が、早稲田大学の教育・学習の哲学を再構築し、未来の早稲田大学における教育の理論的支柱となることを期待している。

自分自身あるいは人々のモヤモヤした思い、欲望、希望、夢、を掬い取り、言い当てて再び身体化する。それが、知的活動なら学問・文化の発展に、経済に関わるならビジネスの開拓に、世の中の有り様全般に向かうならば政治と社会改革につながる。本プロジェクトは社会課題に着地させる体験の言語化であるが、そこで意識されていることは当事者意識を持たせることである。つまり、社会課題を語る評論家ではなくそれに立ち向かう人材の養成に焦点をあてている。立ち向かうには知的装備が必要であることに気づけば、学ぶことへの意欲が湧くのであり、学問の独立と学問の活用を体現したグローバルリーダーを育成するという本学の理念に良く合致することになる。体験の言語化による問題の記述・定義、仕組みの理解と創造が持続する限り人類に未来はある。

　最近の風潮に見られる言語への信頼のゆらぎは学問あるいは社会への信頼のゆらぎと同相である。体験の言語化により味をしめる、きっかけを得るという体験が不足しているからではないかとも思うのである。自主的な体験の言語化を行うエネルギーを持った学生の割合が減っているように見える今日において、「体験の言語化」科目はかって課外にあったものを正規の教育課程内に保護することでもある。学者、職業人、生活者を養成する方法論として、この枠組みが敷衍されることを期待する。そして、授業科目と連続した学生・教職員の自主的な体験の言語化の場が醸成され、大学の自治を形成する大きな学びの舞台になること展望するものである。

## 六　あとがき

　「体験の言語化」の教室での学生たちと教員の発言と生き生きとした振る舞いを聞いていると、本プロジェクトは次代の大学教育に向けた手がかりをすでに得たと了解される。本書は「体験の言語化」に関する体験の言語化の報告である。これを契機に学内外で幅広い議論が展開され、言葉の持つ意味と学びの有り様についての理解が深化することを願っている。

第 2 部

# 世界の高等教育における体験の言語化

# 第1章

# 日本の大学教育における「体験の言語化」の意義

河井　亨・溝上慎一

## 一　日本の大学教育の趨勢

### 1　はじめに

　本章では、日本の大学教育における「体験の言語化」科目の意義を明らかにしていく。今日の日本の大学教育の現在地を理解するためには、戦後日本の大学教育改革の歴史を踏まえる必要がある。そこで、大学教育改革という流れを大学教育政策の展開を辿りながら整理していく。大学教育改革の大勢は、制度改革と組織・実践の対応との相互作用と見ることができる。文部省（文部科学省）中央教育審議会や臨時教育審議会での議論に基づく答申とそれを受けた制度改革と、大学はじめ各高等教育機関が組織としてそれらにどう対応するかまた個々の学部や教員団・教職員がどう対応するかとの間の相互作用である。そこで、大学教育改革の変化を3つのレベルに分けて整理していく。具体的には、高等教育全体という制度レベル、個々の高等教育機関という組織レベル、教育実践レベルに分けて趨勢を整理していく。
　高等教育全体の制度レベルの変化は、社会状況や国家と高等教育との関係における変化である。日本社会の状況が変化する中で、高等教育に求められるものや高等教育の役割も変化していく。国家と高等教育の関係性もまた変わっていく。そこで高等教育政策によって制度改革が進められていく。高等教育全体の制度レベルで見ていく際には、全ての高等教育機関を包括して眺める視点に立つことを意味している。それに対して、組織レベルで見ていく際には、個々の高等教育機関のあり方を見ていくことになる。組織レベルで、個別の高等教育機関を見る視点に立つと、社会状況や国家との関係性はもとより、高等教育機関の組織としての管理運営という経営も組織の教育に対す

る外部環境となる。そうした外部環境の中で、高等教育機関がどのように教育を営んでいるか、その教育の責任主体である組織、そして、教員団や教職員のあり方の変化を見ていくことになる。そして、実践レベルでは、組織の外部環境に加えて組織全体のあり方も外部環境となる。実践として、どのような教育をどのように行っているのかを見ていくことになる。以上の制度・組織・実践で大まかに区切りつつ、戦後から現在に至る大学改革・大学教育改革の趨勢を整理していく。

## 2　制度レベルの変化
### （1）　新制大学への一元化

　戦後の大学改革を最も巨視的に見れば、その流れは戦後新制大学への高等教育の一元化から多様化へと表現することができる。戦後、非軍国主義化と民主化を目指すGHQの民間情報教育局の働きかけと、日本側の教育刷新委員会等とのやりとりの中、新制大学へ高等教育が一元化された（大崎1999；土持1996, 2006）。新制大学への一元化とは、旧制の大学、専門学校、高等学校、師範学校等の高等教育諸機関が一律に四年制の新制大学にまとめられるというものであった。戦前、理工系分野で特色を発揮していた専門職業教育諸機関は新制大学へと姿を変えていった。多様なバリエーションのあった高等教育諸機関が1つの形態に包摂され、高等教育全体は画一的なものとなった。戦前の高等教育を批判する米国使節団報告書に端を発する改革を通じて、新制大学への一元化という画一化された高等教育制度が生じた。

　占領期の後、新制大学の画一化への批判が高等教育の内外から噴出する。特色ある専門職業教育機関が弱体化したことへの危機感や大学・学部ごとに予算配分が異なるという格差構造の認識から批判がなされた。占領期終結直後の1951年「教育制度の改革に対する答申」において、高等教育機関の種別化構想が提起されている。その後、1963年「大学教育の改善について」（三八答申）、1971年「今後における学校教育の総合的な拡充整備のための基本的施策について」（四六答申）と、種別化や類型化によって多様化を企図した政策答申が絶えることなく出されていった。

　しかしながら、その時々において、種別化が大学間格差・不平等につなが

るという対抗軸が立てられた。同じ高等教育機関として括られている私立大学や短期大学が、種別化・類型化が格下げにつながることを危惧して対抗する側に回った。画一的な基準によって「同じ」とみなされているものが、種別化・類型化によって「違う」とみなされては、その違いに基づいて区別がなされ、最終的には格差・不平等につながるという批判である。制度上は画一的で平等であるはずの大学間の差異としての多様性があり、その多様性の問題は、格差問題として大学関係者に認識されていたのである（天野 2013）

　当時においても、大学ごとに歴史や学風、さらには教員や学生が異なっており、実質的に多様であったのかもしれない。しかし、対抗軸のもと種別化・類型化を批判する側からは、平等を確保することが目指されていた。それが、表面的な画一性のもとであったとしても、制度上の平等が追求された。ここでは、画一化と多様化の区別が、平等と不平等の区別に重ねられ、両陣営による綱引きで膠着状態が続いた。

（2）　大学設置基準の大綱化

　1991 年大学設置基準の大綱化によって、一般教育と専門教育の区別が廃止され、各大学は自由に教育課程を編成・実施することが可能となった。この大綱化は、1984 年に発足した臨時教育審議会のもとでの市場競争の導入による規制緩和・自由化路線の 1 つの帰結である。こうした変化は、1991 年に突如として生じたわけではない。1960 年代の大学紛争・大学問題、そして大学進学率の向上による大学の大衆化の中、社会が大学を見る眼は厳しくなっていった。さらに、継続的な産業界からの要請に加え、1973 年の第一次石油ショックによる高度経済成長の不安定化、それを受けた財政支出削減といった情勢に高等教育は取り巻かれていた。1991 年はバブル景気が崩壊した年でもある。財政面での大学への引き締めは、強まりこそすれ、弱まることはなかった。そうした中で、大学設置基準が大綱化され、各大学は自由に教育課程を編成・実施していくようになったのである。

　大学設置基準の大綱化によって教育課程の自由編成権限が各大学にもたらされたとはいえ、即座に多様な高等教育機関が登場したというわけではない。現実には、画一化という制約が無くなっただけであり、多様な教育課程をもつことが可能になったに留まる。画一化による制約の解除という消極的な自

由と、目指す価値が実現されている積極的な自由との間には隔たりがある。各高等教育機関が多様な教育課程をもつというあり方への道程がはじまったばかりであった。

大綱化による事態の変化は、大学教育改革の構図の変化として捉えることができる。大綱化以前では、高等教育機関のあり方、およびその中核の教育課程における画一化という制約の除去が目指されていた。言い換えれば、画一化ではないという意味での多様化が目指されていた。画一化という制約が除去された大綱化後にあっては、具体的にバリエーションのある教育課程と各高等教育機関のあり方が追求され、それぞれ具体的にどう多様なのかが追求されるようになった。大綱化以前は、抽象的に形式上の多様化が目指され、大綱化後は、具体的に内容上の多様化が目指されるようになったのである。画一化という対抗軸の喪失は座標軸の喪失につながり、大学像を探る針路を定めがたいものとした（大崎 1999）。そうした中で、各高等教育機関が自らの教育課程を編成するカリキュラム改革に漕ぎ出していったのである。

### （3） 種別化、個性化から、機能別分化へ

ここで、多様化の質の変化を見極めていくことにしよう。高等教育全体という制度レベルにおいては、画一化から多様化へという大きな流れがあった。戦前の高等教育制度は、機能や形態において多様であった。それが新制大学へ画一化され、様々なひずみを生みだしていた。問題を解決することをねらいとして、前述の通り、三八答申や四六答申では、種別化を明確に打ち出していったのである。こうした多様化は、「政府主導の多様化」（天野 2013, p. 80）であった。

1980年代に入ると、自由化路線をとる臨時教育審議会において、高等教育の種別化に代えて個性化という多様化が目指されていった。自由化のもとで、各高等教育機関が自らの理念・目的に基づき、自由かつ多様な形態で特色あるカリキュラムを編成・実施することができるようになる、ということが想定されている。この発想から、1991年には、大学設置基準という大枠の大綱化がなされ、多様化の道は、各高等教育機関による自由かつ多様なカリキュラム編成・実施へと進んでいった。種別化が、法的規制や行政指導という政府主導のトップダウンの多様化という硬直的な措置を志向していたのに対

し、個性化は、自由化によって、各高等教育機関が自らの理念・目的に即してボトムアップで多様化に向かっていくという流動的な措置であると対置できる。大綱化から数年を経た1998年に出された『21世紀の大学像と今後の改革方策について』では、教育研究の高度化・多様化・個性化、組織運営の活性化の方針の下に、具体的な取組が進められつつあるとの認識が示されている。そして、そうした認識に立って、さらに高度化・多様化・個性化が要請されている。多様化への流れは、たゆまず推進されていく。

　大綱化の後、組織レベルと実践レベルで各高等教育機関が特色あるカリキュラムや教育実践を展開するようになっていった。そうした中で、高等教育全体という制度レベルにおいても新たな動きが生じてきている。2005年、中央教育審議会の大学分科会による「我が国の高等教育の将来像」答申では、種別化と個性化を混ぜ合わせたような機能別分化が提起されている。高等教育の多様な機能と個性・特色の明確化によって、7つある機能のいずれかに分かれていくとしている。7つの機能とは、①世界的研究・教育拠点、②高度専門職業人養成、③幅広い職業人養成、④総合的教養教育、⑤特定の専門的分野（芸術、体育等）の教育・研究、⑥地域の生涯学習機会の拠点、⑦社会貢献機能（地域貢献、産学官連携、国際交流等）である。いずれか1つの機能を政府・行政が割り振るというわけではなく、各大学が自律的な選択を通じて資源を集中的・効果的に投入していくことを求めている。

　機能別分化は、種別化と個性化を混ぜ合わせたような、先の対置を組み合わせたような政策展開となっている。入り口としては、個性化のように、各高等教育機関が自らの理念・目的に即して教育を営んでいくボトムアップの多様化が求められているように見える。しかし、出口として、そのようなボトムアップの多様化の結果として、機能別に分かれていくことが想定されている。最終的に機能別に分かれることへ導こうとしている点ではトップダウンの多様化が求められていると言える。

　機能別分化を実現する道具立てとして、大綱化以降、評価による個性化が求められていった。大綱化の際の自己点検評価の導入に始まり、外部評価・認証評価の導入、評価システムの構築といった大学における評価が急速に展開していった。機能別分化では、そうした自律的な自己評価に基づいて、重

点的に担う機能を自ら選択することが求められている。

　なぜ機能別分化が求められているのか。大学進学率が上昇しユニバーサル化した段階において、高等教育機関を多様なものとする必要があると答えるのでは同語反復である。機能別分化は、その先の国の財政資源の集中的・効果的な投入の必要性から求められている。個性化の要請のもとでの各大学の自律的な資源投入が評価システムによって分類され機能別分化につながり、国家財政による傾斜的な資源投入といった事態がそれらを強化しながら大きな流れを作っている。それは、もはや綱引きではなく、国家財政からの一方的な要請の様相を呈している。ここに、かつて所与の理念であった大学の自律が徐々に奪い取られていると見るのは穿った見方であろうか。種別化、個性化、機能別分化といった多様化の流れは、財政支出削減という一方的な要請に牽引されて登場し、高等教育制度としてのあり方が問われる事態を引き起こしていると言えよう。

### （4）多様化の区別

　種別化、個性化、そして機能別分化と展開してきた多様化をどのように理解することができるだろうか。第1に、大綱化を1つの区切りとすることができる。大綱化によって各大学が自らの理念・目的に基づく教育を営むことが可能になった。大綱化によって到達した状態を多様化1とすると、大綱化以前の画一化された高等教育制度は、非-多様化という意味で、多様化0と表現できる。

　そして、多様化1は、目指されていた理念的・抽象的で形式上の多様性が可能になったに留まる。その後、個性化の要請のもと、各高等教育機関の理念・目的に基づく教育が現実に推進されていく。多様化1の段階が抽象的な形式上の可能性であったのに対し、具体的に内容上多様な教育が推進されていった。現実に教育の取り組みが多様に進められるようになった段階を多様化2とすることができる。

　さらに、評価システムに着目することで、もう一段階区別を立てることができる。多様性の源となる差異の在処が異なる。多様化2は、教育の理念・目的において多様であると判定される多様性であり、やや外形的な点での多様化に留まるのに対し、多様化3は、教育それ自体の内実において多様であ

ると判定される多様性であると区別できる。自らの理念・目的に即して取り組んでいる自生的な多様化の段階である多様化2に対して、評価を通じて他の高等教育機関との比較・差異化を踏まえた上でその内実が多様であると言える構造的な多様化の段階を多様化3として区別できる。多様化3では、自らが他とどう異なっているかを判定することができ、外部からもその差異を認識できるという構造化された状態である。種別化、個性化、そして機能別分化と展開してきた多様化は、多様化が0から多様化2へ到り、多様化3へ向かって深化してきたと見ることができる。

多様化0から3へ向かう深化は、ただ制度レベルだけで生じるのではなく、組織レベル・実践レベルでの変化が組み合わさって実現していった。次節以降で、組織レベル・実践レベルに目を向けていこう。

## 3　組織レベルの変化
### （1）　多様化1へ

組織レベルにおいても、多様化0から多様化1への変化は、占領期の大学基準による画一的な教育課程の導入から、大学設置基準の大綱化における教育課程の自主・自由編成へという変化であった。戦後、GHQの民間情報教育局が大学基準協会を指導するかたちで、アクレディテーションの名のもとに、大学基準が制定・運用された（戦後大学史研究会編1988）。その結果、民主化に向けて各大学の自主性を促す姿勢を示しつつも、画一的な形式からなる教育課程が全大学にあてはめられた。新制大学への一元化という制度レベルでの画一化に加え、教育課程の規定によって組織・実践レベルで画一的な枠がはめられた。

その教育課程の規定は、詳細にわたる。一般教育として、人文科学、社会科学、自然科学の3系列を履修すること、しかも各系列から3科目12単位以上、合計36単位以上取得することを卒業要件とするといったように、具体的な科目数や単位数を指定する徹底ぶりであった。

この教育課程の形式の規定において、ドイツの高等教育をモデルに発展してきていた日本の高等教育にそれまでなかった一般教育が導入された。当時、ハーバード大学においてリベラル・エデュケーションより広く市民に開放さ

れたものを目指して取り組まれていた一般教育（ジェネラル・エデュケーション）が全高等教育機関に画一的にもたらされた。一般教育が、卒業要件の単位数のうち相当数を占めた結果、専門教育の単位数は抑えられることとなった。新制大学への一元化に加えて、教育課程の画一化によって高等教育は制度・組織・実践において画一的な枠組がはめられていくことになった。

　高等教育制度のあり方をめぐっては、画一化か多様化か、平等か不平等かといった綱引きが見られていたが、教育課程という組織・実践レベルにおいても綱引きが見られた。一般教育と専門教育の間の綱引きである。占領期の後、理工系の特色ある専門職業教育が弱体化したことへの危機感、また高度経済成長を牽引する二次産業への人材養成の必要性から、産業界から理工系の専門人材を求める声は強く、また大学内部においても理工系を中心に専門教育を増強するべきとの声が聞かれた。実際、占領期の後、大学設置基準が改定され、専門教育の基礎となる基礎教育科目が授業科目として設けられ、一般教育科目のうち8単位を基礎教育科目が充当可能な形となっている。

　しかしながら、この綱引きでは、大学教育が狭くなるという批判が対抗する側から提起された。米国教育使節団報告書において、「日本の高等教育のカリキュラムにおいては、……大概は普通教育を施す機会が余りに少なく、その専門化が余りに早くまた余りに狭すぎ、そして職業的色彩が余りに強すぎるように思われる」との批判が向けられていた。米国教育使節団報告書は、戦後、民主主義的教育思想の結実として価値づけられ（周郷他1950）、その立場から一般教育の意義が強調されていた。また、専門教育と一般教育の区別が、職業教育と教養教育（または人格教育）と重ねられていた。大学教育は、深さだけでなく幅広さも重要であり、専門性に特化するだけでなく総合性も重要であるとの対抗軸が形成された。一般教育と専門教育の有機的関連が追求されていった（関1988）。専門教育か一般教育かという綱引きは、一般教育を担当する教員と専門教育を担当する教員の間での組織の整理をどうするかという問題でもあり、決着をつけることが難しかった。組織としては、一般教育担当教員と専門教育担当教員の間の区別という差別的構造の解消を目指しながら、全てを専門教育に解消してしまっては一般教育の理念も解消してしまいかねないという組織上の解決と理念上の解決が葛藤するというジレンマが

あった。一般教育と専門教育の有機的関連を模索するという形で、綱引きは膠着状態に陥った。そうしたジレンマが最終的に１つの出口を見出すのも、1991 年における一般教育と専門教育の科目区分の廃止という大学設置基準の大綱化においてであった。

　大綱化によって、一般教育と専門教育の区分は廃止され、各大学は自由に教育課程を編成・実施できるようになった。一般教育と専門教育の形式上の区別と規定が廃止され、一般教育や専門教育という従来のカテゴリーにとらわれずにどういう内容・中身の教育課程を編成するかが各高等教育機関の課題となったのである。こうして、組織レベルで多様化２の段階へと多様化が進んだのである。

### （２）　多様化２へ
（ａ）　**カリキュラム改革**　　大綱化後、抽象的に可能になった多様化１から具体的・現実的な多様化２への移行は、まず、カリキュラム改革によって進展していった。次の文章は 1982 年に書かれたものであるが、大綱化後に進められたカリキュラム改革は、まさに各大学の改革の意思が問われるものとなっていった。

　　　大学改革を、大学における研究と教育の深部にわたる変革として捉える場合、カリキュラム改革は、その重要な表明文とも言うべきものであると思われる。大学が掲げる学問精神と、その教育理念を典型的に表現するものがカリキュラムである。その改革案には、大学改革の全意志が表明される（寺崎 1999、p.51）。

　大綱化以降に進められたカリキュラム改革は、教育課程の編成・実施の改革であった。教育課程は、「教育目標に即して児童生徒の学習を指導するために、学校が文化遺産の中から選択して計画的・組織的に編成して課する教育内容の全体計画」（細谷ほか編 1990）を意味する。ここで重要なことの１つは、「教育目標に即して」とあるように教える側の意図や目的が柱となっている点である（田中 2009；寺崎 2007）。大綱化以降、新学部・学科の創設、自大学・学部の理念・目標の設定のもと、新しい教育、新しいカリキュラムが打ち出されていった。

　各大学がカリキュラム改革に取り組んでいく中で、一般教育と専門教育の

関係にも変化が訪れる。大綱化は、一般教育と専門教育の固定化された区分を廃止しつつ、より自由かつ柔軟に両者の有機的関連を実現することによって4年一貫した教育を構築することを求めていた。しかしながら、実際には、全学出動体制という名称のもと、かつて一般教育であった教育の目的や内容が、専門教育とは異なる教養教育科目等の名称で設定されている。自大学の理念・目的に沿って、各大学が教養教育と専門教育の有機的関連のあるカリキュラムを編成・実施していくことが期待されていた。ところが、その有機的関連の模索の間に実際に生じていったことは、学部・学科の縦割りの下での専門教育から一般教育への浸食であった。

組織としての教養部は廃止され、一般教育担当教員がどの組織に配属するかが争点となり、一般教育であったところの教養教育への責任体制は曖昧なものとなった。理念・内容としても、能力の涵養、「ものを見る目や自主的・総合的に考える力」(1991年答申) や「主体的に変化に対応し、自ら将来の課題を探求し、その課題に対して幅広い視野から柔軟かつ総合的な判断を下すことのできる力」(課題探求能力)(1998年代学像答申) が教養教育の目標とされた。そのような能力は、どのような教育内容と方法で涵養されるのかが判然としないため、そして専門教育の中で涵養可能とも考えられたため、ますます専門教育との境界が融解していった。

最後に、大学入学者の学力問題および専門教育への橋渡しという2つの橋渡しが教養教育に課せられる。縮減する教養教育は、リメディアル教育または初年次教育といった大学教育を受ける以前の準備の役割を担うこととなった。こうして、かつての一般教育は教養教育と呼び名を変え、「スキル化とリメディアル化」によって現実の役割は定義されたものの、掲げられた理念の実現可能性は不透明となった (吉田 2013)。教養教育には大学教育の準備以外の役割はないのか、専門教育中心の日本の大学教育の中に教養教育をどう位置づかせるかといった教養教育をめぐる問いは宙に浮くこととなる。

**(b) GP 事業** 多様化は、掲げられるカリキュラムにおいてのみ進むのではなく、実際に行われている教育実践においても進む。政策の流れとしても、実践レベルの多様化を促進する政策が展開される。そうすると、カリキュラム改革の中から新しい教育実践が育まれるばかりでなく、新しい教育

実践がきっかけとなってカリキュラム改革が進むという事態も見られるようになった。その意味で、教育実践の多様化を担ったのは、COE プログラム事業や GP 事業である。2002 年から 21 世紀 COE プログラム、2003 年度以降、「特色ある大学教育支援プログラム（特色 GP）」、「現代的教育ニーズ取組支援プログラム（現代 GP）」、「質の高い大学教育推進プログラム（教育 GP）」といった一連の GP 事業が推進されてきた。

　GP 事業を通じて、今日展開されている多様なカリキュラムや教育プログラムの広がりの大部分が生みだされていった（絹川・小笠原 2011）。具体的な広がりとして、高大接続に関わる初年次教育や理系基礎教育についての取り組み、情報リテラシーの育成を狙いとした ICT 教育、今日のグローバル化とも関わる外国語教育、教養教育や学士課程教育といったカリキュラム全体に関わる教育が展開されていった。また新しい形態の教育実践として、インターンシップ、サービス・ラーニング、プロジェクト・ベースド・ラーニング、プロブレム・ベースド・ラーニング、ピア・ラーニング、グローバル・スタディーといった教育実践が展開されていった。今日と比べると萌芽的なものの、アクティブラーニングの名称を関した取り組みも見られた。また、大学院修士課程の教育実践の開発も見られた。ファカルティ・ディベロップメントと括られるような教育の取り組みも見られた。

　こうして見ると、GP 事業は、単に優れた実践に光を当てるというに留まらず、他大学の情勢把握や申請活動を通じて各大学のカリキュラム改革の推進要因となり、ファカルティ・ディベロップメントのあり方を明確化することに貢献し、初年次教育や高大接続やアクティブラーニングといった今日に通じる論点を用意するといった多面的な役割を果たしていたと言えるだろう。

（3）　**多様化 3 へ**

　多様化 2 は、各高等教育機関において進められた多様なカリキュラム改革と GP に見られるような自生的な多様化の状態である。多様化 3 は、教育実践を担う教員団とそれを支える教学組織を含めて教育の内実の多様性を比較や差異化という評価によって示すことができる構造的な多様化の段階である。教員団のあり方に関わる FD も、教学組織のあり方に関わる教学マネジ

メントも、大綱化やそれ以前の四六答申など以来の歴史を有している。それらに遡りつつ、教育実践の内実をまわりで取り囲んでいるところに目を向けていきたい。

**（a）評 価**　大学評価の営みは、大綱化以降、まず、自己点検評価の導入として開始された。大学における評価の問題を認証評価のあり方にまで遡ると、再び、占領期、CIE と大学基準協会と文部省と各高等教育機関とが絡まりながら、チャータリングかアクレディテーションか混乱していた状態に問題の淵源が求められることとなる。その後、大学紛争の経験を経た 1970 年代後半から、大学における評価の機運として、自主的に自らの水準の向上に努めなくてはならないという意識的な動きが散見されたものの、体系的・制度的に評価が行われることはなかった（新堀編 1993）。

　1991 年の大綱化において、「大学は、その教育研究水準の向上を図り、当該大学の目的および社会的使命を達成するため、当該大学における教育研究活動等の状況について自ら点検および評価を行うことに努めなければならない」という条項が設置基準に設けられ、自己点検・評価が制度化された。臨時教育審議会の自由化路線のもとでの多様化が目指されており、大学設置基準の大綱化以降、事前規制から事後チェックへと評価のあり方が変わっていった。自己点検・評価の導入と制度化は、それまでに経験していた高等教育の大衆化に対応するねらいをもっていた。量的拡大から質的充実への転換に向け、自主的・自律的な点検・評価によって大学の教育・研究の水準の向上を図ることが目指されていた（清水 2004）。文部科学省調査によれば、10 年後の 2001 年度には、92%が自己点検・評価を実施し、75%が結果を公表するといったように、自己点検・評価は定着していったと言えよう。

　各高等教育機関における自己点検・評価から始まった大学の評価であるが、自己点検・評価が教育の改善に結びついていないとの総括を起点に認証評価・第三者評価が開始された。こうして、評価の方法として大学人同士によるピア・レビューを基本とするとはいえ、自機関内部での評価のみで完結せず、外部からの評価を受けることになる。そして、外部からの評価である認証評価の対象は、2004 年度からの第一期では卒業率や就職率や FD 実施率といった間接的な指標であるアウトプットに留まっていた。2011 年度からの第

二期になると、『学士課程教育の構築に向けて』を受け、学習成果をはじめアウトカムの評価へと対象を拡大していった。

あわせて、質の保証を外部評価によって達成するのではなく、各機関が自律的に自己点検・評価することによって達成していく必要性が強調され、内部質保証システムの構築が提起された。内部質保証システムの構築とは、大学基準協会においては、「大学が社会から負託された使命・目的を実現するため、自らの活動を絶えず律するためのシステムであり、大学の質を自らの責任で維持・向上させるための仕組み」（大学基準協会2009）の構築、「PDCA サイクル等の方法を適切に機能させることによって、質の向上を図り、教育・学習その他のサービスが一定水準にあることを大学自らの責任で説明・証明していく学内の恒常的・継続的プロセス」（大学基準協会 2013, p.4）としている。また、大学評価・学位授与機構では、「大学等が、自らの責任で自学の諸活動について点検・評価を行い、その結果をもとに改革・改善に努め、これによって、その質を自ら保証すること」（2016, p.98）としている。2018 年度からの第三期認証評価では、学習成果のアセスメントを軸とした内部質保証システムの確立が問われる趨勢である。

このように、評価のあり方が高度化して自己点検・評価と外部評価とをあわせながら、内部質保証システムの構築が目指され、評価システムが展開している。それによって目指されているのは、何であろうか。どのように教育を運営するのかという点に関しては、組織的な FD と教学マネジメントの確立が求められている。それらによって何を達成するのかという点に関しては、学習成果の明確化というアウトカム評価に基づく学士課程教育の構築が目指されている。

　（b）　学士課程教育の構築　　評価システムが展開する中で、2008 年『学士課程教育の構築に向けて』において、一般教育と専門教育の有機的関連を超えて 4 年一貫した学士課程教育の構築が求められた。カリキュラムに関して、一般教育と専門教育の有機的関連の模索ではなく、学部段階の教育を学士課程教育としてまとめられた。学士課程教育とするという考えは、学問分野に基づく学部・学科の縦割り構造ではなく、学位を与える課程（プログラム）中心の考え方である。学部段階の教育は、修士・博士に対する学士という学

位の課程として、4年一貫する学士課程教育とされた。

　学士課程を修了して授けられる学士学位は、修了者の能力を証明するものである必要がある。また、学士課程教育としてプログラムを編成・実施する教育主体は、どのような能力が身につけられたかを説明する必要がある。こうして、身につけられた能力という意味での学習成果（ラーニング・アウトカムズ）を明確化する必要性が出てくる。

　学士課程教育の構築とその中での学習成果の明確化要請の背景には、ボローニャ・プロセスに見られるような高等教育のグローバル化、その中での学位の国際的通用性の要求の高まりが見られる。学部・学科の問題ではなく、大学全体、ひいては日本の高等教育全体の問題として、学位の質の保証が求められている。学位の国際的通用性とその質の保証のために、学習成果を明確化することが国際的な潮流となっている（川嶋2008）。

　このような学習成果の明確化による学士課程教育の構築の必要性は、評価システムがそれまでよりもう一段高度化する必要性を意味する。大学設置基準に即した事前規制の評価は、施設設備や教員や教育課程について規定されていた。評価対象の高等教育機関の外部から見て形式的に判定可能なインプットを中心とした評価であった。大綱化後、90年代を通じて、教育課程の編成・実施の自由化を枠組とし、その中で様々な改革の小道具の導入が進められた。シラバスの作成、セメスター制、学生による授業アンケート、FD等である。90年代に進められた自己点検・評価では、そうした小道具の内容や実施率等が報告された。先のインプットに対し、プロセスやアウトプットが評価の対象とはなっているものの、評価対象の高等教育機関の外部から見て形式的に判定可能な点が評価されていた。

　2008年『学士課程教育の構築に向けて』において示された、学習成果の明確化は、こうした流れをアウトカム重視の評価へと転換を図ろうとするものである。インプット・プロセス・アウトプットが大学または教職員が主体となるプログラム活動それ自体を問うのに対し、アウトカムは、そのプログラムを受ける学生において何が成果として生みだされているかを問う。ここでは評価される質の内実が、大学が掲げる理念・目的への適合性から、学習者の学習の質の変容へと変わってきている（川嶋2009）。こうして、掲げられる

理念・目的において多様であると判定される多様化2から、達成される学習成果において多様であると判定される多様化3へ向かって、多様化が進展していく。

（ c ） FD　　評価のあり方が高度化して評価システムとして整備が進む中、教育実践を支える教員団のあり方も問われていく。少し遡りつつ、ファカルティ・ディベロップメントの展開を辿っていきたい。

まず、1987年臨時教育審議会第三次答申にて、「教員の評価については、大学の自己評価の一環として、大学自身が教員の教育・研究上の活動、業績の評価に積極的に取り組み、教員の資質の開発向上（ファカルティ・ディベロップメント）に努めることが望まれる」と記されたのが、政府の答申での初出とされる（吉田2002）。その後、1999年に大学設置基準にFDの努力義務条項が設けられ、2005年中央教育審議会答申『新時代の大学院教育』にて大学院のFDの必要性の提起と2007年度にそれを受けた大学院でのFDの義務化、2008年度に設置基準の改定によって高等教育全体でのFDの義務化へと展開していった。

FDは、広がっていく初期には、授業の内容および方法の改善を意味するものとして理解されていった。その実施については、定型的な研修会・講演会または形式的な授業評価といったものと捉えられた。実際、90年代を通じて、定型的な研修会・講演会と形式的な授業評価は各高等教育機関に広まり、多くの大学で実施されるようになっていった。しかしながら、FDは授業改善や「うまい」授業をすることに留まらない（大塚2011；寺崎2007）。目指されるべきは、大学教員の教育の力量開発と大学教員団の教育に対する組織的な開発である。2008年の中央教育審議会答申『学士課程教育の構築に向けて』においては、「FDの定義・内容は論者によって様々であり、単に授業内容・方法の改善のための研修に限らず、広く教育の改善、更には研究活動、社会貢献、管理運営に関わる教員団の職能開発の活動全般を指すものとして用いる場合もある」とFDを広く捉える必要性が付されている。定型的な研修会・講演会または形式的な授業評価を越えて、実質的なFDが求められるようになってきている。各大学が理念・目的のもとで学習成果を明確化してその成果の達成を目指す中で、教育を担う教員団においても実質的な教育改善に向

けた組織的な取り組みとしての FD が求められるようになっているのである。

　（d）**教学マネジメント**　　評価活動のあり方として、評価の対象が学習成果へと拡張していったこととあわせて、体系的・組織的な大学教育が行われているかどうかという点が問われるようになっていった。4 年一貫した学士課程教育を体系的・組織的に行うということは、体系的なカリキュラム編成とそのためのカリキュラム改革を行うだけでなく、そのカリキュラムの実施が組織的なものであるかどうかにも関わってくる。端的に表現すれば、組織的に教育が運営されているかどうかが問われている。

　組織的な教育については、大学の管理運営として学部自治ではなく大学全体としての自治を求めた三八答申、高等教育のグランドデザインを描く中で組織運営の活性化を目指した四六答申といった系譜を有する（天野 2005, 羽田 2014）。

　『将来像答申』では、初中等教育との接続から入学者受入れ方針（アドミッション・ポリシー）の明確化を求め、あわせてカリキュラム・ポリシーとディプロマ・ポリシーの明確化を求めていた。現在、3 つのポリシーの策定と運用に関するガイドラインが提示され、そこでは 3 つのポリシーはそれぞれ次のように説明されている。ディプロマ・ポリシーは、「各大学、学部・学科等の教育理念に基づき、どのような力を身に付けたものに卒業を認定し、学位を授与するのかを定める基本的な方針であり、学生の学修成果の目標となるもの」とされている。カリキュラム・ポリシーは、「ディプロマ・ポリシーの達成のために、どのような教育課程を編成し、どのような教育内容・方法を実施し、学修成果をどのように評価するのかを定める基本的な方針」とされている。アドミッション・ポリシーは、「各大学、学部・学科等の教育理念、ディプロマ・ポリシー、カリキュラム・ポリシーに基づく教育内容等を踏まえ、どのように入学者を受入れるかを定める基本的な方針であり、受入れる学生に求める学習成果を示すもの」とされている。

　『学士課程教育の構築に向けて』では、各大学の個性・特色は 3 つのポリシーに反映されること、3 つのポリシーに貫かれた教学経営を行うことが求められている。「教学経営に当たって、『三つの方針』を明確にして示すこと、そ

して、それらを統合的に運用し、共通理解の下に教職員が日常の実践に携わること、さらに計画・実践・評価・改善（PDCA）のサイクルを確立することが重要である」と示された。『質的転換答申』や教育再生実行会議では、学長の全学的なリーダーシップとそれによる大学ガバナンス機能の強化を求めている。

　こうして、組織的な教育を運営することが求められている。それも、3つのポリシーの一体的・体系的な策定と運用によって、組織的な教育を運営することが求められている。学生が身につける力としての学習成果を教育目標として明確化した上で、それを学位授与の方針であるディプロマ・ポリシーに配置する。その目標達成に向けたカリキュラム編成・実施・評価をカリキュラム・ポリシーで明確化し、その2つのポリシーと一貫する形でのアドミッション・ポリシーを策定する。その上で3つのポリシーの一体的運用の下での組織的な教育が求められている。評価システムの構築と表裏をなす形で教学マネジメントのための道具立てが揃えられてきているのである。

## 4　実践レベルの変化
### （1）　多様化2まで
　制度レベルと組織レベルの変化を整理する中で実践レベルの多様化についても触れてきたので、多様化2に至るまでの過程の記述を繰り返すことは避けたい。大学設置基準の大綱化によって、実践レベルにおいても多様な教育実践が可能な状態の多様化1に到達した。その後、カリキュラム改革やGP事業によって、現実に各高等教育機関が自らの理念・目的に沿って多様な教育実践に取り組む多様化2へと進んだ。取り組まれた教育実践は、教育段階として高大接続、初年次、専門教育、学士課程教育、大学院の各段階にわたっている。教育実践も、GP事業（p.32）のところで見たように多岐にわたる。
### （2）　多様化3
### （a）　教授学習パラダイムの転換　　『学士課程教育の構築』で説かれていることは、何を教えたかではなく何を学んだか、何ができるようになったかに目を向けるということである。こうした学習成果への着目は、教授学習パラダイムの転換を表している。今日、教授学習パラダイムの転換は、多く

の研究によって指摘されている（Barr & Tagg 1995；Entwistle 2009；Fink 2003；Ramsden 2003）。現在地から両パラダイムを特徴づけるならば、次のように整理される。「教授パラダイムは、『教員から学生へ』『知識は教員から伝達されるもの』を特徴とするのに対して、学習パラダイムは、『学習は学生中心』『学習を産み出すこと』『知識は、構成され、創造され、獲得されるもの』を特徴とするものである」（溝上 2014, p. 34）。

　教授学習パラダイムの転換は、1960年代の学生の成長理論、1984年『学習への関与』レポート（Study Group on the Conditions of Excellence in Higher Education 1984）、大学生調査研究（Astin 1984）といった蓄積を活かしている。その転換を現実のものとした背景には、知識基盤社会の進展、アウトカムを評価する教育、大学から仕事・社会へのトランジションの不安定化といった社会状況がある（河井 2016）。知識基盤社会の進展とは、社会が知識・情報を活用して働くことを求め、またイノベーションが知識集約的に生じるようになるという社会状況である。そうした中で、先進諸国のユニバーサル化した高等教育には、知識労働人材の養成が求められる。それは、理念的な要請ではなく、グローバル競争を繰り広げる各国の経済からの剥き出しの要請である。結果、高等教育の外形的な学位資格やブランドだけでなく、具体的な能力というアウトカムに基づく教育が問われる。規制緩和・自由化路線をとった臨時教育審議会のもとでの四六答申が、大学教育に知識ではなく能力を求めるという口火を切ったが（吉田 2013）、現在起きている事態の萌しであったと理解できるかもしれない。現在、高等教育は、経済・社会からの要請に応えきれているとは言えず、欧米も日本も若者の学校から仕事へのトランジションは不安定化している（Furlong & Cartmel 2007＝2009；溝上・松下編 2014；乾編 2006）。こうして知識基盤社会の中でのグローバルな経済競争で優位を保ち、大学から仕事へのトランジションを安定させるため、質の高いアウトカムとしての学習成果を生みだしていくことが、国家・政府、大学、学生のいずれの利害とも一致するゴールとして設定されている。単に何を教えたかではなく何を学んだか、もっと言うならば学習成果としてどういう能力が身についたかが問題になる状況が到来している。こうして、教授学習パラダイムの転換が求められ、また現実化していっているのである。

質の高いアウトカムとしての学習成果を生みだすために、学習パラダイムの拡張とそれを実現するための実践レベルの変化が求められる。先に、「学習パラダイムは、『学習は学生中心』『学習を産み出すこと』『知識は、構成され、創造され、獲得されるもの』を特徴とする」と述べた。この規定は、教授パラダイムとの対比から学習パラダイムを規定したものである。現在生じている状況とそこからの要請に基づくならば、学習パラダイムから学びと成長パラダイムへとさらに拡張を見せていると言えよう（溝上 2016a）。学習パラダイムでは、学習時間のように学修しているかどうかといった学習のあり方が問われることに重点があるが、学びと成長パラダイムでは、学習とそれによって生みだされるバリエーション豊かな成長・学習成果が問われることになる。学びと成長パラダイムでは、学生に何をどのように学習させ、どのような観点で成長させるかということが問われる。学びと成長パラダイムでは、問われる質が深化する。組織レベルの多様化の学士課程教育の構築のところで見たように、評価される質の内実が、大学が掲げる理念・目的への適合性から、学習者の学びと成長へと拡張してきている。大学の理念・目的のもとでの教育目標には、その学生の学びと成長が掲げられ表現されているものの、それは教育側から期待・想定される学びと成長であって、実際に学習者が行う学習や成し遂げている成長と同じではない。学びと成長パラダイムでは、後者の学びと成長の質が問われ、その評価が取り組まれることになる。こうして、学びと成長パラダイムへの拡張によって、各大学の学習成果が、掲げられ示されるものとして多様であるという以上に、達成される学習成果においてバリエーションがあり多様である状態が目指されている。多様化は、こうした変化を経て新たな段階へ進んでいく。

（b）　アクティブラーニング　　教授パラダイムから学習パラダイム、そして学びと成長パラダイムへの転換が求められる今日、実践レベルでの変化もまた求められている。多様化という流れからすれば、示される学習成果と達成される学習成果が多様であることが第一であるが、そのためにも達成への過程である教育実践にも変化が求められる。従来型の教育実践を「教員による一方向的な講義形式の教育」とした上で、それと対比して提起されている教育実践のあり方がアクティブラーニングである。2012年中央教育審議会

大学分科会大学教育部会の『新たな未来を築くための大学教育の質的転換に向けて』では、次のように転換が要請されている。

> 我が国においては、急速に進展するグローバル化、少子高齢化による人口構造の変化、エネルギーや資源、食料等の供給問題、地域間の格差の広がりなどの問題が急速に浮上している中で、社会の仕組みが大きく変容し、これまでの価値観が根本的に見直されつつある。(中略)
> 生涯にわたって学び続ける力、主体的に考える力を持った人材は、学生からみて受動的な教育の場では育成することができない。従来のような知識の伝達・注入を中心とした授業から、教員と学生が意思疎通を図りつつ、一緒になって切磋琢磨し、相互に刺激を与えながら知的に成長する場を創り、学生が主体的に問題を発見し解を見いだしていく能動的学修（アクティブ・ラーニング）への転換が必要である。

そしてこういった時代社会からの要請を受けるアクティブラーニングは、答申においては次のように説明がなされる。

> 教員による一方向的な講義形式の教育とは異なり、学修者の能動的な学修への参加を取り入れた教授・学習法の総称。学修者が能動的に学修することによって、認知的、倫理的、社会的能力、教養、知識、経験を含めた汎用的能力の育成を図る。発見学習、問題解決学習、体験学習、調査学習等が含まれるが、教室内でのグループ・ディスカッション、ディベート、グループ・ワーク等も有効なアクティブ・ラーニングの方法である。

アクティブラーニングの説明も踏まえられた上で、アクティブラーニングの定義には、次のものが提起されている。

> アクティブラーニングとは、「一方向的な知識伝達型講義を聴くという（受動的）学習を乗り越える意味での、あらゆる能動的な学習のこと。能動的な学習には、書く・話す・発表するなどの活動への関与と、そこで生じる認知的プロセスの外化を伴う。」
> （溝上 2014 p. 57）

アクティブラーニングの要点は、書く・話す・発表するなどの活動への関与があること、活動に関与していく中で自分の知識や考えを外化していくことの両軸が柱となる。アクティブラーニングの流れが目指しているのは、まず、活動への関与が全く求められない授業のあり方からの脱却である。そし

て、自分の考えや知識の深い理解を置き去りにしかねない授業のあり方からの脱却である。アクティブラーニングとしての知識・考えの外化活動は、授業内容の深い理解と結びつけて追求されねばならない（松下編 2015）。

こうしたアクティブラーニングの流れのもと、授業のあり方にも変化が生じていく。授業のあり方として、活動へ関与していくアクティブラーニングを中心とするタイプと、講義パートと活動へ関与していくアクティブラーニングのパートの組み合わせタイプとをあわせてアクティブラーニング型授業として整理された（溝上 2016b）。講義かアクティブラーニング型授業かという二項対立は不毛となり、目指されているのは活動への関与と知識や考えの外化を通じた学生の成長、そしてそれによって大学から仕事・社会へのトランジションの不安定化に対応していく力をつけていくことである。

**（ｃ）学習成果のバリエーション**　アクティブラーニングの提起によって、実践の多様化も性格を変えていく。GP 事業あるいはそれ以前から蓄積を有する実践も含めて、今日の高等教育では、多様な特色ある実践が展開されてきている。実践レベルの多様化もまた、2（4）で述べた自生的な段階から構造化された段階へと進もうとしていると見ることができる。それぞれの実践の中で学生は学び成長している。その結果、自生的な多様化が実現されていく。それはまた、それぞれの実践の内部に閉じた学びと成長であると捉えられる。今日、その実践での学習成果が、比較・差異化によって、実践外部と同じ土俵で対外的にもどういう質または水準にあるのかが問われる段階が到来している。

問われる学習成果の質の１つは、その学習成果がどういう性格の成果なのかという類型である。学生の学びや成長は大きく３つの類型に分けられる。認知発達理論、省察的判断モデル、認識論的省察モデル、道徳性発達モデルといった大学生の成長理論では、対象となる知識との関係における知的成長、他者との関係における社会的成長、自己との関係における人格的成長という３つの側面から学生の成長が捉えられてきている（Evans et al. 2009；河井 2014b）。

主体的な学びについての考察（溝上 2014, p. 100）では、何に対する主体性かという観点から、同様の３つの類型が見いだされている。主体的とは、「自ら働きかける様」を意味する。まず、内発的動機づけをもとに学習課題に取り

組んでいくといった課題に対する主体性がある。また、グループ学習の中で他の仲間に働きかけながら学習するという他者に対する主体性がある。そして、学ぶ中で自分の知識世界を構造化していくという自分自身に対する主体性がある。自らの将来に向けて自ら働きかけるという意味で、将来・時間に対する主体性という次元を4つ目の類型として切り出すこともある。

　能力論としても、3つの類型が見いだされる（松下2016）。OECD-DeSeCoのキー・コンピテンシーでは、対象との関係で「道具を相互作用的に用いる」こと、他者との関係で「異質な人々からなる集団でかかわりあう」こと、自己との関係で「自律的に行動する」ことがコンピテンシーとされている。全米研究評議会の21世紀型コンピテンシーにおいて、対象世界との関係で「認知的コンピテンシー」、他者との関係で「対人的コンピテンシー」、自己との関係で「自己内コンピテンシー」が示されている。そして、そうした三軸構造は、学びとは「学習者と対象世界との関係、学習者と他者との関係、学習者と彼／彼女自身（自己）との関係、という3つの関係を編み直す実践」（佐藤1995）を意味するという学びの定義とも呼応しているのである。

　実践レベルの多様化もまた、自生的な段階から構造的な段階へと進展を見せている。学びと成長の3類型を枠組みとしながら、実践レベルにおいて学習成果の質と水準が多様であることが示される時、バリエーションのある学習成果が社会に対して提示されることになろう。そのバリエーションある学習成果に基づいて、組織・実践の多様化が捉えられることになろう。

## 5　高等教育に関わる緊張関係とそこから生じる要請
### （1）　高等教育に関わる緊張関係とその構造

　ここで、これまでの節で見てきた大学教育改革の趨勢をまとめておこう。まず、制度レベルの変化では、画一化、種別化、個性化、機能別分化といった政策の展開をたどってきた。それは、非=多様化としての多様化0から多様な教育が抽象的に形式上可能となる多様化1へ、具体的に内実をもって現実に多様化へと進む多様化2へ、自生的に多様であるだけでなく評価によって対外的にも差異を可視化できる多様化3へと向かう趨勢を示していた。組織レベルでも、規定の画一化という多様化0から、大綱化において多様な教育

が抽象的に形式上可能となる多様化1へ、カリキュラム改革やGP事業など各高等教育機関の理念・目的に沿った取り組みによって具体的に現実に多様な教育が展開される多様化2へ、そして各々が学習成果を明確化して組織的に教育に取り組みかつ評価によって差異を可視化できる多様化3へと向かっている。実践レベルでは、教授学習パラダイムの転換とアクティブラーニングの流れのもと、バリエーションのある学習成果と成長という多様化3が目指されている。大学教育改革を牽引する高等教育政策は、教育だけでなくより直接的に学習を対象とするようになっていった。教授学習パラダイムの転換は、多様化の流れに学習という新たな領域を追加したと言える。大学教育は、制度・組織・実践の各レベルで、多様化を進めてきているのである。

　大学教育改革は、大学進学率が上昇し、社会経済情勢が変化し、グローバル化が進む中、変化を引き起こしてきた。不可侵なものとされてきた授業やカリキュラムは組織的・実質的に取り組むことが要請されるようになってきた。所与の理念としての大学の自律は組織的な教育とその評価を通じて構築していかなければならないものとなってきた。社会から超然としているかのようであった大学は社会の要請に応える高等教育機関へと変化してきた。そして、大学教育改革は、教授学習パラダイムの転換が進む今日、教育の改革であるだけでなく、学習の改革へとテリトリーを拡張して進んできている。

　以上の趨勢を図で表現すると、図1のようになる。多様化が抽象的に理念上可能になった大綱化を起点に、組織レベルでも実践レベルでも多様な取り組みが進み多様化2に到達していった。そして、評価による多様化へと進む中では、組織レベルでの組織的な教育の推進が進み、評価の中核的対象である教授・学習においても、アクティブラーニングへの流れが生じてきている。

　こうしたモデル化をしてみることで、まず、相対的に区別される外部と内部が見出される。例えば、各高等教育機関の立場から見て、制度規定という外部に対して、各高等教育機関の理念・目的が内部となる。教育実践の立場から見れば、各高等教育機関の理念・目的という外部に対して、カリキュラムや教育実践が内部となる。さらに、学習者の立場から見れば、学び成長していくということに対して教えるという教授行為や教育実践が外部環境となる。どの立場から見るかによって、何が内部で何が外部かは変わってくる。

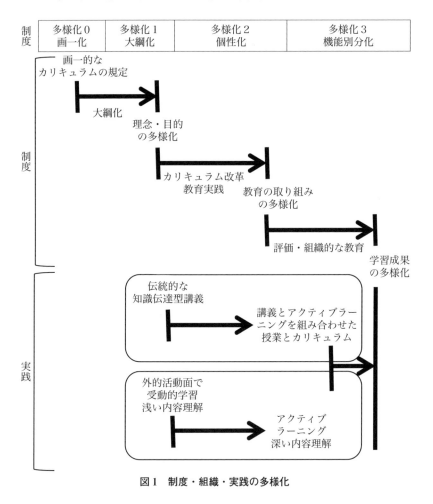

**図1　制度・組織・実践の多様化**

　また、このような意味での外部と内部は、形式と内容という区別とも重なる。そうすると、大学教育改革の対象が、高等教育に対して、外部に向いて形式に関わる点から、内部に向かって内容に関わる点へと焦点を移動させてきたと把握することができる。そして、その移動は、教授から学習への拡張に通じていったとまとめて理解することができる。大学教育改革は、教育それ自体からすれば外部的で形式・枠組に関するところ、教育それ自体が問題とな

らなかったところから教育それ自体が問題となるところへという趨勢、そして教育だけでなく学習が問題となるところへという趨勢を経てきている。

　そうした結果、高等教育は、制度・組織・実践における緊張関係に直面している。制度レベルの緊張関係とは、高等教育制度と国家・社会との緊張関係である。国家・社会は、高等教育制度に社会の活性化・革新を求めながら、その制度の土台となる財政基盤を削減していくという矛盾した要請をすることで緊張関係が生じている。こうした緊張関係の中で、制度レベルでは、社会における革新を生みだし、社会への説明責任を果たすことが求められている。

　組織レベルでは、各高等教育機関は、他の高等教育機関との比較のもと、国家・社会との関係で緊張関係にある。評価によって説明責任を果たして質の保証をすると同時に、改善によって質の向上を目指すという、両立が容易ではない要請によって緊張関係が生じる。それはまた、組織の中では、組織的な教育によって成果を挙げていると示さねばならないという経営の論理と、実際に学生を育てるという教育の論理の間の緊張関係を生じさせている。こうした緊張関係の中で、組織レベルでは、不断に質の向上を目指しつつ組織的に教育を運営し、評価を通じてその質を保証することが求められている。

　実践レベルでは、その組織レベルの経営と教育の緊張関係と相似の構造の緊張関係が現れる。何をどう教えたかを示すだけではなく、実際に学生が何をどう学び、何ができるようになるかを示す必要性が強調される。そうした学習成果の可視化の必要性と、実際に学生が学び成長することの必要性もまた、緊張関係にある。成果の可視化のために少なくない労力が割かれる場合、実際に学生を成長させる余力が奪われるということがありうる。また、成長の可視化という手段にとらわれるあまり、教育が目指す価値の実現という目的を矮小化することもありうるだろう。こうした緊張関係の中で、実践レベルでは、教育を通じて学生が学び成長すること、そしてその成果を可視化していくことが求められている。高等教育は、こうして現在、制度・組織・実践レベルの緊張関係と向き合わねばならない状況に置かれているのである。

（2）　高等教育に関わる緊張関係から生じる要請への批判的考察

　本章では、大学教育改革の趨勢を辿り、高等教育の制度・組織・実践レ

ルでの緊張関係とその中で求められていることを整理してきた（図2）。ここまでの整理では、高等教育の制度・組織・実践に求められることを、外部からの要請として描いてきた。しかし、そもそも、外部からの要請にただ応えていくだけでいいのかどうか、一度立ち止まって考えたい。

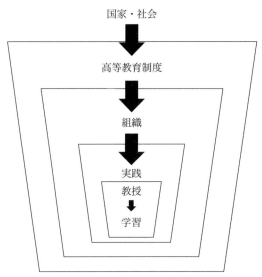

**図2　高等教育制度・組織・実践への外部からの要請**

　国家・社会と高等教育制度との間で財政削減と革新創出の緊張関係のもと、制度レベルで機能別分化が進められようとしている。国家・社会とその声を受けた文部科学省の要請にしたがって機械的・受動的に機能別に分化していかなくてはならないのかどうか。立ち止まって考える必要があるのはその点である。

> 　大学が機能的に分かれていくということは、大衆化し、多様化した高等教育のもとでは避けられないことです。ただそれは行政が指示し、制度的な分化を図るというのではなく、それぞれの大学が自大学・学部の教育目的を明確に設定し、自大学・学部の個性の一部として主体的・選択的に進めていくべきものだと思うのです（天野 2013, p. 26）。

機能別分化に関して制度レベルで問題になっているのは、大学の自律性である。文部科学省の要請に沿って機械的・受動的に機能別分化していくとしよう。突き詰めて考えるならば、それは、自らの自律性・主体性を放棄することにつながるのではないか。それは、国家・社会そして行政からしても意図せざる帰結、それどころか望まざる帰結であろう。各高等教育機関は、自らの自律性・主体性を放棄するのか、それとも責任を持って自律的・主体的に教育を行っていくのかという分岐点に立たされている。財政削減と革新創出の緊張関係の中で、社会への説明責任の要求に応えていく必要がある。しかし、それは、各高等教育機関の自律性・主体性を犠牲にしては意味が無いだろう。各高等教育機関の自律性・主体性が発揮されないで、社会における革新が生みだされるだろうか。とはいえ、高等教育機関の自律性・主体性が保たれているとしても、社会への説明責任が果たされていないとすれば、それも問題であろう。社会への説明責任に応答しつつ、各高等教育機関が自律的・主体的に教育を進めていくことによって、社会における革新の可能性を追求していくあり方が目指されるのである。

　組織レベルと実践レベルにおいても外部との関係で同様の問題の構造が見出される。組織レベルでは、経営の論理と教育の論理の緊張関係のもと、教育の質の保証と向上を目指して教育の運営が進められる。組織レベルの教育にとっての外部環境となるのは、国家・社会との関係や他の高等教育機関との競争とそこから来る経営の論理である。ここでは、教育を行う組織としての教育に関する自律性が問われる。外部環境からの要請や経営の論理にあわせて外部向けの形式的・表面的な"評価"に耐えるためだけの教育を拵えていくのだとすれば、教育の自律性・主体性はどこに残っているのだろうか。それは経営の論理からしても、意図せざる帰結、それどころか望まざる帰結であろう。各高等教育機関は、外部に向けて教育の表面を取り繕うのか、自らが自律的・主体的に選択した目的という価値の実現に向かう教育を実現できるのかという分岐点に立たされている。確かに、外部に向けて自らの教育を十分に説明できるものにするという意味での説明責任を果たす必要がある。しかし、それは、実質的な教育活動の結果、さらなる教育改善への土台となるような教育と評価の生産的な接続関係の下でなされるべきであり、評

価のために教育の目標達成やそのための努力——そこに教育の自律性が懸かっている——が阻害されてはならないだろう。そうした努力無しに十分に質の高い教育が実現されるだろうか。教育の目標達成とそのための努力という教育の自律性を損なってまで果たされねばならない説明責任というものがあるとしたら、それはどのような説明責任なのであろうか。とはいえ、質の高い教育を自律的・主体的に行っているとしても、それが外部から不可視のままに留まっているとすれば、それも問題であろう。教育組織として、自らが目標として選択した価値の達成に向けて自律的に教育を営み、それを受けて質の保証と説明責任を果たし、次なる教育改善につながるよう評価活動を進める必要がある。制度レベルにおいて大学の自律性が問題になったのと同様に、組織レベルにおいても教育の自律性が問題となっているのである。

　そうした教育の自律性は、所与の自明のものではなく、教育を担う教職員団によって日々支えられねばならないものである。その意味でこそ、日常的な、組織的で実質的なFD・SDが重要になってくる。カリキュラム改革において、全体の教育目標と各授業の関係性についての理解を中心に自分たちの取り組んでいる教育に対する共通理解を築き上げること、その上で教授団がカリキュラムの中にある本質的な問題あるいは現代的な課題を調査・追求し、討議し、カリキュラムの編成・実施に取り組むことこそが、組織的で実質的なFDである（寺崎2007）。大学教員は、各授業への責任だけでなく、カリキュラムとして組織的な教育全体への責任を持っている。カリキュラムを編成・実施し、そして評価していくという日常的で組織的な営みによって、この教育への責任は果たされるのである。

　実践レベルにおいても、学習成果の可視化の必要性と実際に学生を育てることとの緊張関係のもと、学生の学びと成長に向けた実践が進められている。そうした実践にとっては、対外的に学習成果の可視化を求める社会および経営の論理はもとより、実践の前提を規定するカリキュラムや教育目標が外部環境になる。第一に、実践の外を向いてしまうか、学生の学びと成長に目を向けられるかという分岐点に立たされている。実践の外側に目が向いて学生の学びと成長に目が向かなくなる事態は、要請している外部環境にとっても意図せざる帰結、それどころか望まざる帰結であろう。組織レベルでの外部

との関係と同様に、実践レベルでの教育の自律性、すなわち授業などの教える実践における目標の達成とそのための努力を堅持できるかどうかという分岐点である。そうした自律性が損なわれる状況で、質の高い教育は実現可能なのであろうか。教育実践においても、教育実践として、自らが目標として選択した価値の達成に向けて自律的に教育を営み、その結果として付随するものとして質の保証と説明責任を果たし、次なる教育改善につながるよう評価活動を進める必要がある。制度レベルと組織レベルと同じく、実践レベルでも教育の自律性が問題となっているのである。

　第二に、学生の学びと成長を向いているとして、組織的な教育に目が向かなくなるという分岐点にも立たされる。個々の実践とその中での努力が、組織的な教育の構築であるカリキュラムの方向性と不整合をきたしてしまうことは、個々の教育実践の自律性として正当化されるのであろうか。ここでは、実践・組織レベルの各々の教育の自律性の両立が不可欠である。教育実践の自律性の追求が、教育組織としての自律的なカリキュラム編成・実施・評価と両立することが目指されねばならない。したがって、組織的な教育としてのカリキュラム改革に個々の教員が責任を持って関与し、その上に立って授業という実践の中での目標達成を追求することが目指される。ここにある分岐点は、カリキュラムで規定されていることを受動的・機械的にこなすのか、カリキュラムを踏まえて構成される授業の目標達成に向けて自律的・主体的に授業という実践に臨むのかという分起点でもある。実践における授業者の自律性・主体性が無いならば、「教える」という営みは活力あるものとならない。そして、不活性な教える営みによっては、十分な質の学習成果が達成されはしない。こうして、組織的な自律性・主体性に基づくカリキュラム編成を土台として、授業者が自律的・主体的に教えることを可能にすることが目指されるのである。

　実践レベルの教育の自律性もまた、所与の自明のものではなく、日常的な実践の中で追求せねばならないものである。そしてそれは、組織的で実質的なFDのような組織レベルでの教育の自律性と両立し、互いが互いを支えあうように追求されねばならない。カリキュラムの本質的・現代的問題を共同で追究することで組織レベルでの教育の自律性が支えられたのと同様に、省

察的実践者（Schön 1983＝2007）として授業の中での本質的問題を省察しながら教育に取り組むことで実践レベルの教育の自律性も支えられ、授業への教育責任が果たされていくのである。

　最後に、実践レベルには、学生の学びと成長に対する外部からの要請として教えるという営みすなわち教授行為がある。大学教育改革は、学習の改革でなければならない（苅谷 1998）。教育の質の保証と向上は、学習の質の保証と向上、そして学習成果としての成長の質の保証・向上を実現しなければならない。教育の組織・実践レベルの自律性は、学習者の自律的な学びと成長の実現のためでなくてはならない。組織レベルと実践レベルで自律的・主体的に教育をしているといっても、学生の学びと成長につながらない、あるいはそれらが目指す水準に到達しないのであれば、自律的・主体的ではあってもその教育の質がさらに問われることとなる。教育の自律性があることによって学生の学びと成長の土台がつくられ、学習者が自らの学びと成長に責任を持って自律的・主体的に学び成長していくことを実現することによって教育の自律性が実現していくという相互的または循環的な関係を築いていかねばならない（河井 2014a）。学習者が自らの学びと成長に責任を持って自律的・主体的に学び成長していくためにも、その外部にして土台となる教育における組織的・実践的な自律性と主体性が求められる。組織的・実践的な自律性と主体性に基づく教育を土台とすることで、学習者の自律的・主体的な学びと成長の可能性が開かれる。

　このように、制度・組織・実践において、それぞれの教育の自律性が問われている。制度・組織・実践のレベルで外部からの要請に機械的に応えるのではなく、教育の自律性を堅持した上で要請に応えていくという順序関係での自律性の実現が目指されねばならない。そして、それぞれのレベルの教育の自律性は、ばらばらなものではなく、相互に関連しあって支えあうものである。制度レベルの教育の自律性は、組織・実践レベルの教育の自律性が無かったならば、十分に実現されない。また、組織レベルの教育の自律性と実践レベルの教育の自律性は、どちらか一方だけでは不十分である。さらには、教育する側の自律性が実現されていようとも、学習する側の自律性が無いならば、学生の学びと成長の実現に到達できず、そのような教育する側の自律

## 第1章 日本の大学教育における「体験の言語化」の意義　53

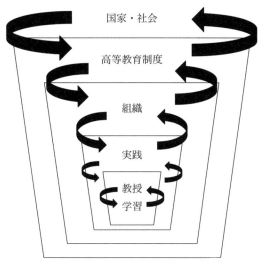

**図3　高等教育制度・組織・実践における相互的関係性**

性は空虚なものだろう。

　それぞれの自律性の間の関係において、互いが互いを支え形成していくような関係——形成的関係（河井 2012）——を築いていかねばならない。先に示した上から下へと流れる一方向的な矢印を、下から上へも流れるものとして双方向的な関係を実現していくことが目指されねばならないだろう（図3）。学習者における学びへの自律性・主体性とそれに基づく学びと成長を実現することで、教育者の教育への自律性・主体性は十全な意味で実現される。そして、教授・学習の双方の自律的・主体的な行為によって教育実践の自律性が十全な意味で実現されていよう。自律的な教育実践が学習成果を生みだすことで、組織的な教育の自律性が実現される。そして、組織的な経営に対する組織的な教育の自律性は、自律的な教育実践と支えあう必要がある。組織・実践における自律的な教育の実現を受けて、教育実践が出している成果を組織的な教育の成果としてその結果を評価し可視化していくことができる。そうした組織・実践における教育の自律性が、制度としての高等教育の自律性を十全な意味で実現していく。学生の自律性と主体性に基づく学びと成長、

それを支える実践・組織における自律的な教育が実現されるならば、高等教育の外部環境として要請する存在としてのみ位置づけられてきた国家・社会とも異なった関係を展望していくことができる。高等教育制度は、国家・社会からの外部的な要請を受けるだけでなく、要請の枠を超えて価値を提起し、その価値を実現していくことが可能であり、かつそうする責務がある。また、この時、高等教育が応え提起していくのは、現在の社会で役割を果たす機能に留まらない。これからの未来の社会をつくっていく機能も、高等教育が果たすべき役割である。高等教育の歴史を通じて、そうした意味での批判的機能と革新性こそが高等教育に求められ続けている役割である（Charle & Verge 2007＝2009）。学生が学び成長し、学生を育てることをもって、組織としての理念・価値の実現を成し遂げ、制度としての高等教育が社会へあるべき価値を生みだしていくという可能性も追求していく必要がある。現在の社会だけでなく未来の社会に向けて、ひとつひとつの教授・学習の実践から組織・制度にわたって、本質をつかみ損なうことなく責任を持って自律的・主体的に取り組むことが求められていよう。　　　　　　　　　　　　　　　（河井　亨）

## 二　「体験の言語化」の意義

　前節での大学教育改革の趨勢の把握を踏まえつつ、「体験の言語化」科目の意義を明らかにしていく。ここまでの整理にあわせて、制度・組織・実践のレベルに分けて、どういう意義があるかを述べていく。

### 1　実践レベル──「体験の言語化」科目の学びと成長の意義──

　学生の学びと成長にとって、体験を言語化することには大きな意義がある。「体験の言語化」によって自分の認識している体験の意味を外化するという点で、「体験の言語化」科目での学びは、「書く・話す・発表するなどの活動への関与と、そこで生じる認知的プロセスの外化を伴う」（溝上 2014, p. 57）という点で、アクティブラーニングであると言える。アクティブラーニングで目指されている学生の学びと成長は、3つの類型で把握することができる（本章「一、4 (2)-(c)」参照）。ここでも、「体験の言語化」における学びと成長の意

義を、三類型に分けて述べていく。

　第一に、成長の三類型のうち対象との関係について、自分の体験を言語化できるということは、自分の体験という対象に対して意味を引き出す成長につながっていく。ただ単に体験をするだけでは、学びにつながるとは限らず、成長につながるとも限らない。その体験をふりかえることが重要である。経験から学ぶ科目において、省察の意義はこれまでも強調されてきている（松尾 2011；Moon 2004；和栗 2015）。しかし、様々な新しい体験をして、それについて省察はしていても、その省察を突き詰めないならば、体験から意味を引き出すことにはならず、十分な成長にはつなげていけない。「体験の言語化」科目では、省察を突き詰めていく方法として、「体験の言語化」が採られている。体験は、省察の対象として言語化されることで意味あるものになっていく。体験は、ただ単に体験したというレベルから、その体験をふりかえったことがあり何となく思い出せるレベル、そしてその体験にどういう意味があるかが分かっているレベルというように体験の意味に応じた水準を有している。「体験の言語化」科目では、「体験の言語化」を通じて、対象とする体験の意味を認識し、しかも言語化して語りという形で外化していくことができる水準まで体験から引き出す意味の質を引き出していく。原理的には、体験が言語化によって意味が引き出されていくのは、言語がそもそもカテゴリーとして世界を分節化していく機能を持っているからである。そして、世界を意味あるまとまりとして分節化し、そのまとまりの意味を概念の中で自己認識して把握することで、その体験の意味が学習者のものとなっていく。こうした世界の分節化と概念化が無かったならば、「やばい」といった感覚的な表現にしかならず、その結果、体験から十分に意味が引き出されたとは言えず、対象世界の認識の点で十分に成長したとは言えない。「体験の言語化」科目では、体験に対して世界の分節化と意味あるまとまりへの概念化によって意味を引き出していく点で、学生の学びと成長につながっていく意義を有している。

　第二に、他者そして社会との関係においても、学生の成長が見られる。「体験の言語化」科目における他者・社会との関係は3つのルートを持っている。まず1つ目のルートは、授業の中での学生同士のグループワークでの相互作用という他者との具体的なかかわりである。自分の体験というきわめて個人

的な出来事を他の学生に分かるように伝えていく経験となる。2つ目のルートは、自分の体験の意味を表現するというところでの他者とのかかわりである。自分の体験の意味というさらに個人的な事柄を他者に理解可能な形に変換して表現する。他者に理解可能であることという規準は、自分の体験の意味の表現を公共圏のコミュニケーションに変換するということである。表現を通じて、公共圏の他者とのコミュニケーションに開かれていくことが求められ、社会的な関係を拡張していく成長を遂げる（溝上 2014, pp.51-53；田島 2013）。3つ目のルートとして、表現の内容における他者・社会との関わりである。「体験の言語化」科目では、体験の意味内容を社会課題と結びつける。内容上、社会課題との結びつきを見出して考察していくという他者・社会との関係がある。体験は、体験されるだけで終わっては意味がない。省察されたとしても、体験の意味は個人的なものとして個人内に完結するところしか探求されなくては意味が薄い。したがって、体験とその意味という個人的な対象を個人内で完結するのではなく、認識内容としても社会課題との結びつきを考えていくところに学びとしての意義がある。社会との結びつきを考えていくことは、卒業後社会で働いていく学生にとって意義深いものである。「体験の言語化」科目では、体験を相互作用・表現・内容を通じて他者・社会と結びつけ、学生にとって重要で意味のある体験としていく。

　第三に、「体験の言語化」科目では、自分との関係で成長を遂げていく。「体験の言語化」科目では、体験に関わる自分自身や他者の気持ちを多層的に表現し、体験から多角的に意味を引き出していく。また、体験と他者・社会との結びつきが明確化された意味が見いだされていく。そうした意味の探求によって、体験を通じた「私」がどのように変容していったかを学習者が認識し、自己との関係を再編していく。体験したそのときと比べて、体験の意味を豊かにとらえ、「私」の世界の見方を広げていく。このような経験学習は、仕事を通じて求められている力量である（松尾 2011）。したがって、「体験の言語化」での学びは、アクティブラーニングを要請している学校から仕事へのトランジションの不安定化への対応という射程をもった学びであると評価できる。このような意味と射程をもって、「体験の言語化」科目では、自己との関係の再編という自己形成を遂げ、個人として成長していく。

「体験の言語化」科目では、「体験の言語化」を通じて、体験、他者、自己との関係を変化させ、次なる体験とそれに関わる関係性の向き合い方を学び身につけていっている。そうした次なる体験との向き合い方は、広く捉えれば、自分の人生そして世界との向き合い方を意味しよう。「体験の言語化」における学びは、世界との向き合い方を学んでいるという解釈ができる。学生は、正課外での体験を通じて成長している（河井2015a）。そうした体験からの成長に加え、「体験」を言語化していくことで、体験の意味の明確化、他者・社会との結びつきの自覚、そして自己形成といった成長ができ、世界との向き合い方を学んでいくことができるのである。

ここで、最後に、そもそも学問知は世界の知の体系であり、学問は、本来、世界との向き合い方を学ぶものであることを思い起こす必要がある。「体験の言語化」科目での学びによる知と学問知は相対立するものではない。正課外での体験とそこでの学びと、学問を通じた学びとをどう架橋してそれらを統合していけるかラーニング・ブリッジング（河井2014a）ができるかどうか、「体験の言語化」科目とそこでの学びの先にも挑戦が待ち構えている。

## 2 実践・組織レベル──「体験の言語化」科目のティーチングの意義──

価値ある学びと成長を生みだす教育実践には価値がある。それは、自明のことであるが、どれほど強調しても強調し足りないことでもある。その大前提を踏まえ、そうした学びと成長をどのように生みだしているかに着目して、実践レベルの教育実践としての意義を述べていこう。

まず、アクティブラーニング型授業の広がりを示しているところに意義がある。今日、高等教育ではアクティブラーニング型授業が取り入れられ、すでに少なくない蓄積を見せている（溝上監修2016）。その中で、「体験の言語化」科目は、学問体系の知識理解を目標とするタイプのアクティブラーニング型授業ではなく、社会課題の分析等で学問知を活かしつつも自分の体験への省察を深めるタイプのアクティブラーニング型授業である。高等教育が、学問体系の知識理解だけでなく、課題解決能力のような技能・態度や自己形成も目指すのであれば、それに即した教育実践が求められる。そうした実践の具体化・現実化として「体験の言語化」科目を評価することができる。

また、専門学での学びを自分の人生と結びつけるということが、今日の学士課程教育の1つの重要課題である。「体験の言語化」科目は、そうした課題への一手として評価できる。専門分野での知識を活用して、専門分野の知識への理解を深めるだけでなく、それを通じて学生の個人としての成長や市民としての成長も目指されている。専門分野の知識を用いて課題解決に取り組むという「体験」を通じて、省察すること、そしてその体験を言語化することで、学生の個人的なまた市民的な成長にもつなげていける。専門分野の知識を応用していくということは、個別に工夫を凝らして実践がなされているであろうが、「体験の言語化」での知見と交流することでさらなる学生の成長の可能性が引き出される余地は十分にあるだろう。

　科目の開発過程にも、教育実践としての意義がある。授業を担当する教員間で、授業の到達目標および教育方法について共通理解を作っていくことは、実質的な FD として評価されるべきである。その際に、基本的な考え方だけでなく、具体的な「問いかけ」に関しても共有が図られていったことの意義を強調したい。教えるという実践は、実践者に取って具体的ではあっても暗黙的である場合が多い。そして、その暗黙知を汎用的に共有可能な形式知にまで変換するには、デザイン実験等の実証研究を必要とする。その中間的な方策として、具体的な教授行為と学習行為について方法知（どうしたらいいのかについての知）を共有することが取り組まれてきた。具体的な方法知を共有することで、実践者がどう実践するかについての枠組みをもつことができ、完全に画一化された方法ではないにしても、実践の成果として目標への到達が見られていく（Kawai et al. 2015）。さらなる実証研究が課題となろうが、具体的な方法知の共有という FD が見られることには意義がある。

　科目の位置づけや科目の開発過程の意義に加えて、科目の設計の着想にも意義がある。「体験の言語化」科目では、正課外での体験を省察する活動に取り組むが、正課外での経験自体は大学で用意するわけではない。学生自身の自主的な体験が省察の対象となる。省察それ自体に特化することで重点的かつ多角的に省察を深めることが可能になっている。サービス・ラーニングやインターンシップ等の経験から学んでいく教育実践において省察の意義は、これまで重ねて強調されてきている（Whitney & Clayton 2011；和栗 2015）。ただ

第1章　日本の大学教育における「体験の言語化」の意義　59

し、実践から省察までの一連の流れを授業内容とする場合、どうしても省察に割り当てる時間やエネルギーに制約が生じる。その意味で、省察に特化するという発想の意義は大きい。また、学生の正課外での体験を対象とすることで、学生自身が正課外での体験と大学での学びとをつなげる入り口を用意することができる。先に示したように、双方の学びを架橋して統合していけるかどうかはかなり水準の高い挑戦課題ではあるが、「体験の言語化」科目の学びの機会によって、正課と正課外を別々のものにすること無く両者をつなげていくことへ方向づけることが可能になると考えられる。

　ただし、「体験の言語化」科目という一科目単体でそうした環境を準備することができるとまでは言えないだろう。その意味では、早稲田大学（または各学術院）が組織として正課と正課外での学びの統合を組織的な教育としてどう位置づけていくのか、今後の経過が注目される。正課・正課外の学びを統合していく教育という課題は、大学教育改革の重要マターである教養教育やキャリア教育とつながっている。教養教育やキャリア教育において課題となっているのは、学生の知的な成長と人格的な成長をどう結びつけていくのか、そして専門学の学びと学生の人生とキャリア形成とをどう結びつけていくのかという課題である。したがって、正課外での学び、教養教育、キャリア教育といった教育課題を早稲田大学（または各学術院）が学士課程教育としてどうまとめあげていくのか。ここで、全体を統合したあり方を提起されれば、早稲田大学の教育のあり方が大学教育改革の1つの前線を切り開くことになるだろう。

## 3　制度レベル──「体験の言語化」科目の意義──

　「体験の言語化」科目は、高等教育という制度レベルの問題を考える上でも貢献をもたらしている。大学教育改革を通じて課題になっていた専門学知と教養との関係は、学士課程教育として一貫したものとしてまとめるとしたものの、専門的知識と課題解決能力等の技能・態度との違いとして再生産されている。両者を二項対立的に把握するのではなく、時間展開上の順序を考えていく必要がある（河井 2015b）。「体験の言語化」から着目されるのは、専門的知識と技能・態度に対しては、それらが用いられる体験があるという点であ

る。学校から仕事へのトランジション、知識基盤社会が求める知識・情報リテラシー（溝上 2014）を見据えれば、どのような知識・技能・態度であれ、それが用いられるパフォーマンスの場が重要になるだろう。そうした場を大学教育が創出していけるかどうかが問われていよう。そして、そのような場が創り出されるならば、知識・技能・態度を用いて取り組み体験をすることになる。そこで、その体験を言語化していくことで、知識・技能・態度は体験と学習者と結びつけられていくこととなる。専門的知識を活用して取り組む PBL や課題解決型教育実践、そして卒業研究は、そのような場として捉え直すことができる。こうして、従来より実践されてきたものの価値もより一段と引き出しながら、学生の成長につなげていくことが可能である。

　また、先にも示したように、学士課程教育の構築、そしてその中での教養教育、キャリア教育、正課外での学びをどう位置づけ構築していくかは今日の高等教育制度の課題であると言える。現状では、各高等教育機関がその理念・目的に沿って特色ある学習成果を生みだしてバリエーションを実現することが目指されている（溝上 2016a）。そのような視点に立つと、「体験の言語化」科目は、早稲田大学の理念・目的とヴィジョンに基づき、学生の学びと成長を生みだしてきている。学校から仕事へのトランジションの不安定化という社会課題への挑戦の一歩としての学びと成長を遂げている。そして、学問体系の知識理解以外の成長のカテゴリーは、理論的には提起されているに留まっている中、実質的・具体的なあり方で示す意義がある。

## 4　おわりに

　数多くの大学教育改革を経て、グローバル化と学校から仕事へのトランジションが不安定化する中で、アクティブラーニングが求められる情勢となっている。アクティブラーニングに関する理論的整理も一定の蓄積が進み、枠組みが見えてきたところである（溝上 2014；溝上監修 2016）。これからは、具体的に実践し、成果を出し、知見を共有して学びと成長を実現していく局面となろう。どれだけの価値ある実践が価値ある学びと成長を現実に生みだしていけるかが、日本の高等教育、ひいては、日本社会の行く末を左右するといっても過言ではない。

そうした重圧が迫る中、「体験の言語化」科目は、早稲田大学平山郁夫記念ボランティアセンターの実践の財産を活かし、着実に成果を生みだしている。それによって、多くの実践が励まされるし、この実践を財産とし刺激としてさらに価値ある実践が生みだされていくであろう。価値ある学びと成長を生みだしていった受講生たちにはさらなる飛躍を期待したい。そして、そうした学びと成長を生みだした価値ある教育実践を担った教職員の皆さん、それを支えた早稲田大学の関係者の皆さんに敬意を表する。

(溝上慎一)

**参考文献**
天野郁夫 (2005)『大学改革の社会学』玉川大学出版部
天野郁夫 (2013)『大学改革を問い直す』慶応大学義塾大学出版会
Astin, A.W. (1984). Student involvement : A developmental theory for higher education, *Journal of College Student Development*, 25(4), 207-308
Barr, R. B. & Tagg, J. (1995). From teaching to learning : A new paradigm for undergraduate education. *Change*, 27(6), 12-25.
Charle, C., and Verger, J., (2007). Histoire des universitiés, 2e édition, Que sais-jé?, no. 391, Paris : PUF. (岡山茂・谷口清彦訳 (2009)『大学の歴史』白水社)
大学評価学位授与機構 (2011)『高等教育に関する質保証関係用語集 (第四版)』: http://www.niad.ac.jp/n_kokusai/publish/no17_glossary_4th_edition.pdf 2016年5月24日アクセス
大学基準協会 (2009)『内部質保証システムの構築——国内外大学の内部質保証システムの実態調査』http://www.juaa.or.jp/images/publication/pdf/h20/h20_report.pdf : 2016年5月24日アクセス
大学基準協会 (2013)『大学評価ハンドブック (2013 (平成 25) 年度評価社用)』http://www.juaa.or.jp/images/accreditation/pdf/handbook/university/evaluator_handbook.pdf : 2016年5月24日アクセス
Entwistle, N. (2009). *Teaching for understanding at university : Deep approaches and distinctive ways of thinking*. New York : Palgrave MacMillan.
Evans, N.J., Forney, D.S., Guido, F.M., Patton, L.D. & Renn, K.A. (2009). *Student Development in College : Theory, Research and Practice* ($2^{nd}$ edition). San Francisco : Jossey-Bass.
Fink, L.D. (2003). *Creating significant learning experiences : An integrated approach to designing college courses*. San Francisco, CA : John Wiley & Sons.
Furlong, A., & Cartmel, F. (2007). *Young people and social change : Individualization and risk in late modernity* ($2^{nd}$ ed.). Buckingham, UK : Open University Press. (乾彰夫ほか訳 (2009)『若本と社会変容——リスク社会を生きる』大月書店.)
羽田貴史 (2014)「教育マネジメントと学長リーダーシップ論」『高等教育研究』17 : 45-63
細谷俊夫・奥田真丈・河野重男・今野喜清編 (1990)『新教育学大事典』第一法規出版
乾彰夫編 (2006)『不安定を生きる若者たち—日英比較:フリーター・ニート・失業』大月書店
苅谷剛彦 (1998)『変わるニッポンの大学——改革か迷走か』玉川大学出版部.
河井亨 (2012)「Y. エンゲストロームの形成的介入の方法論:教育実践と調査・研究の形成的関係に向けて」『京都大学大学院教育学研究科紀要』58 : 453-465

河井亨（2014a）『大学生の学習ダイナミクス――授業内外にわたるラーニング・ブリッジング』東信堂
河井亨（2014b）「大学生の成長理論の検討――Student Development in College を中心に」『京都大学高等教育研究』20：49-61
河井亨（2015a）「正課外教育における学生の学びと成長」『大学時報』64(364)：34-41
河井亨（2015b）「アクティブラーニング型授業における構図の解剖と縫合」『京都大学高等教育研究』21：53-64
河井亨（2016）「教授学習パラダイムの転換と社会動態の関連解明――A. ギデンズの構造化理論および再帰性概念に基づいて」『大学教育学会誌』38(1)：98-107
Kawai, T, Iwai, Y. Hyodo, C. Waguri, M. Akiyoshi, M. Kato, M. Ishino, Y. & Shimazaki, Y. (2015). The Development of Student Reflective Practice in Waseda University's "Reflection on a Personal Experience," 37th Anual EAIR Forum Krems
川嶋太津夫（2008）「ラーニング・アウトカムズを重視した大学教育改革の国際的動向と我が国への示唆」『名古屋高等教育研究』8：173-191
川嶋太津夫（2009）「アウトカム重視の高等教育改革の国際的動向――「学士力」提案の意義と背景」『比較教育学研究』38：114-131
絹川正吉・小笠原正明編（2011）『特色 GP のすべて：大学教育改革の起動』大学基準協会
松尾睦（2011）『職場が生きる人が育つ「経験学習」入門』ダイヤモンド社.
松下佳代（2016）「アクティブラーニングをどう評価するか」松下佳代・石井英真編『アクティブラーニングの評価』東信堂. Pp.3-25
松下佳代編（2015）『ディープ・アクティブラーニング――大学授業を深化させるために』勁草書房.
溝上慎一（2014）『アクティブラーニングと教授学習パラダイムの転換』東信堂.
溝上慎一（2016a）「アクティブラーニングの背景」溝上慎一編『高等学校におけるアクティブラーニング理論編』東信堂. Pp.3-27
溝上慎一（2016b）「大学教育におけるアクティブラーニングとは」溝上慎一編『高等学校におけるアクティブラーニング理論編』東信堂. Pp.28-41
溝上慎一監修『アクティブラーニング・シリーズ（全7巻）』東信堂
溝上慎一・松下佳代編（2014）『高校・大学から仕事へのトランジション――変容する能力・アイデンティティと教育』ナカニシヤ出版
Moon, J.A. (2004). A handbook of reflective and experiential learning：Theory and practice. Routledge.
大崎仁（1999）『大学改革 1945～1999――新制大学一元化から「21 世紀の大学像」へ』有斐閣
大塚雄作（2011）「FD コミュニティの形成と評価の役割」松下佳代編『大学教育のネットワークを創る――FD の明日へ』Pp.143-167
佐藤学（1995）「学びの対話的実践へ」佐伯胖・藤田英典・佐藤学編『学びへの誘い』東京大学出版会. Pp.49-91.
Schön, D.A. (1983). The Reflective Practitioner：How professionals think in action. Basic books.（柳沢昌一・三輪建二監訳（2007）『省察的実践とは何か――プロフェッショナルの行為と思考』鳳書房）
清水一彦（2004）「大学評価の体系」山野井敦徳・清水一彦編『大学評価の展開』東信堂. Pp.27-52
新堀通也編（1993）『大学評価――理論的考察と事例』玉川大学出版部
関正夫（1988）『日本の大学教育改革――歴史・現状・展望』玉川大学出版部
戦後大学史研究会編（1988）『戦後大学史：戦後の改革と新制大学の成立』第一法規出版

Study Group on the Conditions of Excellence in Higher Education (1984). *Involvement in learning : Realizing the potential of American higher education*, Washington, DC : National Institute of Education.
周郷博・宮原誠一・宗像誠也編（1950）『アメリカ教育使節団報告書要解』国民図書刊行会
田島充士（2013）「異質さと共創するための大学教育――ヴィゴツキーの言語論から越境の意義を考える」『京都大学高等教育研究』19：73-86
田中耕治編（2009）『よくわかる教育課程』ミネルヴァ書房
寺崎昌男（1999）『大学教育の想像――歴史・システム・カリキュラム』東信堂
寺崎昌男（2007）『大学改革その先を読む』東信堂
土持ゲーリー法一（1996）『新制大学の誕生――戦後私立大学政策の展開』玉川大学出版部
土持ゲーリー法一（2006）『戦後日本の高等教育改革政策――「教養教育」の構築』玉川大学出版
Whitney B.C. & Clayton P.H. (2011). Research on and through Reflection in International Service Learning, In R.G. Bringle, J.A. Hatcher and S.G. Jones *International Service Learning : Conceptual Frameworks and Research*, Stylus Publishing Virginia. pp. 145-187.
和栗百恵（2015）「サービス・ラーニングとリフレクション――目的と手段の再検討のために」『ボランティア学研究』15：37-51
吉田文（2002）「わが国におけるFDをめぐる10年と今後の展開――あとがきにかえて」三尾忠男・吉田文編『FD（ファカルティ・ディベロップメント）が大学教育を変える』文葉社．Pp. 170-181
吉田文（2013）『大学と教養教育――戦後日本における模索』岩波書店

# 第2章
## 世界の大学教育における「体験の言語化」の意義
―「育成されるべき資質・能力」の観点から―

和 栗 百 恵

## 一　はじめに

　個別学問分野に依拠した「実習」や「フィールドワーク」をカリキュラムに組み込むのとも、キリスト教系の大学が「他者・社会への奉仕」を大学のミッションや活動に取り入れるのとも全く異なる形で、学生が実社会とかかわり、当事者や実務者と共に試行錯誤を通じて課題解決を図るプロセスから成長する実践を正課内外で積み上げてきたのが早稲田大学平山郁夫ボランティアセンター（以下：WAVOC）である。その積み上げの中で教職員が苦戦してきた（し続けている）、学生の「社会を構成する自己という当事者意識のなさ」や「支援している人と自分自身の在り方とを切り分け、誰かの問題としてその課題に関わる姿勢」、「ボランティアで得たヒントを記憶の隅に追いやって」しまい「これからどのように生きたらいいか」に活かしきれていない、という問題意識の中に、ボランティア体験をふりかえり、現在や未来に活かす、つまり「体験を言語化する」ための支援＝「体験の言語化プロジェクト」は萌芽している（第3部第1章）。早稲田大学が育てる人材育成像のもと全学共通教育科目となった「体験の言語化」科目では、ボランティア体験のみならず、学生が持つ多様な体験（留学、サークル、インターンシップ、スポーツ、アルバイト等）を射程に入れ、それらの体験を掘り起こすプロセスを通して体験から学ぶ能力、すなわち、「体験を『自分の言葉』で語る力」「体験から社会の課題を発見する力」「体験を学びの意欲へつなげる力」の獲得を学習目標としている。全学共通教育科目という位置づけは、学問分野を問わず、早稲田大学の学生が身につけるべき能力、というスタンスの表れである。

　筆者が体験の言語化プロジェクトの話をすると、往々にして、「体験から学

ぶのは当たり前ではないのか」や「体験とそのふりかえりを単位付与科目としてやる意味はあるのか」といった反応に出逢う。同時に、多様な体験は「専門分野の学びとは関係がない」との捉え方も根強い。言語化する作業はWAVOC の教員たちの間では普段「ふりかえり」と呼ばれているが、日本語の「ふりかえり」という言葉の一般的使用が想起する、個人的で、徒然としていて、大学での学問とは関係がない、というイメージもまた然りである。

　一方で、文科省の政策誘導に伴い、国内外の地域や企業での活動をカリキュラムに取り入れる大学が飛躍的に増えている。中教審や大学審議会の答申を遡って見ていくと、「体験的な学習」への期待は、90 年代後半から今日まで、実社会とのかかわることで目的意識や学習意欲を高め、変化が激しい時代において社会人として生き働き、社会をつくり出していく上で必要となる能力を培うにあたって有用、という前提に寄っている。しかし、「体験」が大学教育の中で多用されるようになった今日においても、「体験がどのように大学の専門分野での学びにつながるのか不明確」、「体験だけさせていても意味がない」という抵抗感は依然として存在する。そのような抵抗感がありながらも、政策誘導のもと、実社会における「体験」サイトの開拓や担当教員の確保についての苦労はあちこちから聞こえてくる。言ってみれば、「体験の自己目的化」である。多くの大学では、学生たちの学外体験の場を担保すること自体にけん引されてしまい、大学教育におけるそのような「体験」を学生が咀嚼する意義の検討・確認や、「体験」を学習意欲や就業観の涵養につなげていくための方法論や仕掛け（「事後レポート提出」や「報告会実施」はデフォルトになりつつあるものの）について議論が深まっていないのではないだろうか。

　そこで本章では、前述の問題意識をふまえ、「体験の言語化」科目が育成を図る能力（体験を自分の言葉で語る力、体験から社会の課題を発見する力、体験を学びの意欲へつなげる力）の意義を、大学において育まれるべき能力をめぐる世界の動向、という視点から改めて検討・確認することを試みる。まず、特定の知識やスキルの取得を超えた「新しい能力」観の広がりの背景と、その広がりの中で、取得単位数のみならず「学習成果」が求められるようになったことを説明し、次に、英国、オーストラリア、ニュージーランドの国別資格枠組みや EU チューニング・プロジェクト、そして米国の学位資格プロフィール

（Degree Qualification Profile）に示される学習成果に照らしながら「体験の言語化」科目が育成を図る能力を検討する。それをふまえ、21世紀に生き働くための資質・能力や学習成果にかかわる議論に多大な影響を与えた、OECD（Organisation for Economic Cooperation and Development：経済協力開発機構）のキー・コンピテンシー（Key Competencies）における「reflectivity」を改めて参照する[1]。DeSeCoキー・コンピテンシーにおけるreflectivityは、個別な能力としてではなく、3つの領域として策定された資質・能力の生涯にわたっての発達を前提に、それら資質・能力が発揮されていくための中核になる概念として据えられている。この特徴的な概念のもと、WAVOCの「体験の言語化」科目が涵養を試みる能力の意義と可能性を確認する。

## 二　新しい能力観と大学での学習成果

### 1　新しい能力観の台頭と広がり

　ひとやモノ、サービスが国境を越え激しく行き交うグローバル化した社会では、既存の価値観や知識、そして技術を超えたイノベーションが必要とされる。絶え間なく変化するそのような社会にあっては、静的な知識やスキルではなく、動的な、つまり既存の知識やスキルの捉え返しを可能とする、学び続ける姿勢や柔軟な思考力、多様な他者と共に問題を発見し解決していくための「能力」が必要とされる。このような、知識やスキルだけではない人間の全体的な能力を定義、提唱する試みが、過去30年ほどに渡って世界的に広がっている。

　このような能力観の世界的な広まりに大きな影響を与えたのが、OECDのDeSeCo（Definition and Selection of Competencies：Theoretical & Conceptual Foundations：コンピテンシーの定義と選択：その理論的概念的基礎）プロジェクトによって打ち出された「キー・コンピテンシー」[2]だといわれている。DeSeCoの報告書にあたる「Key Competencies for A Successful Life and A Well-Functioning Society（人生の成功と、よく機能する社会を実現するためのキー・コンピテンシー[3]）」の序章冒頭は、グローバリゼーション下における経済成長の追求と共に起こっている自然環境の悪化や社会的不平等についてまず言及し、そのような社会

にあって個人がよりよく生き、社会をよりよいものとしていくための新しい教育のありよう、学習成果の捉えかたを構想することが DeSeCo であると述べる。そしてその構想は、学校教育や職業教育という枠を超え、人が、よい人生、そして社会を実現するために、生涯にわたって学び続けるという「生涯学習（lifelong learning）」の視点によって立つものであることを説明している[4]。

　松下（2011）はそれら能力を「新しい能力」と呼び、その能力観は初等〜高等教育のレベルや国の違いを超え存在するようになったことを指摘し、以下の４つの領域に分類している。すなわち、①基本的な認知能力（読み書き計算、基本的な知識・技能など）、②高次の認知能力（問題解決、創造性、意思決定、学習の仕方の学習など）、③対人関係能力（コミュニケーション、チームワーク、リーダーシップなど）、④人格特性・態度（自尊心、責任感、忍耐力など）である[5]。日本国内でも、初等中等教育レベルでは「生きる力」（文科省、1996 年）、「人間力」（内閣府、2003 年）、高等教育レベルでは、「社会人基礎力」（経産省、2006 年）、「学士力」（文科省、2008 年）、労働政策としては「エンプロイヤビリティ」（日本経営者団体連盟、1999 年）、そして「成人力」（OECD-PIAAC、2013 年）などが提示されてきた。最近ではそれらもふまえたうえで、高等学校教育と大学教育で一貫して育むべき「生きる力」が、①豊かな人間性、②健康・体力、③確かな学力の３つの構成要素から成るものとして示されている（中教審、2014）。

　国立教育政策研究所は、「教育課程の編成に関する基礎的研究報告書５：社会の変化に対応する資質や能力を育成する教育課程編成の基本原理〔改訂版〕」（2013 年）において、諸外国の教育改革における資質・能力目標を表１のようにまとめて、それら能力を「基礎的なリテラシー」、「認知スキル」そして「社会スキル」の三領域にまとめている[6]。そしてその三領域について、「従来の領域や教科名が直接現れるのは基礎的なリテラシーに集中し、認知スキルや社会スキルは教科を超えた汎用的な能力を規定したもの」、「全体のバランスとして、認知スキルと社会スキルに重みが置かれており、社会スキルは社会の中で『生きる力』に直結するもの」であり、「汎用的な能力を構造的に定義して、全体的能力を育成しようとしている潮流が示唆される」と指摘している（p.14）。また、ニュージーランドを取り上げ、「自信を持ち、他者と繋

表1　諸外国の教育改革における資質・能力目標

| | DeSeCo | EU | イギリス | オーストラリア | ニュージーランド | (アメリカほか) | |
|---|---|---|---|---|---|---|---|
| | キーコンピテンシー | キーコンピテンシー | キースキルと思考スキル | 汎用的能力 | キーコンピテンシー | 21世紀スキル | |
| 相互作用的道具活用力 | 言語、記号の活用 | 第1言語／外国語 | コミュニケーション | リテラシー | 言語・記号・テキストを使用する能力 | | 基礎的なリテラシー |
| | 知識や情報の活用 | 数学と科学技術のコンピテンス | 数学の応用 | ニューメラシー | | 情報リテラシー／ICTリテラシー | |
| | 技術の活用 | デジタル・コンピテンス | 情報テクノロジー | ICT技術 | | | |
| 反省性（考える力）（協働する）（問題解決力） | | 学び方の学習 | 思考スキル（問題解決）（協働する） | 批判的・創造的思考 | 思考力 | 創造とイノベーション／批判的思考と問題解決／学び方の学習／コミュニケーション／協働 | 認知スキル |
| 自律的活動力 | 大きな展望 | | | | | | |
| | 人生設計と個人的プロジェクト | 進取の精神と起業精神 | | 倫理的行動 | 自己管理力 | キャリアと生活 | |
| | 権利・利害・限界や要求の表現 | | 問題解決／協働する | | | | |
| 異質な集団での交流力 | 人間関係力 | 社会的・市民的コンピテンシー | | 個人的・社会的機能 | 他者との関わり／参加と貢献 | 個人的・社会的責任 | 社会スキル |
| | 協働する力 | 文化的気づきと表現 | | 異文化間理解 | | シティズンシップ | |
| | 問題解決力 | | | | | | |

出所：国立教育政策研究所（2013）、p. 13。

がり、能動的に活動する生涯にわたる学習者」という国民像にむけ、就学前教育段階、初中等教育段階、高等教育それぞれの段階に、資質・能力目標の連続性をもたせた教育改革が行われている例を示している。

## 2 学習成果：学生は大学で何を学び、教員は学生に何を学ばせるか

　身につけるべき資質・能力の目標設定と共に、質保証と学習成果についての議論も盛んになっている。高等教育の量的な拡大、またグローバル化にともなう国境を越えた人材移動の増加から、各国の高等教育の構造や学位の等価性への関心が高まり、国レベルや国境を越えた地域レベルで、高等教育の質保証の枠組み作りが進んでいる。さらに、質保証の枠組み作りは、学生が大学教育を通して習得する学習成果を提示する取組の広がりも促してきた。以下、学生が大学で学びとるべきとされる具体的な能力について、英国、オーストラリア、ニュージーランド各国の資格枠組みを表2[7]に、EUのチューニング・プロジェクト（Tuning Project）[8]下での「一般的能力（generic competences）」記述を表3に、そして米国の学位資格プロフィール（Degree Qualification Profile、DQP）」の習熟（proficiency）の5分野を表4に示す。

　表2にある3か国の資格枠組みからみてとれるのは、専門分野における知識やスキル・技術といった学習成果に言及しつつも、それらを別な分野や実社会で応用する能力が掲げられていることである。応用、適用、適応、利用、活用といった言葉が多用され、また、生涯にわたる、という視点の他に、精通していない（unfamiliar）分野や状況、多様で複雑、不確実な文脈（context）への言及がある。前項で概観した、変化する社会（状況・文脈・場）を把握しながら必要な知識・スキルを発揮、あるいは獲得・発揮できるという能力観が、3か国それぞれの資格枠組みにおける大学4年間を通した学習成果の表現にも表れていることがわかる。

　表3と表4に示したEUチューニング・プロジェクトでは、大学教育を通じて培われるべき「一般的能力（generic competences）」と「分野別能力（subject-specific competences）」が策定されたが、学生のエンプロイヤビリティ（雇用されうる能力）や市民性といった、社会で生き働いていくための、一般的能力の重要性への認識がますます高まっているとされている[9]。卒業生や企業、そして

第2部 世界の高等教育における体験の言語化

表2 大学卒業時に有する能力

| 国の資格枠組み ||
|---|---|
| 国名 | 大学卒業時に有する能力等 |
| オーストラリア<br>★オーストラリア資格枠組み、学士/レベル7 | 本レベルの卒業者は、職業やさらなる学習のための広範で一貫性のある知識やスキルを身につけている<br>【知識（knowledge）】<br>広範で一貫性のある理論的・技術的知識を、生涯にわたって自律的に学び続けるための土台として、1つ以上の分野におけるその分野の基本原理や概念を十分に有していること<br>【スキル（skills）】<br>・知識をクリティカルに検討し、分析し、確認し、あるいは、統合する認知的スキル<br>・特定の分野における広い知識への深い理解を証明できるような認知的・技術的スキル<br>・知的自立をもって課題を発見、解決するにあたってクリティカルな考え方や判断ができるような認知的・創造的スキル<br>・知識やアイディアを明確で、一貫性のある、独自の解説ができるようなコミュニケーションスキル<br>【知識やスキルの応用（application of knowledge and skills）】<br>・職業あるいは学業において計画、問題解決や意思決定にかんするイニシアチブをとり、判断を下せること<br>・多様な文脈に知識やスキルを適用できること<br>・幅広い場で多様な人々と協働するにあたって、自身の学びや職業の実践において責任と説明責任を果たすこと |
| ニュージーランド<br>★ニュージーランド資格枠組み、学士/レベル7 | 学士課程卒業者は以下のことができる<br>―知的独立心、クリティカルな考え方、分析の厳格さを発揮できる<br>―自主的に学ぶことができる<br>―何かしらの学問分野における考え、原則、概念、主たる研究・調査手法、問題解決技法にかんする知識やスキルを発揮できる<br>―多様な情報源からの情報を獲得、理解、分析するために必要なスキルを発揮できる<br>―コミュニケーションおよび協働スキルを発揮できる<br>資格レベル説明指標（Level Descriptors）<br>【知識（Knowledge）】<br>1つ以上の職業あるいは研究分野における専門的な技術的あるいは理論的な知識<br>【スキル（Skills）】<br>精通していない、あるいは複雑な問題を分析し解決策を生み出す。自身の職業あるいは研究分野に関連する多様なプロセスを選択、適応、活用する<br>【（知識とスキル）の応用（Application [of Knowledge and Skills]）】<br>より上級な汎用的スキルと/あるいは仕事の場面や研究分野における専門知識・スキル |

表2　つづき

| 国の資格枠組み ||
|---|---|
| 国名 | 大学卒業時に有する能力等 |
| 英国<br>★英国高等教育資格枠組み、優等学士および学士/レベル6 | 優等学士学位は、以下を示せた学生に授与される<br>―当該学問分野の中心的な観点についてあるいはその観点を活用した、一貫性がある詳細な知識の獲得も含む、自身の研究分野の重要項目に関する体系的な理解<br>―当該学問分野における確立された分析・調査手法を的確に展開できる能力<br>―以下を可能とさせる概念的な理解<br>・主張を編み出し、維持する、そして/あるいは問題を解決する、当該学問分野における中心的な考えやテクニックを活用する<br>・当該学問分野における今日的あるいは先進的な研究の特定の項目について、説明し、コメントできる<br>―知識の不確実性、あいまいさ、そして限界の認識<br>―自身の学習を管理し、学術的な批評や一次資料能力を活用する能力（例として、当該学問分野に関連する学術論文や原資料など）<br>一般的に、本資格所持者は以下のことができる<br>―学んだ手法やテクニックを使い、知識や理解をレビュー、整理、発展、応用させ、プロジェクトを開始し、遂行する<br>―主張、前提、抽象的な概念やデータ（不完全なものかもしれない）をクリティカルに評価し、判断し、問題解決をするあるいは多様な解決方法を見つけ出すような適切な問いを形成する<br>―情報、考え、問題や解決策を、専門家や非専門家に向けて伝える<br>そして、本資格所持者は以下を身につけている<br>―以下のような、雇用されるために必要な特性や応用可能なスキル<br>・イニシアチブを取り、個人的責任を果たす<br>・複雑で予測できない文脈において意思決定する<br>・職業あるいはそれに相当することにおいて、適切な、さらなる訓練の機会に取り掛かるための学習能力 |

出所：QAA（2015）、AQFC（2013）、NZQA（2010）から訳出。

　研究者が、個別専門分野において最も重要と考える能力についての調査を実施した結果、特に個別専門分野を超えた類似性がみられた一般的能力は以下のものとされている。

　　・分析・統合
　　・学ぶ能力

表3 EUチューニング・プロジェクト「一般的能力 (generic competences)」の種類

| 手段的能力<br>Instrumental Competences | 認知的、手法的、技術的、言語的な能力（abilities） |
|---|---|
| 対人関係能力<br>Interpersonal Competences： | 社会的なスキル（社会的交流や協力）にかかわる個人的能力（abilities） |
| 統合的能力<br>Systemic Competences | システム全体にかかわる能力（abilities）やスキル（理解、感覚、知識の組み合わせ、手段的・対人的能力が事前に習得されていることが必要） |

出典：Tuning Educational Structures in Europe
(http://www.unideusto.org/tuningeu/competences.html) から訳出。

・問題解決能力
・知識を実践に活かすこと
・新しい状況に適応すること
・（従事しているタスクの）質への配慮があること
・情報処理のスキル
・自律的に働くこと
・チームワーク
・整理／計画すること
・母国語での口頭・筆記スキル
・対人関係スキル

　これらをふまえた全31の一般的能力においても、上述の3か国の資格枠組みで掲げられた能力観と同様に、持っている知識やスキルを活用・応用することと共に必要な知識やスキルを状況に応じて獲得すること、適応すること、他者と共に自律的に動いていくこと、といった能力観が明らかである。9つの専門分野で策定されている分野別能力を参照すると、その専門分野における特定の知識やスキルについての記述の他、それら知識やスキルを他分野に活用・応用する能力、という記述が含まれ、様々な「場」において知識やスキルを用いて能力を発揮できる、という能力観がみてとれる[10]。
　米国では、上述のEUのチューニング・プロジェクトやアメリカ大学・カレッジ協会（Association of American Colleges & Universities：AAC & U）の本質的学習成果（Essential Learning Outcomes：ELOs）の議論の「合体」（相原、2016：117）によって、「学位資格プロフィール（Degree Qualification Profile、DQP）」の取組が

表4 EUチューニング・プロジェクトで「一般的能力（generic competences）」とされる31の能力

1. 第2言語でコミュニケーションをとる能力
2. 学ぶ能力、学びを更新し続ける能力
3. 第1言語において、口頭でも筆記でもコミュニケーションをとる能力
4. 批判的、そして自己批判的である能力
5. 計画を立て、時間管理をする能力
6. 機会の平等、ジェンダーにまつわる問題について配慮する能力
7. 新しいアイディアを生み出す能力（クリエイティビティ）
8. 様々なソースから情報を探し、処理し、分析する能力
9. 安全を確保することへのコミットメント
10. 問題を発見、提示、解決する能力
11. 知識を実際の状況に応用する能力
12. 筋の通った意思決定をする能力
13. 適切なレベルで研究に取り組む能力
14. チームの一員として働く能力
15. 専門分野についての知識や理解と、職業についての理解
16. 国際的な文脈で仕事をする能力
17. 倫理的な判断にもとづいた行動をとる能力
18. 自身の分野について、その分野の非専門家に対してもコミュニケーションをとる能力
19. 抽象的な思考、分析、統合をする能力
20. 積極性をもち、イニシアチブをとる能力
21. 対人関係、意思疎通のスキル
22. プロジェクトを企画し、管理する能力
23. 社会的責任や市民参画的意識をもって行動する能力
24. 与えられた業務や果たすべき責任を遂行するための意志と粘り強さ
25. 多様性や多文化性への理解と尊重
26. 自立的に仕事をする能力
27. ICTを使う能力
28. 自然環境を保護することへのコミットメント
29. 新しい状況に適応し、行動する能力
30. 仕事の成果の質を評価、維持する能力
31. 他者を動機づけ、共通の目標に向けて動く能力

出典：Tuning Educational Structures in Europe
(http://www.unideusto.org/tuningeu/competences/generic.html) から訳出。

始められている。Adelmanら（2014）はDQP取組の背景として、20世紀の米国の「学位」観が、特定の専門分野における「深さ」と「広さ」に寄って立つものであったのに対し、21世紀においては、教室の外に学びを活かし、国際社会の中にある民主主義国家・米国を担う個人として貢献するための本質

表5　米国学位資格プロフィール（DQP）2014年版　学士レベル

| 1．専門知識 | このカテゴリーは、個別専門分野における用語、理論、技能にかかわらず、どの専門分野の学生でもその専門分野（専攻）について示せる専門知識に関する学習成果を表す。個別専門分野における専門知識の習熟は、チューニング（あるいは、専門分野ごとの学習成果を規定する別な取組）によって、各専門分野で学びとるべき基礎的な概念、知識、手法や業績を説明するために必要となる。<br>―専門分野について、その構造、スタイルや実践を当該分野におけるツール、技術、手法、そして用語を用い、定義、解説する<br>―当該分野における、精通しているが複雑な問題について、アイディアや概念、デザイン、技術を集め、アレンジし、再定式化する<br>―当該分野と別分野をつなげるような複雑な挑戦を、それらの分野の理論、ツール、手法や学識を用いながら、その挑戦を明らかにする調査研究、クリエイティブあるいは実践的な研究を、個人あるいは他者と協働して組み立て、明確化し、評価する<br>―当該分野における最近の研究、学識や技術について総括的なプロジェクト、論文、パフォーマンスや応用を組み立てる |
|---|---|
| 2．広範で統合的な知識 | このカテゴリーは、広範な分野（人文科学、芸術、諸科学、社会科学）からの学びを整理し、それら分野における本質的な学びをつなげる概念や問いを発見し探究することを学生に求めている。<br>―科学、芸術、社会、福祉、経済活動、テクノロジーの領域における何かしらの問題について、その社会的重要性を、少なくとも2つ以上の分野がどのように定義し、提起し、解釈しているか述べ、評価する。それらの分野における探究の方法がいかにその問題に対応することができるか説明すると共に、それらの分野を活用した問題へのアプローチを提示する<br>―少なくとも2つ以上のコアとなる分野における具体的な理論、ツール、手法を活用し、調査研究、クリエイティブあるいは実践的研究を生みだす<br>―専攻分野における重要な問題を定義、組み立て、その問題をより広い社会的な文脈に位置づけ、主専攻、そして主専攻とは別の1つ以上の分野における手法によってその問題に取り組めるかを解説し、それら分野を活用した問題へのアプローチを展開する |
| 3．知的スキル | このカテゴリーは、伝統的および非伝統的認知スキルを含む（分析的探究、情報資料の活用、多様な視点からの検討、倫理的判断、数量的能力、コミュニケーション能力）。DQPは学生が異なる基準点（文化的、技術的、政治的）からアイディアや主張に対峙したり、解釈したりすべきであることを強調する。<br>【分析的探究】<br>―専攻分野と1つ以上の他分野が扱う複雑な問題について、理論やアプローチを識別、評価する |

| | | |
|---|---|---|
| 3．知的スキル | 【情報資料の利用】 | |

【情報資料の利用】
—プロジェクトや論文、パフォーマンスにおいて、複数のメディアや言葉による情報資料を探し出し、評価し、組み立て、適切に引用する
—個人の、あるいは他者と協働する探究において情報をつくりだし、その情報をプロジェクトや論文、パフォーマンスにおいて活用する

【多様な視点からの検討】
—現存のものとは別な文化的、政治的、技術的ビジョンを表現した、書くプロジェクト、実験レポート、展示、パフォーマンスあるいは地域貢献のデザインをつくりだすと共に、そのビジョンが現存のものとはいかに異なるかを説明する
—専門分野における少なくとも2つ以上の政治的、文化的、歴史的、あるいは技術的な趨勢を用いて論議や問題をつくりだし、その論議や問題に関して競合する視点を研究、評価し、口頭或いは筆記でその競合する視点への配慮を見せた、論理的な分析を提示する

【倫理的判断】
—最近の新発見、科学的主張あるいは技術的な実践について、それらが影響をするものにもたらす利益や害についての競合する主張を分析し、利益と害の緊張関係に存在する倫理的なジレンマを明確にし、1）倫理的原則に導かれ、明確に表現された、緊張関係の解決、あるいは 2）そのような調和が実現し得ないかについての説明
—少なくとも1つの顕著な社会的、文化的な問題にまつわる倫理的課題を特定、詳述し、少なくとも2つの異なる倫理的視点がそれら問題の意思決定にいかに影響を与えうるか明確化し、その倫理的問題に効果的に対処するためのアプローチをつくり、主張する

【数量的能力】
—言葉で表された問題を、数学的推論において広く受け入れられた記号システムを用いながら有効な主張を構築するために数学的手順へ変換し、その結果としての計算、推定値、リスク分析、公的な情報の数量的評価を、論文やプロジェクト、あるいはマルチメディアを用いた発表で提示する
—非数量的に表された問題に対して、数量的な表現が適切とされるときにはそのような表現をつくりだす

【コミュニケーション能力】
—課題、問題や技術的課題とプロセスについて、持続的で一貫した主張、ナラティブや問題の解釈を、書く、そして書くとは別の1つ以上の方法でつくりだす
—専攻分野において、英語以外の言語を用いたかなりの資料を使い、情報、条件、技術や実践に関する調査をとり行う
—1人以上の協働者と口頭で議論を進める、あるいは、社会的、個人的あるいは倫理的なジレンマを解決するためのアプローチを明確にする

| | |
|---|---|
| 4．応用的・協働的学習 | このカテゴリーは、学生が知っていることで何ができるかに重きを置く。学生は、学術研究、仕事、あるいは何かしらの教室外での状況で、思いがけない（unscripted）問題に対応することによって、学びを発揮するように求められる。個人やグループでの努力が必要となる調査やクリエイティブな活動の他、専門知識の応用には欠かせない実践的スキルも含みうる<br>―仕事、地域あるいは調査活動で得られた知識と、1つ以上の学問分野で得られた知識をつなげたプロジェクト、論文、展示、パフォーマンス、あるいは何かしら他の表現方法を準備、発表し、それらの要素がいかに構成されているかを説明し、適切な引用を用いながら先行研究との関連付けを示す<br>―グループ研究或いはパフォーマンスのための方法を取り決め、他者が理解できるようにその方法を記録し、実践し、結果を伝える<br>―科学、技術、経済、ビジネス、健康、教育、あるいはコミュニケーションにおける分析もしくは事例研究のデザイン、レビュー、あるいは具体的な応用を書く<br>―学外での学びが研究に与えた影響についての分析的なナラティブや、プロジェクトで用いた実践的なスキルを入れ込みながら、専攻分野における重要な問いを検討する大きなプロジェクトを完遂する |
| 5．市民性・グローバル学習 | このカテゴリーは、民主主義とグローバル社会に対する高等教育の責任に関するもの。学生は、ローカル、国レベル、そしてグローバルなレベルで起こる市民的、社会的、自然環境的、経済的な問題にかかわり、それらに応えることで、自身の知識やスキルが統合されたことを示さなくてはならない<br>―争点となっている社会の問題について、異なる文化的、経済的、地理的な利害関係を表す多様な立ち位置について説明し、ジャーナリズムと研究の両方を用いて明らかにした利害関係やエビデンスを使いその問題を評価する<br>―社会的な課題に関する立ち位置をつくり、説明する、また、その立ち位置を一般市民が持ちうる、あるいは政策環境に規定される別な観点に関連付ける<br>―市民が関心をもつ課題に対するアプローチをつくり、実施するにあたって他者と協働し、そのプロセスの強み・弱みを評価し、必要がある場合は、その結果を説明する<br>―国、大陸、あるいは文化に影響を及ぼす大きな課題を特定し、表やグラフを用いてその問題にかかわる数量的エビデンスを提示し、その問題に対応するための非政府組織あるいは政府間の取組活動を評価する |

出典：Adelman et al.（2014）から抜粋、訳出。

的な学習成果が必要であるという認識や、「現場ベース（field-base）」[11]な状況において学習を展開するような学びの文脈の広がりが生まれたことを挙げている（p.14）。前述の資格枠組みやチューニング・プロジェクトにみられた、「文脈、状況、場」で能力を発揮する、という視点が、DQP構想の背景にもみてとれる。

DQPは、準学士、学士、修士の学位授与に値する5つの領域（専門知識、広範で統合的な知識、知的スキル、応用・協調学習、市民・グローバル学習）における「習熟（proficiency）」[12]を示す[13]ものである。つまり、専門分野における習熟も含んだ学位レベルでの習熟を保証するための枠組みであり、専門分野ごとの学習成果は、DQPに照らしながら「チューニング」によって設定するプロセスが必要となる（Adelman et al.、2014：4）。表5は、学士レベルの習熟をまとめたものである[14]。

DQPでも、前述の資格枠組みやEUチューニング・プロジェクトと同様に、「新しい能力観」が明らかであるが、2011年に公開されたベータ版DQP[15]と、そのベータ版を400以上の高等教育機関が試用、さらなる検討を加えて正式にリリースされた2014年度版DQPには、いくつか異なる点がある。例えば、知的スキルに「倫理的判断」が新たに加えられた点、ベータ版では「市民性学習」であった領域が「市民性・グローバル学習」と拡張されている点などである。それらからも、変化の中で状況を俯瞰したり、その変化がもたらしうる影響について想像・予想するといった「大きな文脈」に位置付ける力が重要視されていることがわかる。また、各領域における習熟の記述がさらに分野横断的になっていることからも、状況を読み取り、その場に応じた力を発揮するという能力観がうかがえる[16]。

## 3 「新しい能力」と「体験の言語化」科目が育む能力

前項で概観した3か国の資格枠組み、EUチューニング・プロジェクト、そして米国DQPから、大学教育を通じて培われるべき資質・能力として、個別専門分野の知識やスキルだけではなく、絶え間なく変化する社会で生き働くために必要となる、知識やスキルを状況や文脈に応じて活用・更新し続ける力が重要視されていることがみてとれた。ここで、「体験の言語化」科目で培

### 表6 「体験の言語化」科目が育成する力

1. 体験を「自分の言葉」で語る力
体験には必ず「意味」がある。自分の体験をふりかえることを通じて気持ちを表現し、自分自身のその体験の意味を見出し、整理する力を育成する。

2. 体験から社会の課題を発見する力
体験は、社会の中で起きている出来事であり、個人のみならず社会的な要因と関連性を持つ。その関連性への気づきを促すことで「社会への問題意識」を持つ力を育成する。

3. 体験を学びの意欲へつなげる力
自分の体験から現実社会のあり方を知る喜びと可能性を感じさせる。それによって「教えられる」のではなく主体的にさらに学びたいという意識を育成する。

われる力を、新しい能力に照らし検討する。

「体験の言語化」科目が育成を試みる力は表6にある3つの力である。この3つの力を涵養するための全8回の授業の内容は第3部第1章に詳しいが、以下、表7と共に8回の構造を概観する。

表7には、「体験の言語化」科目の全8回の構成と、各回で促される学習関連行動をまとめた。初回の、「体験の言語化」科目という「文脈」の中でゴールや求められる態度・行動を能動的に学びとる仕掛けから始まり、ひとつの体験を思い出し、そこでの自身の感情に言葉を与え、自身の感情や行動とそこにいる他者の感情や行動、さらには感情や行動をつかさどる認識・価値観の枠組みに影響を与える社会構造や規範を掘り起こす、同時に、他者が体験を掘り起こすプロセスに協力し、他者の語りの中で掘り起こされる感情や行動、それらの土台となる認識・価値観、さらにはそれらに影響を与える社会構造や規範を理解する、という俯瞰の実践が積み重ねられるようにデザインされている。最終回は、そのプロセスを通じた自身の「成長」＝ゴールに照らしてどのような能力が培われたかについて他者からの評価を受け、また、自己評価も行うという、文脈における実践の成果の俯瞰で締めくくられる。

俯瞰するという行為は、これまで見てきた各国の「大学で培われるべき資質・能力」の前提とされている、絶えず変化する社会あるいは状況や文脈という「場」をふまえ適切な能力を発揮する、という能力観と深く関連する。なぜなら、変化する社会や状況、文脈や、そこで求められている役割といっ

## 表7 「体験の言語化科目」各回での学習関連行動

| 各回テーマ | 授業内で促される学習関連行動 |
| --- | --- |
| 1 「参加型授業の心構えと目標設定」 | 参加型授業という文脈を理解し、そこで求められる態度や行動を把握する。モデル発表を視聴する。ゴールのイメージを持つ。ルーブリックを用いて、科目で育成する力について自己評価する。 |
| 2 「体験を思い出し、自分の気持ちをふりかえる」 | 体験を思い出し、自身の気持ちの多層性に気づく。他者の気持ちの多層性を引き出すために問う。自己分析ではなく、「気持ちに言葉を与える」。 |
| 3 「相手の事情と気持ちを想像する」 | 演劇的手法を用い、相手の事情や気持ちに気づく。そのうえで、自分の体験の現場における「相手」の気持ちの多層性により深く気づく。 |
| 4 「体験から社会の課題を発見する」 | 自身や他者の言葉や行為を引き起こした事情や背景といった要因と社会の課題をつなげる。関係の相互性、重層性、構造的な力を想像・予想し、考える。 |
| 5 「多面的な視点から社会の課題を発見する」 | 社会課題をさらに多角的に発見する。他者の発表からやり方を学ぶ。 |
| 6 「最終語りにむけて『有機的なつながり』をつくる」 | モデル発表を再度視聴、社会課題と体験の「有機的なつながり」を理解する。評価基準を把握する。発表の構想を練り上げる。 |
| 7 「学生による語りとディスカッション」 | 他者の発表から多様な思考過程を知り、意識して建設的なコメントを出す。 |
| 8 「学生による語りとディスカッション」「ふりかえり」 | 他者の発表から多様な思考過程を知り、意識して建設的なコメントを出す。科目全体のふりかえりと自身の変化を把握、発表。教員とTAからのフィードバックも得る。 |

た「場」自体への認識がなければ、その「場」に適した能力を発揮することはできないからであり、能力が「場」に与える影響を俯瞰しないことには、適切な能力を発揮できているかも判断できないからである。絶えず変化する社会の中で、状況に応じて、持っている知識やスキルを活用する、自分とは異なる価値観に根差した考え方、動き方をする他者と協働する、自身に足りない知識やスキル、考え方や動き方を試し、確かめ、成果を出していくということは、俯瞰しつつ進むことに他ならない。それは、変化や状況に注意を払う・認識することから始まり、その状況をふまえ必要とされる行動をいくつかの選択肢・可能性として想像し、かつ検討し、選択、確かめながら遂行

し、成果を評価することである。そのプロセスにおいては、自身や協働する他者の即自的な感情、考え、行動を見つめ、それらをつかさどる価値観、そしてその価値観の枠組みを生み出している社会的・文化的な規範に気づき、それらをふまえた上で意思決定することが求められる。そしてまた、そのプロセス自体を俯瞰し、調整し、状況や文脈に照らして成果を俯瞰することが必要となる。

　次節では、状況や文脈をふまえ適切な能力を発揮するという能力観と、「体験の言語化」科目を通じて積み重ねられる俯瞰について、「新しい能力」観の先駆けとなったOECDのキー・コンピテンシーの中心的概念であるreflectivityを参照しながら検討する。

## 三　Reflectivityをはぐくむ「体験の言語化」科目

### 1　ホリスティックな能力観とその中心に位置づけられたreflectivity

　前述のDeSeCo報告書「Key competencies for a successful life and a well-functioning society」(Rychen & Salganik、2003) は、コンピテンス (competence：能力、総称的) をホリスティックに定義し、そのコンピテンス観をふまえコンピテンシー (competency：能力、個別具体的) の選択に至ったプロセスを解説しているが、ホリスティックな能力観とは、単に「〜ができる」という断片化された能力観とは異なるものであると指摘している。すなわち、文脈や求められていることから切り離されて存在した「〜ができる」ではコンピテンスたりえず、文脈や求められていることをふまえ、それに応える形での「〜ができる」こそがコンピテンス、ということである (p. 44)。松下 (2011) は、Rychen & Salganik (2003) が用いた図 (図1) と合わせて次のように解説する[17]：

> このホリスティック・モデルでは、コンピテンスを、〈要求と文脈と内的構造の関係〉として捉えている……（中略筆者）〈内的構造〉を構成する能力の一つひとつをコンピテンシーとして抽出・尺度化するのではなく、要求と内的構造と文脈を結び合わせて有能な (competent) パフォーマンスを生み出すシステムとしてコンピテンスを把握するのである (p. 41)。

第 2 章　世界の大学教育における「体験の言語化」の意義　81

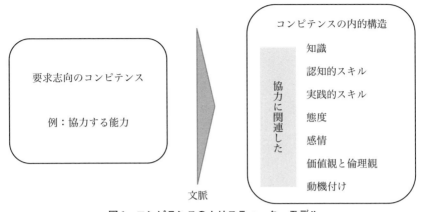

**図 1　コンピテンスのホリスティック・モデル**
出所：松下（2011：41）。Rychen & Salganik（2003）では、「demand-driven」（筆者注）。

　つまり、特定の文脈において、「協力する」ことに関連した複雑な要求が発生する課題に対し、「協力する」に関連する個人の内的リソースを活用し対応することが、能力、つまりコンピテンスということである。つまり、コンピテンスは、「文脈」と「要求」を認識しなければ発揮できないということである。
　このホリスティックな能力観を、Rychen & Salganik（2003）は「demand-and action-oriented approach to competencies」（p. 83）、つまり、「ある状況の中で求められていることに呼応した行動を重視する能力」と表し、その能力観をもとに、生きるにあたって必要となるキー・コンピテンシーが 3 つのカテゴリーに帰結したと述べる。すなわち、(1) 異質な人々から構成される集団でかかわりあう（interact in heterogeneous groups）、(2) 自律的に行動する（act autonomously）、(3) 道具を相互作用的・対話的に用いる（use tools interactively）である。そして、この 3 つのカテゴリーの中心に据えられたのが reflectivity[18]である（図 2）。Rychen と Salganik は、この能力観を描くにあたって、①個人と社会の対話的（dialectic）で相互作用的（dynamic）な関係性、②個人と、個人を取り巻く環境の積極的な対話の手段としての広範な意味の「ツール」、③ある「環境」が社会を構成する様々な「場」[19]によって構築されている

82　第2部　世界の高等教育における体験の言語化

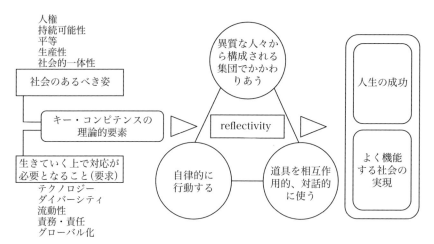

**図2　DeSeCoの概念図**
出所：Rychen & Salganik（2003）、p.184の図を筆者が翻訳。

という認識、そして④reflectivityが精神的プロセスの発達モデルにもとづくこと、の4点が重要な概念であったことを述べている（Rychen & Salganik, 2003: 74）。

　既述の国立教育政策研究所（2013）作成の表1では、DeSeCoのreflectivityは「反省性・考える力」と訳され、各国の類似の資質・能力、すなわち、「学び方の学習」（learning to learn、EUキー・コンピテンス）、「思考スキル」（thinking skills、イギリス）、「批判的・創造的思考力」（critical and creative thinking、オーストラリア）、思考力（ニュージーランド）と共に、21世紀型スキル（北米）においては想像とイノベーション他4つの力と同列で、「認知スキル」として位置づけられている。しかし、reflectivityは、キー・コンピテンシーにおいて、独立したスキルとしてではなく3つの能力カテゴリーの中心に位置づけられている。つまり、3カテゴリーにおける能力それぞれについて、reflectivityが能力発揮や能力改善のエンジンとなっているといえる。

　ここで、3つのカテゴリーの中心に位置づけられたreflectivityの理論的背景となっているKeganの構造発達理論について、齋藤（2009、2014）の解説を援用しながら概観する。

## 2　Kegan の構造発達理論

　Rychen & Salganik (2003) は、複雑で相互依存性が深まり、紛争や対立が起きやすい、不確実な社会で生き抜いていくためには、高次の精神的複雑性 (higher order of mental complexity) が求められており、この「高次の精神的複雑性」が reflectivity であると述べる。そしてその理論的背景を Kegan (2001) の構造発達理論にある self-authoring order of mental complexity に見出している。「self-authoring」は立花監訳 (2006) では「自己著述的」とされているが、それが意味するところは、自らの位置を確認し舵をとっていく構え、とも言い表せよう。

　Kegan の構造発達理論の特徴について、齋藤 (2014) は、次のような点に要約されるとする。すなわち、「個人は自らの現実、自らに起こった出来事をそれぞれの認知的な枠組み（構造的な枠組み）を用いて解釈する」、そして、「個人の構造的な枠組みは発達に伴い、段階的に複雑なものへと進化する」、さらに、最大の特徴として、「(Piaget、Kohlberg、Loevinger らの) 理論を融合した、独自性ある発達段階と発達メカニズムの提唱」である (p.36)。Kegan の構造発達段階は、主体と客体の均衡 (subject-object balance：主体-客体均衡)、つまり「個人が自己の中で『何を（どのくらい）認識の枠組みの根幹に位置づけ、客観的に思考できないのか（主体）』と『何を（どのくらい）客観的に思考できるのか（客体）』の均衡」で説明されることを示し、この均衡状態が個人の構造発達段階を示す、と述べる (p.39)。主体-客体均衡のプロセスについては、Rychen & Salganik (2003) においても、reflectivity の根底にある「objectivation」、つまり主体の領域にあるものが客体の領域となる、「客体化」として言及されている (p.76)。まとめると、reflectivity とは、認知的（構造的）枠組みを用いた、主体-客体均衡が段階的に複雑化していくモデルとして説明できるだろう。

　齋藤 (2014) は 5 段階から成る Kegan の構造発達段階を表 8 のように表し、それぞれの段階における主体-客体の領域の、低次から高次への変化を示している[20]。高次になるにつれ、低次では主体領域であったものが客体領域に移行し、複雑になるモデルである。最高次である第 5 段階は「個人間相互的な自己」段階とされ、主体は「個人間相互性 (interindividuality)、自己システム同士の相互浸透能力 (interpenetrability of self systems)」、そして客体は「創造者

## 表8 Kegan の構造発達段階

| | 段階 | 年齢段階 | 主体 | 客体 |
|---|---|---|---|---|
| 0 | 未分化な自己 | 乳児期<br>(2〜5歳) | 反射(感覚・運動) | なし |
| 1 | 衝動的な自己 | 幼児期<br>(5〜7歳) | 衝動・知覚 | 反射(感覚・運動) |
| 2 | 尊大な自己 | 児童期<br>(7〜10歳) | 欲求、関心、願望 | 衝動・知覚 |
| 3 | 対人関係的な自己 | 青年期<br>前期・中期<br>(10代以降) | 対人関係、相互性 | 欲求、関心、願望 |
| 4 | システム的な自己 | 青年期後期<br>成人期 | 創造者的感覚<br>(self-authorship)、<br>アイデンティティ、精神的統制、イデオロギー | 対人関係、相互性 |
| 5 | 個人間相互的な自己 | 成人期以降 | 個人間相互性、<br>自己システム同士の相互浸透能力 | 創造者的感覚<br>(self-authorship)、<br>アイデンティティ、精神的統制、イデオロギー |

出典:齋藤(2014)p.39に筆者が加筆して作成。

的感覚(authorship)、アイデンティティ、精神的統制(psychic administration)、イデオロギー」とされている。そこでは、個人間相互性自体が主体の領域、自己の内的システム(自己システム)は客体の領域となっている。つまり、個人は自己システムから距離を置くことができ、自己の中に他者のシステムを取り入れ、内的・外的な相互交渉ができる状態ということである。創造者的感覚とは、衝動や知覚、欲求、関心や、対人関係、アイデンティティなど文化的・社会的規範に大きく左右される自己の価値観のシステムといった、いわば「とらわれ」が存在していること、そしてその「とらわれ」が自らの認知や思考に影響を及ぼしていることを俯瞰し、受けとめた上で、自らの在りようを創造する(self-authoring)感覚といえる。

「体験の言語化」科目では、学生がもちよる「体験」を梃子とし、Keganの主体-客体均衡、RychenとSalganikによれば「客体化」のプロセスの試行を通じて、reflectivityの発達を促しているといえる。Keganのモデルでは年齢によって段階が進むが、「体験の言語化」科目では、体験の中で湧き上がって

きた感情に言葉を与えるという起点（感覚を客体化し、知覚すること）から、その知覚のもととなる自身の考え方、価値観、価値観をつかさどる規範や社会構造、と段階的に、多層的に客体化を繰り返し、自身の立ち位置を確認する、つまり自らのありようを創造しなおす（self-authoring）に至るという段階までのプロセスを、教員やTA、他の学生らとの協働の中で進める。そのプロセスによって科目が目標とする3つの力とともに、それら3つの力を発展させるreflectivityがはぐくまれるといえるだろう。

### 3 「体験をいかに構築するか」の内的作用としてのreflectivity

　Rychen & Salganik（2003）は、reflectivityを、「広い意味で個人が意味を構築する・構成する能力」と端的に表し、その能力を、個人が単に「いかに考えるか（how one thinks）」を超え、思考や感情、そして社会性の形成自体をも含んだ「体験をいかに構築するか（how one constructs experience）」の内的作用を指すものと表現している（p.77）。そして、体験を構築するという内的作用が21世紀社会を生きていく上で必要になることを、さらに以下の3つの視点から具体的に指摘している（p.77-82）。

**（1）　様々な社会的空間や文脈を、自らの位置を確かめながら歩んでいくこと**

　個人を取り巻く文脈（context）は、社会を構成する様々な領域から構築されるものである。それら領域として挙げられているのは、両親の関係、文化、宗教、健康、消費、教育、仕事、メディアや情報、コミュニティなどで、個人はそれら多様な領域とかかわりあいながら生きている。領域ごとに特有の試練や関心事、多様な形の資本（金、特定の知識、名声、ネットワークや関係性）があり、それらを巡る力のせめぎ合いがある。個人がそこで傍観者ではなくプレーヤーとなるためには、個別の領域における知識、価値観やルール、言葉、システム等を熟知していることが必要である。さらには、生きるという営みは個別領域だけではなく複数の領域にまたがって存在するので、個別分野での要求（demands）で対応した経験から、他分野への応用が必要となる。これは「○○を知っている（know that）」ではなく、「いかに○○をするか知っている（know how）」といった、過去の経験からパターンを導き出し、新しい経験に活用できるような適応性が求められるということである。

## （2） 相違や矛盾と付き合っていくこと（二項対立、二者択一を超えていくこと）

相違や矛盾と付き合うにあたって、二項対立、二者択一的なアプローチではなく、対立して見える事項や相容れない目標（自由と平等、連帯と自治、効率と民主的プロセス、多様性と普遍性など）を、同じ現実を切り取った別の見方として扱うことが求められている。また、個人と社会の関係性を対話的で動的なものとして捉えることが必要である。複雑で変化し続け、様々な要因が重なりあって存在する今日の課題に対し、性急な課題解決や無力な相対主義に陥るのではなく、クリエイティブで協力的な方法であたっていくことが求められている。

## （3） 自ら責任を果たしていくこと

OECD 加盟国のほとんどにおいては、起業家精神や個人の責任が重要視されるようになっている。個人は状況に適応的になるだけではなく、革新的で、クリエイティブで、自発的で、自ら動機づけができ、よって、親、パートナー、雇用主や被雇用者、市民、学生、消費者として、社会の様々な領域にかかわる自身の決断や行動の責任を果たしていく必要がある。そのためには、教えられたことだけではなく、「自ら考える」（道徳的、知的成熟度の表現として）ことを通し、自分自身の知識や行動指針を構築していかなくてはならない。さらには、個人に向けられる様々な要求に対して、それらを批判的に捉え、「当たり前」とされること自体を問う必要がある。これは社会化への圧力を「客体」として、省察や決断の対象として捉えかえすことである。また、個人が意味づけするという行為自体も、意味が社会的に構築される、という点も含めて捉えかえされていく必要がある。

以上の 21 世紀に生き働くためにあたって必要になるとされる 3 点それぞれを要素に分けていくと、第二節で参照した各国の資格枠組みや EU チューニング・プロジェクト、米国の DQP に提示される、大学で学びとるべき能力と共通した能力として記述できる。つまり、「意味を構築・構成する能力（reflectivity）」が、変化し続ける「場」（社会、状況、文脈）において知識やスキルの活用・獲得も含む様々な能力を発揮していくための中核となっているのである。Rychen & Salganik（2003）は、既述のように reflectivity を「体験を

いかに構築するか」の内的作用を指すもの、としているが、この「体験をいかに構築するか」は、状況や文脈といった「場」に応じて能力をいかに発揮するか、と置き換えることができる。つまり、reflectivity は、「状況や文脈といった『場』に応じて能力をいかに発揮するかの内的作用を指すもの」なのである。

そして、3つの視点にある、「個人を取り巻く文脈（context）は、社会を構成する様々な領域（両親の関係、文化、宗教、健康、消費、教育、仕事、メディアや情報、コミュニティ）から構築されるものと認識する」、「同じ現実を切り取った別の見方として扱う」、「個人と社会の関係性を対話的で動的なものとして捉える」、「自分自身の知識や行動指針を構築する」、「社会化への圧力を『客体』として、省察や決断の対象として捉えかえす」、「個人が意味づけするという行為自体も、意味が社会的に構築される、という点も含めて捉えかえされる」といった認知は、第3部第7章にも詳述されているような、「体験の言語化」科目での学生たちの取組そのもの、つまり、科目が掲げる力の育成に直接つながるものである。

## 四　おわりに

WAVOC が「体験の言語化」プロセスを通じて涵養を試みているのは、ある体験を梃子として自らの認識枠組や社会的規範に気づくことを通じ、自身が社会を構成する一員であるという当事者意識を深め、その当事者意識をさらなる学びや行動のエンジンとしていく、いわば、積極的に生きる、学び続ける能力である。それは、科目の中で積み上げられる俯瞰の実践によって reflectivity を高めることで可能となる。諸外国における大学教育において育成されるべき資質・能力の記述には、特定の専門分野における知識やスキルに加え、或いはそれ以上に重要視される、それら知識やスキルを状況や文脈という場を見定めて適切に発揮していく能力が共通して掲げられている。そしてその能力は Kegan（2001）や Rychen & Salganik（2003）から、reflectivity によって発揮、向上されることが確認された。Reflectivity をはぐくむ「体験の言語化」科目の実践は、21世紀を生き働く能力を培うという大学教育の今

目的課題に応える具体例であり、広く学生に開かれているというカリキュラム上の位置づけも、専門分野を問わず必要となる、知識やスキルを状況に応じて発揮／獲得する能力の育成を実体化しているといえる。

　体験から学ぶ、ということは、当たり前ではない。逆に、「体験の言語化」科目のような適切な支援があれば、体験を梃子として、学びを深める・能力を発揮するための学びが可能となる。体験自体と専門分野での特定の知識・スキル自体とのつながりが不明確に見えても、知識やスキルを獲得するための学び方のありようや、知識やスキルを「場」に応じて俯瞰、相対化し、適切に発揮していく能力の育成につながっているという視点からの検討がさらに進められることを期待したい。

　実社会での体験が加速度的に取り入れられつつある日本の大学教育にとっても、多様な学外体験を活用し reflectivity を高める科目としてのカリキュラム上の位置付けのあり方や、第3部第1章や第2章にも詳述される授業ノウハウは、きわめて示唆に富むものであり、体験を取り入れる効果を増す可能性にあふれている。

[1]　Reflectivity については、立田慶裕監訳（2006）では「思慮深さ、反省性、省みて考える力」（p. 196）とされているが、本稿では原語の「reflectivity」を用いる。DeSeCo 事業後、OECD では、2016 年 8 月現在、「OECD Education 2030」を取りまとめている。Education 2030 事業では、知識・スキル・人間性（Character）を一体的に捉えたこれからの時代に求められるコンピテンシーについて、4 年間（2015-2018）で検討する計画となっており、取組として、知識・スキル・人間性（Character）への重点の置き方が異なる各国のカリキュラムの在り方の国際比較も計画されている。「体験の言語化」プロジェクトメンバーは 2016 年 8 月にパリで OECD 教育・スキル局を訪問、Education 2030 事業におけるコンピテンシーの検討状況について聞き取りを行った。DeSeCo キー・コンピテンシーにおける reflectiviy や context の重要性は、Education 2030 の検討においても引き続き認識されており、それらが Education 2030 で示されるコンピテンシー概念にいかに反映されるか今後注視していく。

[2]　Rychen, D.S. & Salganik, L.H.：Key competencies for a successful life and a well-functioning society, 2003.

[3]　和訳は明石書店から『キー・コンピテンシー—国際標準の学力をめざして』（立田義裕監訳、2006 年）として刊行されているが、原題では、「国際標準の学力をめざして」ではなく、「人生の成功と同時に、よく機能する社会を実現するためのキー・コンピテンシー」である。

[4]　DeSeCo プロジェクトのきっかけとなったのは、Rychen が呈した次の問いであったことが記されている。"Apart from reading, writing, and computing, what other competencies are relevant for an individual to lead a successful and responsible life and for society

to face the challenges of the present and the future/What are the normative, theoretical, and conceptual foundations for defining and selecting a limited set of individually based key competencies?"（Rychen & Salganik, 2003：2）

5　松下佳代「序章〈新しい能力〉概念と教育―その背景と系譜」松下佳代編著『〈新しい能力〉は教育を変えるか―学力・リテラシー・コンピテンシー』（ミネルヴァ書房、2010年）

6　表は、目標のカテゴリーや内容に応じて、各国の資質・能力の内容を横に対応するように並べてあり、表右側のまとめの「スキル」という用語については、「『認知』や『社会』と連続する際、最も一般的な用語の「スキル」を用いた」（p. 13）とされ、ここでの「社会スキル」は、松下（2011）がまとめた4つのカテゴリーと対比すると、松下の③対人関係能力（コミュニケーション、チームワーク、リーダーシップなど）、④人格特性・態度（自尊心、責任感、忍耐力など）カテゴリーに相当するものと考えられる。

7　深堀（2012）には、ドイツ、フランス、韓国等9か国のものがまとめられているが、本稿では、2016年5月時点で国の資格枠組みについて最新の情報がインターネット上で得られる英国（イングランド、ウェールズ、アイルランド）、オーストラリア、ニュージーランドの3国、および、国の資格枠組みではなく、全米カレッジ・大学協会（Association of American Colleges & Universities）によるバリュー・ルーブリック（Value Rubrics）を取り上げる。

8　チューニングとは、欧州高等教育の国際通養成を高めるために、1999年から進められている欧州高等教育圏確立のためのボローニャ・プロセスへの、大学側の主体的な反応と深堀（2012）は述べる。単位や学位といった制度的調和を図る枠組みにおいて、獲得すべき資質・能力と学習成果にもとづき教育プログラムを設計するためのものである。

9　http://www.unideusto.org/tuningeu/competences.html
10　http://www.unideusto.org/tuningeu/competences.html
11　「現場ベース（field-based）」については、キャンパス内外で、伝統的な学術の場を超えた場所、とされる。特徴としては、real time（授業時間として測られない）、real space（アカデミックな施設ではない）、real urgency（実際の課題や環境の中に身を置くことによって生まれうる）、とされる（Adelman et al.、2014：8）。

12　DQPにおいてコンピテンス（competence）は、学位取得に値する習熟（proficiency）につながる、例えば授業レベルでの学習目標の到達度をもって表されるものとして使われている。

13　現在は準学士、学士、修士の3つの学位についての記述のみだが、今後、博士課程レベルの習熟も枠組み内に加えられる予定であり、取組を先導するルミナ財団（Lumina Foundation）のウェブサイトに最新の情報が更新され続けている。本稿では2014年10月に公開された第2版の学士レベルを参照する（Adelman et al.、2014）。

14　Lumina Foundation：The DQP Grid, 2016, http://degreeprofile.org/press_four/wp-content/uploads/2014/09/DQP-grid-download.pdf

15　http://eric.ed.gov/?id=ED515302

16　2014年に出版されたオフィシャル版の改定のポイントをAdelmanらは以下の6点にまとめている。すなわち、倫理的判断とグローバル学習にかんする習熟の追加、数量的推論にかんする記述の強化、調査研究のあり方への詳細な言及、一専門分野を超えた分析的・協働的な学び方のアプローチの強調、学生の知的スキルの発達を広範な学び・専門的学習・応用的学習そして市民性に関連する学びと統合するためのガイダンスの提供、そして、DQPにおける習熟にかんするアセスメントを支援するためのリソースの紹介、である。

17　松下佳代「〈新しい能力〉による教育の変容―DeSeCoキー・コンピテンシーとPISA

リテラシーの検討」『日本労働研究雑誌』614 巻 9 月号（2011 年）39-49 頁。
[18] 「The definition and selection of key competencies : Executive summary」（2005）では、reflectivity ではなく、reflectiveness が用いられている。
[19] 原文では「social fields」。ブルデュー（1980、1982）やペレノウド（2001）を援用しながら、「社会」を構成する social fields の具体例として、両親の関係、文化、宗教、健康、消費活動、教育やトレーニング、仕事、メディア、情報、コミュニティを挙げている。
[20] Kegan（1994）の構造発達段階と各段階の内的構造についてのより詳細な図は、齋藤（2009）p.51 を参照されたい。

**参考文献**
相原総一郎：「アメリカの学位資格プロフィールの一考察：学生調査の補完的可能性」『広島大学高等教育研究開発センター大学論集』第 48 集［2015 年度］（2016 年）113-128 頁
勝野頼彦：「教育課程の編成に関する基礎的研究報告書 5：社会の変化に対応する資質や能力を育成する教育課程編成の基本原理［改訂版］」（国立教育政策研究所、2013 年）
勝野頼彦：「教育課程の編成に関する基礎的研究報告書 6：諸外国の教育課程と資質・能力：重視する資質・能力に焦点を当てて［改訂版］」（国立教育政策研究所、2014 年）
齋藤信：「青年期後期・成人期前期における自己の発達：Kegan の構造発達理論に基づいて」名古屋大学教育学部・教育発達科学研究科博士論文（2014 年 3 月）
齋藤信：「Kegan の構造発達理論の理論的検討：理論と発達段階の構成に着目して」『名古屋大学大学院教育発達科学研究科紀要心理発達科学』56 巻（2009 年）47-56 頁
ダニエル・マッキナーニ／深堀聰子（訳）：「チューニングと学位プロフィール：米国の学部学科・大学・州・地域・学会における取組～2009 年以降」『国立教育政策研究所紀要』第 144 集（2015 年）51-67 頁
ドミニク・S・ライチェン、ローラ・H・サルガニク編、立田慶裕監訳：「キー・コンピテンシー：国際標準の学力」（明石書店、2006 年）
中央教育審議会：「新しい時代にふさわしい高大接続の実現に向けた高等学校教育、大学教育、大学入学者選抜の一体的改革について～すべての若者が夢や目標を芽吹かせ、未来に花開かせるために」（文部科学省、2014 年）
深堀聰子：「学習成果アセスメントのインパクトに関する総合的研究（研究成果報告書）」（国立教育政策研究所、2012 年）
松尾知明：「21 世紀型スキルとは何か：コンピテンシーにもとづく教育改革の国際比較」（明石書店、2015 年）
松下佳代：「〈新しい能力〉による教育の変容—DeSeCo キー・コンピテンシーと PISA リテラシーの検討」『日本労働研究雑誌』614 巻 9 月号（2011 年）39-49 頁
松下佳代：「序章〈新しい能力〉概念と教育—その背景と系譜」松下佳代編著『〈新しい能力〉は教育を変えるか—学力・リテラシー・コンピテンシー』（ミネルヴァ書房、2010 年）
松下佳代：「学習成果としての能力とその評価—ルーブリックを用いた評価の可能性と課題」『名古屋大学高等教育研究』第 14 号（2014 年）235-255 頁
文部科学省：「平成 26 年度文部科学白書」（文部科学省、2014 年）
米澤彰純：「国際的な質保証ネットワークと国際機関の活動」塚原修一編『高等教育市場の国際化』（玉川大学出版部、2008 年）
Adelman, C., Ewell, P., Gaston, P. & Schneider, C. : The Degree Qualification Profile : A Learning-Centered Framework for What College Graduates Should Know and Be Able to Do to Earn the Associate, Bachelor's or Master's Degree, 2014. https://www.luminafoundation.org/resources/dqp

第 2 章　世界の大学教育における「体験の言語化」の意義　91

Adelman, C., Ewell, P., Gaston, P. & Schneider, C.：The Degree Qualifications Profile. Defining Degrees：A New Direction for American Higher Education to Be Tested and Developed in Partnership with Faculty, Students, Leaders and Stakeholders, 2011. http://files.eric.ed.gov/fulltext/ED515302.pdf

Kegan, R.：Competencies as Working Epistemologies：Ways We Want Adults to Know, 2001, in Rychen, D.S. & Salganik, L.H.：Defining and Selecting Key Competencies.

Lumina Foundation：Download DQP Documents, Degree Qualification Profile, 2016, http://degreeprofile.org/press_four/wp-content/uploads/2014/09/DQP-grid-download.pdf

New Zealand Ministry of Education：The New Zealand Curriculum：For English-Medium Teaching and Learning in Years 1-13, New Zealand Ministry of Education, 2007.

New Zealand Qualifications Authority：The New Zealand Qualification Framework, Date Unknown, http://www. nzqa. govt. nz/assets/Studying-in-NZ/New-Zealand-Qualification-Framework/requirements-nzqf.pdf.

New Zealand Qualifications Authority：Bachelor's Degree, Date Unknown, http://www.nzqa.govt.nz/studying-in-new-zealand/understand-nz-quals/bachelors-degree/

The Australian Qualifications Framework Council：Australian Qualification Framework (2nd ed.), 2013, http://www. aqf. edu. au/wp-content/uploads/2013/05/AQF-2nd-Edition-January-2013.pdf

The National Council for Vocational Education Research：Defining Generic Skills：At A Glance, The National Council for Vocational Education Research, 2003.

The Quality Assurance Agency for Higher Education：Subject Benchmark Statements for Subjects Studied at Honours Degree Level, Date Unknown, http://www. qaa. ac. uk/assuring-standards-and-quality/the-quality-code/subject-benchmark-statements/honours-degree-subjects

OECD："The Definition and Selection of Key Competencies：Executive Summary", Date Unknown, http://www. oecd. org/pisa/35070367. pdf, in Definition and Selection of Competencies (DeSeCo), http://www.oecd.org/education/skills-beyond-school/definitionandselectionofcompetenciesdeseco.htm

OECD："What the Survey of Adult Skills (PIAAC) Measures", 2013, in The Survey of Adult Skills：Reader's Companion, OECD Publishing, http://dx. doi. org/10.1787/9789264204027-4-en

Partnership for 21st Century Skills：21st Century Skills, Education, and Competitiveness：A Resource and Policy Guide, Partnership for 21st Century Skills, 2008.

Rychen, D.S. & Salganik, L.H. (eds.)：Defining and Selecting Key Competencies, 2001.

Rychen, D.S. & Salganik, L.H.：Key Competencies for A Successful Life and A Well-Functioning Society, 2003.

Tuning Educational Structures in Europe：Competencies, Date Unknown, http://www.unideusto.org/tuningeu/competences.html

# 第3部
# 科目「体験の言語化」の内容と開発プロセス

# 第1章

## 「体験の言語化」科目の授業内容

兵 藤 智 佳

### 一　ボランティア活動支援から「体験の言語化」科目へ

　2014年から2017年の3年間、早稲田大学平山郁夫ボランティアセンター（以下：WAVOC）は「『体験の言語化』WASEDAモデル構築のための研究プロジェクト」を実施した。筆者はこのプロジェクトにおいては、「体験の言語化」科目開発の役割を中心的に担ってきた。そして、科目開発のプロセスでは、授業実践とその教授法開発への試みを往還しつつ、より汎用性のある方法論を模索してきた。本稿では、こうした科目を開発し実践してきた立場より新しく開発された授業内容について解説する。

　「体験の言語化」とは、学部・学年を横断して全学生が受講できる早稲田大学グローバルエデュケーションセンター提供科目として設置されている科目の名称である。グローバルエデュケーションセンターは、早稲田大学に部署として設置されているセンターであり、各学部（学術院）とは独立して科目を提供している。その提供科目は、学部として設置している必修や選択科目とは異なり、基本的にすべての学部や学年の学生が受講できるシステムとなっている。「体験の言語化」科目は、2016年段階では7名の教員によって25クラスが開講されているが、その内容と授業方法論は授業者用ガイドブックとして標準化されている。

　この科目は、2002年に設立されたWAVOCによる学生ボランティア活動支援実践の蓄積を基礎として2009年に生まれたものである。その後、2014年からは「体験の言語化」科目はWAVOC教員のみならず、その他の学部教員もかかわり、グローバルエデュケーションセンターが全学に提供するクオーター科目（全8回）、1単位としてその開講クラス数を拡大してきた。

そこで、本章ではまずこれまで行ってきたWAVOCによる学生支援の方法について概説し、それがいかにして「体験の言語化」科目の内容や方法論につながったのかについて解説する。その後に開発された科目の具体的な内容について紹介し、今後の課題について考察を加えたい。

WAVOCは、2002年に設立以来、これまで10年あまりの間、「社会と大学をつなぐ」、「体験的に学ぶ機会を提供する」、「社会に貢献することを応援する」の3つの理念のもと、大学の機関であるボランティアセンターとして活動してきた。事業としては正課として毎年、20あまりの授業を提供する他、30団体程度の学生による課外でのボランティア活動を組織的に支援してきた。特に、学生の主体的な自主活動として国内外で多数のボランティア活動を支援してきたが、その支援の特色は、職員のみならず教員が支援活動を行うこと、そして、活動支援だけでなく「学外の活動を通じた学生の学びを支援する」という意味で独自の学生支援の方法論を模索してきたことである。

## 1　WAVOCの学生支援

学生支援における具体的な方法において重視してきたのは、ボランティア活動を通じて「できるだけ学生たちが他者、特に当事者と関わりあう機会をつくる」、「学生たちが自分のボランティア体験を言葉にするための支援をする」という2点である。特に、2つ目の体験を言葉にする作業とは、活動した学生が単に何をしたかを描写するだけでなく「その体験が自分にとってどういう意味があったのか」という意味づけの行為としても行われてきた（兵藤、2012）。

こうした体験を言葉にする実践は一般的には「ふりかえり」と言われる作業になる。WAVOCの教員たちは、国内外のボランティア活動の場で、その日の夜に宿泊した先や大学へ戻ってきてからの教室や会議室など、多様な場でその作業を行ってきた。その方法も教員と学生が一対一で対話形式であったり、学生同士のグループであったりとバリエーションがある。

実際の現地での活動のみならず、活動後のふりかえりを丁寧に行う背景には、学生たちによる社会の中での当事者意識のなさがある。WAVOCに集う学生たちの「自分の日常ではない特別な経験としてボランティア活動をした

い」、「自分とは関係のないかわいそうな人に対してよいことをする自分を確認したい」という傾向を認識しつつの問題意識である。そこには学生たちによる支援している人と自分自身の在り方とを切り分け、誰かの問題としてその課題に関わる姿勢に対する危機感もあった。

　これらのボランティア活動の「ふりかえり」の実践方法とその成果については、蓄積と模索を繰り返しつつ、すでに WAVOC の成果として報告してきた（和栗、2010）。そして、これまでのボランティア活動のふりかえりで重要だとされてきたのは、そのときに活動した学生自身が「自分がどう感じたのか」という感性と情緒に重きを置くことである。現実に起きている現象を説明する概念や理論からではなく、活動する学生が「その場で自分が感じたこと。他者に出会った自分の気持ち」から始めるのである。まずはボランティア活動の場での言葉にならない自分の気持ちに言葉を与える努力であり、学生たちは「もやもや」や「ひっかり」という何と表現していいかわからない思いや衝撃に対峙する。

　フィールドでの活動やボランティア活動を通じた当事者との出会いでは、学生は、自分でもよくわからないままに涙を流すことがよくある。しかし、そのときに「どうして泣いているのか」を聞いても答えられないことも多い。それが感性と身体の体験であり、言葉にならない体験だからだ。ふりかえりでは、少し時間を経て、過去のそのときの自分の内面を見つめていく。そして、怒りや悲しみ等、気持ちが言葉になってきたら、「自分がなぜこんな悲しいのか、なぜ憤るのか、なぜ怒るのか、なぜこんなにうれしいのか」を問い、「相手はどういう気持ちだったのか」を想像する。活動を通じた他者との出会いの体験から、自分が自明視していた価値観の前提を意識化し、認識の枠組みや社会の規範を問い直す作業である。その実践によって「自分にとってはこういうことだったんだ」「だから自分はこう感じたんだ」という体験の意味が立ち上がる。

　その際に教員は学生個人やグループに問いかけ、学生自身の気づきを支援する。第三者が問いかけることによって、「自分で自分に問う」という作業を支えていく。そして、「どうしてか」の問いは社会的な力の存在への気づきとなり、「本人だけではどうしようもない力によって起きている出来事」という

理解へとつながっていく。そうした実践を通じて「この人がこんなに辛い思いをするのはこの人の問題ではない」「私はこの社会を構成する一員として、この人のこの問題にかかわっている」という実感を得ていく。自分とは異なる他者との出会いから自分自身を社会の中に位置づけていく試みである。それは、自分の体験を語ることを通じて起きていることの当事者になっていくプロセスでもある。こうして社会とのつながりや当事者意識を得た学生たちは、その後はさらに主体的に課題や問題に取り組むようになっていく。こうして現在までWAVOCでは、ボランティア活動実践の支援とふりかえりによって大学生たちが体験を意味づける力を育ててきた。

## 2　科目の開発

「体験の言語化」科目は、前述のWAVOCの教員たちによるボランティア体験学生に対するふりかえり手法が基礎となっている。教員たちは、当初、学生によるボランティア活動を支援することで、学生が現実社会に触れる体験を言語化する実践を行ってきた。その後、「体験の言語化」科目を開発するにあたっては、教室を越えた多様な現実社会での体験という共通点から、その方法論は、ボランティア活動のみならずサークル、インターンシップ、留学、アルバイト、スポーツ等の体験にも応用ができるはずだとの仮説を立てた。そこには早稲田大学の多くの学生にはすでに教室以外での多様で豊かな現実社会での体験がある。だからこそ、それらの体験を学びへとつなげていけるならば創造的で独創的な教育実践となるという期待があった。

こうした背景から、「体験の言語化」科目は、体験の言語化プロジェクトとして、これまでの学生によるボランティア活動の体験のみならず多様な社会体験を持つ学生を対象に彼らの個人的な体験をふりかえり、その体験を言語化する科目として開発し、体系化と標準化を試みた。

## 二　「体験の言語化」科目の目標と授業者の心構え

以上のように「体験の言語化」科目はWAVOCのボランティア活動支援の方法論を基礎ととしつつも、同時にこれまで第1部で解説されてきたような

早稲田大学全体の教育ビジョンの流れにも位置づいている。そのためには、「体験の言語化プロジェクト」で行われた「体験の言語化」科目の開発をWAVOC提供ボランティア関連科目という枠を超えて早稲田大学全体としての教育実践として科目を構想し直す必要があった。そういう意味で、プロジェクトしては、まずはこの科目を体系化するにあたって「学生のどういう力を育成するための科目か」について授業者が共有すべき目標を明確にする作業を行った。

表1がその具体的な目標になるが、基本的には「体験を『自分の言葉』で語る力」「体験から社会の課題を発見する力」「体験を学びの意欲へつなげる力」の3つをその目指される力として位置づけた。これらの目標については、これまでWAVOCの学生支援実践で育成してきた学生の力、さらにこれまでの章でも述べられてきた社会的に大きな枠組みでの「グローバルリーダー育成」として、大学生に必要とされる力に関する接点を見出す中で明文化されたものである。

**表1　教育の目標**

（1）　体験を「自分の言葉」で語る力
　　体験には必ず「意味」がある。自分の体験をふりかえることを通じて気持ちを表現し、自分自身のその体験の意味を見出し、整理する力を育成する。
（2）　体験から社会の課題を発見する力
　　体験は、社会の中で起きている出来事であり、個人のみならず社会的な要因と関連性を持つ。その関連性への気づきを促すことで「社会への問題意識」を持つ力を育成する。
（3）　体験を学びの意欲へつなげる力
　　自分の体験から現実社会のあり方を知る喜びと可能性を感じさせる。それによって「教えられる」のではなく主体的にさらに学びたいという意識を育成する。

ここで、ひとつ目の「体験を自分の言葉で語る力」については、自分の体験に中にある「ひっかかり」に向き合うことが求められる。体験における「ひっかかり」にはなにかしらの意味があるという前提であり、それはすでに第3部7章で考察された経験学習理論では、「混乱するジレンマ」として捉えられる。「体験の言語化」科目では、学生たちが具体的に体験した一場面を切り取りつつ、そこでの自分や相手の気持ちを一面的ではなく多層的に表現する力が目指される。

　2つ目の「体験から社会の課題を発見する力」については、学生が自分の体験と社会の課題をつなげて考える力が想定されている。特に、自分の体験はどう社会の課題とつながっているのか思考するのが到達目標であり、そこでは有機的な関連と筋道を見出す論理性が問われることになる。そして、そのつながりもまた他者に伝わる自分の言葉として表現する力が求められる。

　3つ目の「体験を学びの意欲につなげる力」とは、「体験の言語化」が科目だけとして自己完結するのではなく、その先に学術的、及び社会的な問題意識につなげることのできる力である。特に、社会の課題についてはそれを発見するプロセスを通じて、「自分はその問題の当事者である」という意識を持てることでさらに学びたい事柄を見つけるのが目標である。

　つまりはこの3つの目標に示されるように、「体験の言語化」科目では、受講生が自らの体験を自分の言葉で語る実践を通じて、体験にある自分にとっての意味を見つけること。さらには社会とのつながりを感じることで社会の当事者となり、学生が主体的に学び・行動できるように学生自身が変容することが到達目標である。

　以上の目標を達成するためには授業を実施する側も教員が専門知識を「教える」という教授方法ではなく「学生による学びを支える」という意識と方法が必要である。授業に参加する学生の体験はその学生一人ひとり各自のものであり、授業者は、そのオリジナルな体験から受講生自身が気づいたり、表現するのを支えていくことになる。そこで、複数の教員が授業を実施する「体験の言語化」科目では、そうした従来の講義型・知識提供型ではない授業者の姿勢を表2のように成文化した。

**表2　教える側の姿勢**

（1）「言葉を与える」のではなく、学生が自分で言葉をつむぐプロセスを支援する
体験の中で感じた、自分の中では言葉になっていないものを言葉にする作業が言語化である。そのプロセスにおいては、学生自身が「どういう言葉や表現がいいのか」を試行錯誤し、内省する時間が必要となる。そこでは、教える側が言葉を与えるのではなく、多様な問いかけを通じて学生の言葉を引き出しながら、自分自身で言葉を見つけるのを待つという支援の姿勢が重要となる。

（2）「教える」のではなく、学生の気づきと表現を尊重する
自分の体験を通じて社会のあり方を知る試みには正しい答えがない。そこでは教える側が「正解を教える」のではなく、学生自身が自分と社会のつながりに「気づくこと」が重要である。そのためには、学生の表現を尊重しながら、それに対して問いかけ続けたり、異なる視点を提供するなど、気づきを促す姿勢が求められる。

　こうした姿勢は、大学教員が学生の気づきを促し、学びにつなげていくという意味で教員の専門知を伝える技術よりも、その場での参加者による対話をつくりだすファシリテーションの技術が求められる教育実践と言える。近年、こうした相互の学びの場をつくり出したり、参加者の言葉を引き出す技術はワークショップのファシリテーションやコーチングなどの分野において注目されつつある技術である。ただし、この授業では、学生が自分の体験から社会課題を見つけることを目指しており、個人と社会の関係性を分析するという意味で授業者側の専門性が必要である。担当する複数の教員たちの専門とする分野は異なっていても社会課題を扱うという意味では共通した知を前提として構成されている。

## 三　対象とする受講生とシラバスの内容

　プロジェクトによって開発してきた「体験の言語化」科目は、「体験の言語化〜世界と自分〜」として全学に開かれた科目であり、全学部、全学年の学生が自由に履修できるようになっている。受講条件としては、「なんらかの社会での体験を持った学生」となるが、その体験の種類は制限がなく多様なものとした。ボランティア活動、インターンシップ、留学、アルバイト、サークルなどが主となるが、1年生では高校時代の部活動や学園祭の経験なども含まれる。学生に公開する講義シラバスでは、体験は、「短期から長期で構わないが何かしらの社会での体験を有するもの」として受講生を募集している（表3）。それらの体験については、受講生にとっては「悲しかったり、怒ったり、辛かったり、もやもやしたりした」という感情をゆすられた体験が望ましいことをあらかじめ記載している。

　対象受講生に対してこうした条件を設定したのは、どのような体験であっても、それが社会的な体験である限り、その背後には社会の課題が存在すると前提がある。政治・文化・国際関係・環境・教育・貧困・ジェンダーなど、社会の課題もまた多様であることが想定され、受講生は授業を通じて自分の体験とこうした社会の課題とのつながりに関する考察が求められる。そして、シラバスでは、授業を受講するのは「あなたが世界とのつながりを感じる機会となります」として意味づけられている。

**表3　学生配布シラバスの授業概要**

　本科目では、あなたの体験を立ち止まってふりかえり（リフレクション、内省的考察）、それを分析して「社会の課題」とつなげます。さらに、「語り」という形で言語化することによって、今後の大学生活の充実につなげていきます。
　履修対象は、ボランティア、インターン、アルバイト、サークルなど、何かしらの社会での体験をしてきた学生です。1日のゴミ拾い、3日間の企業での

インターン、1か月やった家庭教師のアルバイト、2年間つづけたサークルなど、期間や内容は問いません。

その活動の中で、悲しかったり、怒ったり、辛かったり、もやもやしたりしたことはありませんでしたか？ 体験を通じて考えたことを、あなたは言葉にして表現できますか？

授業では、こうした「ひっかかり」を感じた場面に着目します。教員の指導の下で「なぜ、あなたはそう感じたのですか？」「なぜ、その人はそう言ったのですか？」といった問いかけを繰り返し、その体験と「社会の課題」とのつながりを考えます。

今は、自分の体験が社会の課題につながっているとは感じられないかもしれません。しかし実はあなたの体験は、政治・文化・国際関係・環境・教育・貧困・ジェンダーなど、さまざまな課題につながっている可能性が高いのです。

このような「自分自身と社会の課題とのつながり」に気づくことは、あなたが世界とのつながりを感じる機会となります。さらには、学部で専門科目を学ぶときの問題意識やモチベーションにつながっていくことでしょう。

授業は、少人数による参加型で進めます。考察の過程にグループディスカッションを取り入れ、自分の考えたことを他の履修生にぶつけて議論しながらさらに深めます。そして最終的には、5分間の「語り」にして発表します。

最終発表のみならず、毎回の授業の中で、自分の体験や意見を発言し、他者の発言に対してコメントします。つまり、毎回の授業が「体験・思考を言語化するトレーニング」となっています。

この過程で養われる「自分の思考を言語化し、他者に伝える力」（コミュニケーション力）は、大学生活はもちろん、卒業後の社会生活の中でも役に立つことでしょう。

体験の言語化プロジェクト発足当初は、実験的に科目設置については「1年生」「スポーツ体験」「インターシップ体験」など、対象や体験ごとの体験の言語化クラスの設置を試みた。その後、授業実践を積み重ねる中で、そうした体験ごとに受講生をまとめるよりも多様な体験や多様な学年が混じりあう教室空間のほうが学びのダイナミクスが生まれることが明らかになり、現在は、「体験の言語化〜世界と自分」として統一した。

表4 「体験の言語化」科目のコースの流れ

| 回 | タイトル | 各回の活動概要 | 教授法 / 学習活動と教材 |
|---|---|---|---|
| 1 | 参加型授業の心構えと目標設定 | ・科目の目的と内容を知る<br>・教員と受講生、TAのことを知る<br>・最終語りのモデル事例を見ることで科目のゴールのイメージを持つ | [教授法]授業解説・グループワーク<br>[教材]シラバス・過去の学生の語り映像 |
| 2 | ふりかえり①（個人の体験）「体験を思い出し、自分の気持ちをふりかえる」 | ・体験の中で自分の気持ちが動いた場面や出来事を思い出す<br>・場面を描写し、その時の自分の気持ちを言葉で表現する<br>・自分の気持ちが多層的であることに気がつく | [教授法]ペアワーク<br>[教材]ワークシート |
| 3 | ふりかえり②（個人の体験）「相手の事情と気持ちを想像する」 | ・演じる経験を通じて他者をめぐる背景と事情を想像する<br>・場面における他者の気持ちを想像する<br>・他者の気持ちの多層性に気づく | [教授法]ペアワーク・ロールプレイ<br>[教材]ワークシート |
| 4 | ふりかえり①（社会課題）「体験からつながる社会の課題を発見する」 | ・場面や出来事を図（マップ）にして視覚化する<br>・関連する人物や組織の関係性に気づく<br>・場面や出来事の中で気持ちをもたらす社会的な課題を探す | [教授法]個人ワークと全体共有<br>[教材]ワークシート |
| 5 | ふりかえり②（社会課題）「多面的な視点から社会の課題を発見する」 | ・前回の図（マップ）を、さらに想像力を広げて展開する<br>・多面的な視点から社会の課題を発見する | [教授法]実演・ペアワーク<br>[教材]ワークシート |
| 6 | 最終語りにむけて「有機的なつながり」をつくる | ・最終語りのイメージを再確認する<br>・発見した社会の課題を1つに絞り込む<br>・体験と社会の課題を有機的な流れでつなげる | [教授法]グループワーク<br>[教材]発想シート |
| 7・8 | 学生による語りとディスカッション | ・最終語りをする<br>・他者の語りを聞いて、「体験と社会課題のつながり」の多様な思考過程を知る<br>・受講生と教員との議論を通じてさらなる思考の深め方を学ぶ | [教授法]語りと相互評価<br>[教材]評価シート |

## 四 「体験の言語化」科目デザインと方法

　以上の目標を達成するために具体的な実践として開発した8回の授業目的と授業概要は、表4に示す。8回の授業内容は、大きく「個人の内面のふりかえり」、「社会課題を発見するふりかえり」、「最終語り発表」の3つで構成されている。また、授業は8回を通じて完全な参加型・対話型とするために1クラス定員15名という少人数とした。

　また、3つの目標を達成するために最終的な学生の成果は「5分の語り」とした。語りの形式にしたのは、この科目では受講生の体験を言葉にする力を育成するという焦点を明確にする意図があった。

　こうした議論をもとに、授業実践の試行錯誤を繰り返しつつ、開発した各8回の具体的な内容は以下になる。

### 1　第1回目の授業　「参加型授業の心構えと目標設定」

　受講生が科目の目的と内容、参加型授業の心構えを知ること。そして、学生による最終語りのモデル事例を見ることによって科目の最終ゴールのイメージを沸かせることが目標となる。参加型授業の心構えとしては、(1) 自分から積極的に発言し、行動することを心がけよう。(2) 誰かの体験や意見は誠実に真摯に聞くことを心がけよう。(3) 人の体験やそのときの気持ちを否定したり、人格を傷つけるような発言はしないようにしよう。(4) 相手がより良くなるように、相手のためを思って、「愛のある批判的・建設的なコメント」を積極的にしようの4点である。

　以上のポイントが受講生の心構えとして共有される。その後、授業の全体像を掴むために授業シラバスの解説を行い、受講生がルーブリックを記入すること

によって授業前の自己評価を行う（ルーブリックについては p. 128 参照）。

また、全回を通じて授業の最初に受講生の緊張をほぐし、積極的な発言を促すために「アイスブレイク」を取り入れるが、第1回目でも誕生日順に並ぶなどの身体を動かす中で、3名づつのグループ分けをする。参加型授業に慣れていない受講生にとってアイスブレイクによってつくられる場の雰囲気は自分が発言しても大丈夫と感じるための時間となる。

授業の後半では、過去に行われたモデル学生の最終語りの映像を視聴し、①体験を「自分の言葉」で語れているか、②体験と社会の課題が有機的につながりをもっていたかの2つの観点からグループディスカッションを行う。その後はグループの代表学生が数名、クラス全体に対して、どのような議論が行われたかを発表する。

## 2　第2回目の授業　「体験を思い出し、自分の気持ちをふりかえる」

受講生が、多様な体験の中で気持ちが動いた具体的な場面をひとつ思い出し、その場面を描写し、そのときの自分の気持ちを表現するのが目標である。その際、自分の気持ちが1つではなく、多層的であることの気づきを目指す。方法は、ペアワークを基礎として、学生が二人一組になりお互いの体験とそのときの気持ちを引き出しあう時間が中心となる。

この回では、ある場面とそのときの自分の気持ちを思い出すという自己開示を行うため、準備してきた体験の種類によっては心の傷を思い出させる危険がある。そのために授業では、自己開示のためのガイドラインを設定した。(1) 受講生は、この授業で聴いた話は本人の了解なく、かってに他言しない、(2) 自分のことを話すのは、予期せずに感情が揺れることもあることを知っておく、(3) 自分が話したくないことは、話さないように意識する、(4) 話したくないと感じたときは「それは話したくないで

す」と相手に伝える、(5) 話しているうちにそのときの気持ちを思い出して辛くなってきたら話すのも聴くのも一旦やめる、(6) 辛くなってきたら、授業のあとでも教員に伝える

　こうした自己開示を想定しつつも、この回で実施するペアワークは受講生の抱える何かしらの「生きづらさ」の軽減を目指すカウンセリングを行うものではない。そのときの「自分の感情を深く掘り下げること」が目的ではなく、「自分の気持ちを表現する言葉を探す」のが目的である。自己分析をするのではなく、そのときに湧き上がった気持ちに言葉を与える実践であり、そのために教員は学生が自分の言葉を探す支援を行う。

### 3　第3回の授業　「相手の事情と気持ちを想像する」

　この回では、演劇的な手法を用いて、他者をめぐる事情と背景を想像し、場面における他者の気持ちを想像する。演劇では、学生にとっては身近感がある場面設定を事前に用意しており、受講生は最初にティーチングアシスタント学生（TA）による演技を見たあとに登場人物の事情や背景を想像し、クラス全体で共有する。その後、受講生同士がペアとなり、実際に自分も役柄になって役割を演じてみる。この演劇では受講生の演技がうまいことが目指されるわけではなく、誰かになってみたときに自分は何を感じるかを体験するのが目的である。

　実際に演じた後には、「役割を演じてみて自分はどう感じたか」をまずは二人組のペアで議論する。演じた際にどういう気持ちだったと思うかについての議論はクラス全体でも実施し、相手の事情や気持ちに関する多様な気づきを共有する。

　そして、こうした他者の気持ちに寄り添ってみた体験を通じて、授業の後半では、事前に用意したシナリオと演技から一旦離れて「自分の体験ではそのとき相手はどういう気持ちだった

のか」について想像する。演劇で演じた後に、誰かになってみた体験を自分の体験の場面に置き換え、そのときの相手の気持ちの多層性により深く気づき、表現することが目指される。

### 4　第4回目の授業　「体験から社会の課題を発見する」

4回目の授業では、これまでの回でふりかえってきた自分の体験とその時の気持ちを起点としつつ、社会の課題を見つけることを目指す。課題を見つける方法としては、想像したり思考するだけでなく、ワークシートに記入したり、マップを自分で作成しながら、体験と社会課題のつながりを視覚的に発想する。

授業では、まず教員がデモンストレーションとして3回目の演劇での場面を事例として白板にマップを作成する。マップでは、登場人物の気持ちを思い出し、「なぜ、その出来事は起きたのか」「なぜ、自分や相手はそう感じたのか」を分析する作業となる。マップには、関係する人や組織をできるだけ書き出し、相互の関係性も分析する。そして、相手や自分の言葉や行為を引き起こした事業や背景を分析し、「その人はどうしてその言葉を言ったのか」「どうしてそういう行為をしたのか」「どうしてそういう気持ちになったのか」について、その背後にある要因をできるだけ多く書き出す。そして、それらの要因をもたらす社会の課題へとつなげていく。

教員のデモンストレーションで方法を見たあとに、受講生は自分の体験にもどり、自分の体験の場面について自分でワークシートを記入したり（表4参照）、マップを作成してみる。

マップを作成するねらいは、その体験の一場面に登場するそれぞれの人や組織の関係性が相互的であったり、重層的であることへの気づきを促すことである。そして、登場人物の気持ちをもたらす「構造的な力」や「社会の課題」に気づくことが目指

される。この作業では正解があるわけでなく、学生が自分で想像力を広げて予想し、考えることが重要である。

### 5　第5回目の授業　「多面的な視点から社会の課題を発見する」

　この回では、「社会課題を発見する」というイメージを広げ、さらに発想を広げることを目指す。「もっとこんな課題もあるかもしれない」という新しい気づきが重要となる。方法は、グループワークであり、自分だけで発想した4回目よりもさらに多角的な視点から社会課題を発見し、より有機的な流れを持って体験とつなげていく作業となる。グループワークは3名で実施し、各々がそれまでの自分のマップ作成の作業状態を発表し、他の2人よりコメントやアドバイスをもらう時間となる。アドバイスの仕方としては、学生の段階によって、(1) まだ社会の課題がひとつも見つかっていない場合、(2) 社会の課題がひとつ見つかっている場合、(3) 社会の課題が複数見つかっている場合の3つのケースを想定し、それに応じて学生同士がコメントする。

　授業の後半には、代表学生がクラスに向けた発表を実施し、教員、TA、受講生によって発表学生によるさらなる課題の発見を支援する。その際、自分の体験から社会課題に有機的につなげたり、オリジナリティをもったストーリーを展開するというイメージがクラス全体で持てるようにする。

### 6　第6回目の授業　「最終語りにむけて『有機的なつながり』をつくる」

　翌週からの最終語り発表に向けて、この回ではモデル発表を再度視聴することで最終語りのイメージを確認する。そして、複数見つかっている社会課題について最終的に発表する社会課題を1つに絞り込み、自分の体験とその社会課題との有機的な流れをつくることを目指す。方法は、モデル語りを事

例に教員が「有機的なつながり」について解説し、最終語りの評価基準について説明する。

最終語りの評価基準についてはルーブリックの項目と同様になる。項目は5点で、(1) 自分および相手の気持ちを想像できているか、(2) 自分および相手の気持ちを「自分の言葉」で語れているか、(3) 体験からつながる社会の課題を発見できているか、(4) 体験からつながる社会の課題を「自分の言葉で語れているか、(5) 共感、感動があったか、論旨が明快だったか、身体表現(声、話し方、表情、姿勢、ジェスチャー)などの総合的インパクトの5点となる。

後半は、ワークシートを配布し、受講生はシートに記入しながら5分間の発表の構想を練りこむ。すでに、構想が出来上がっている学生については、自分の言葉についてさらに吟味し、語りにおいて凝縮された端的な言葉として表現できるように試みる。そして、最後に代表学生、1～2名がクラスに向けて語りの内容を発表し、自分の言葉や有機的なつながりという観点から教員やTAよりコメントやアドバイスを受ける。

## 7　第7回、第8回目の授業　「学生による語りとディスカッション」

最終の7回、8回は、最終語りとして授業の成果を発表する機会となる。この回では、受講生が他の受講生の最終語りを聞いて、他者の体験の言語化を聞くことで「体験と社会課題のつながり」に関する多様な思考過程を知る。そして、クラス全体の議論を通じて自らも他の受講生の語りの発表について建設的なコメントができるようになることを目指す。内容としては、発表する履修生の数を2回に分け、5分の発表、評価シートの記入、学生・教員・TAからのコメントというサイクルを繰り返す。最終語りに対するそれぞれのコメントについては、建設的かつ批判的なコメントを求め、発表者が気づけていなかった点を指摘する。

そして、8回目の受講生全員の発表のあとには、8回の授業を通した科目のふりかえりを行う。受講生が8回の授業に参加して自らがどれくらい力をつけたかについて1回目で行ったルーブリックを再度記入し、自分がどう変化したかをクラスで発表する。そして、最後には

TAや教員から8回で受講生が達成した事柄について評価し、クラス全体で共有する。

以上が8回の内容になるが、この内容と実際の教室での教員から学生への問いかけの方法や留意点などはガイドブックに詳細が記載されてある。また、各回では、標準化されたスライド資料やワークシートが準備されており、担当教員はすべて同じ教材を用いる。

## 五　授業者による実践方法論

この科目では1回につき90分間の全8回で構成されているが、8回のすべてが対話型・参加型授業となる。そのために授業者は各回を通じて多様な方法論を用いる。特に、以下の3つの方法は、受講生が主体的に授業に参加し、自ら学ぶ機会をつくるために全回を通じて何度も用いる方法である。

### 1　ペアやグループでの議論

受講生が二人一組のペアになって質問したり、グループでの議論は、相手の体験について相手に問いかける実践となる。ペアとなる相手の体験を想像し、相手のために質問する実践は相手の気づきを引きだすだけでなく自分へ問いかける方法を学ぶ意味がある。問いを考えるプロセスを通じて問う方法を学んだ学生は自分の体験についても同様に自問することで自身がその体験をふりかえることができるようになる。

また、グループワークは主に3人で行うが、自分では気づけない視点をより相対的にその他のメンバーのコメントより得ることができる。グループで議論することで視点が複数になり、2人のペアよりもさらに多角的に自分の体験の意味を深められる可能性がある。

### 2　代表学生によるクラス全体での発表

受講生1名が代表してクラス全体に対して自分で思考したプロセスを発表し、教員やその他の受講生からコメントやアドバイスを得る。その時間は、クラス全体に対して発表した受講生が自分だけでは気づけなかった新しい視点を得る時間となる。また、その他の受講生が代表学生の発表に対してなされる教員やTAからのコメントを聞くのは、各受講生たちが自分の体験に照らしてふりかえる方法を学ぶ機会ともなる。

### 3　受講生による最終の「語り」

「体験の言語化」授業は、自分の体験を第三者に語る言葉の力をつけることを目標としている。受講生が視覚情報に頼らない方法を用いることで語り手が公共性の高い自分の言葉を練り上げることになる。

一方で、語りの形式は、聴き手の側も言葉のみの情報に集中することになる。「誰かの語りをよりよいものにするためにはどうしたらいいか」という視点を持って聴く姿勢は、自分の最終語りをよりよくするためにはどうしたらいいかを発想する手がかりとなる。

これらの方法は、教員対学生という一方的に閉じた「教える、教えられる」関係ではなく、学生同士やTAを含めてクラス全体が相互に学びあう場をつくりだす。受講生が常に他者の存在を意識し、対話と関わりをつくるダイナミクスの中で自らの気づきを得たり、学びを深めるための工夫である。

## 六　考察と課題

以上のように本章では、WAVOCにおける学生ボランティア活動支援を基礎として開発され、実践されている「体験の言語化」科目の内容について

解説してきた。体験の言語化プロジェクトによって開発された科目の内容と方法論については、これまでの学生によるボランティア活動支援における教員によるふりかえりと学び実践の蓄積があり、さらに加えて多様な分野からの知見の応用があった。

2016年時点で、「体験の言語化」科目の授業者用ガイドブックは第3版として発行されており、その授業内容は標準化された方法として運用されている。一方で、授業内容は実践の蓄積や時代の変遷とともに常に深化しつづけるべきものであり、開発、実践に関わる教員たちは現在もその内容を洗練するべく議論を重ねている。

例えば、受講生に視聴させる「モデル事例」については、これまで何度か異なる事例が用いられてきた。モデル事例は「受講生たちにどういう目的を持ってその語りを見せたいのか」が常に問われる必要がある。今後の受講学生による具体事例の蓄積に伴ってさらなる検討が必要であろう。また、授業内容の細部に関しては毎回のワークシートも常に深化をしてきた。記載される内容は同様でもシート枠の構成等、細部とその背景には複数の教員による実践の結果と教員同士での議論の実績がある。今後もそれらの点については、開発の課題としてさらに検討を続けていく。

その他、科目の内容だけでなく、プロジェクトとしての今後の挑戦としては、体験の言語化プロジェクトは3年プロジェクトして「体験の言語化」科目を汎用性の高い8回のクオーター授業として開発し、実践するという成果を上げてきた。これは、早稲田大学のクオーター化の推進、及び、全学の学生が年間のどの時期にでも科目として受講できるという利便性を考慮した結果である。今後は、この科目提供の成果を基礎としつつ、体験の言語化プロジェクトとしてはもう少し短期間で実施できる科目内容や、すでに1回科目を受講した学生がさらに深めるための科目など、柔軟性が高い内容をさらに新しく開発する可能性もある。また、科目という形だけでなく、なんらかの共通体験を有するグループに向けたワークショップなど、実践の応用も展開できるかもしれない。

**参考文献**
兵藤智佳 (2012)「『言葉を紡ぎ、意味を見つける力』を育てる学生支援」大学教育学会誌34巻1号60-65
和栗百恵 (2010)「『ふりかえり』と学習―大学教育におけるふりかえり支援のために―」国立教育政策研究所紀要第139集85-100

# 第2章

## 「体験の言語化」科目の開発過程
――複数教員で展開するための標準化――

岩井雪乃

### 一　はじめに

「『体験の言語化』WASEDA モデル構築のための研究プロジェクト」（以下、プロジェクト）は、それまでのボランティア体験学生へのふりかえり支援で積み重ねた知見の蓄積をもとに、新しい科目を開発するプロジェクトとして2014年4月にスタートした。

　本章では、2016年現在の「体験の言語化」科目が、3年前の科目開発プロジェクト開始時点から、どのような過程を経て開発されてきたのかを明らかにする。本科目は、3年間の試行錯誤を経て、8回のクオーター科目として、あらゆる専門性の教員が教えられるように標準化された内容となっている（第3部第1章）。しかし、現在のデザインと内容に至るまでには、教員のみならず職員も含めた会議での長く激しい議論と、授業におけるトライ＆エラーの繰り返しがあった。筆者は、開発チームの一員として、プロジェクト立ち上げの段階からかかわっており、プロジェクトを計画・運営し、授業を実践する立場にあった。この視点から本章では、これまでどのような課題があり、それをどのように乗り越えてきたかを分析して報告する。

### 二　体験の言語化プロジェクトを始めた問題意識

　私たち WAVOC 教員が「体験の言語化」を始めた背景には、「ボランティア活動をした学生たちが、ボランティア体験を自分のものにできていない」という問題意識があった。ボランティア活動中は、現場の人たちや仲間とのかかわりの中で、学生たちが新しい価値観に出会い、互いにぶつかり合う。

そこには、「これからどのように生きたらいいのか」を考えるための貴重なヒントがたくさんちりばめられている。しかし、ボランティアを終えて日常生活にもどってくると、勉強・バイト・恋愛などで学生は忙しくなってしまい、せっかくボランティアで得たヒントを記憶の隅に追いやってしまうことがしばしば起こる。つまり、「ふりかえり」（第3部第1章）が足りない学生が、多くいることが目についた。もちろん、中には、自分でねばり強くふりかえり、経験をもとに成長し、これまでよりもステップアップして自分の人生を切り拓いていく学生もいる。しかし、それはどちらかといえば少数で、早稲田大学の中でも一部の学生に限られていた。

　ボランティア活動を、現場の方にとっても学生にとっても本当に意味あるものにするために、「ふりかえり」もボランティア活動の一環に組み込むべきである。そこで、私たちWAVOC教員は、さまざまな場面で学生にふりかえりを促してきた。現場に一緒に行った時、夜のミーティング、大学に帰ってきてからの会議、お茶を飲みながらの休憩時間など、あらゆる場面で「ふりかえり」をうながす問いかけを学生にしてきた。

　しかし、この「ボランティア体験学生に対するふりかえり」手法は、それぞれの教員がそれぞれの学生支援の経験値にもとづいて個人的に開発してきたものだった。教員同士の会議の際に報告し合うことで、「なんとなく」相互の手法を共有してきたものの、決して第三者に目に見える形で体系化されたものではなかった。

　そんな中でも私たちWAVOC教員に共通していたのは、このふりかえりに大きなやりがいと可能性を感じていた点だった。ふりかえりの中で学生が気づきを得て、それまでの自分の価値観の殻を打ち破って成長していく姿は、見守る教員の側にも大きな感動があった。ふりかえった末にでてきた学生の語りを聴いて、感動のあまり涙がでてしまうことがしばしばあった。

　そして2014年からは、この手法は「早稲田大学の内部はもちろん、外部にも発信していくべきものだ」との方針が決まり、プロジェクトとして「ふりかえり」を拡大して提供していくよう開発することとなった。つまり、ふりかえりの方法論を、ボランティアを越えて大学生のあらゆる体験に対応できるように開発し、その上で、より多くの学生が基礎科目として受講できるよ

う仕組みを構築していくことを目的として、本プロジェクトが立ち上がったのであった。

## 三　プロジェクトの始動

### 1　より多くの学生に機会を提供するために

こうして 2014 年 4 月から、「『体験の言語化』WASEDA モデル構築のための研究プロジェクト」が始まった。開始にあたって、より多くの学生に対して、体験をふりかえり言語化する機会を提供するには、どうしたらいいか検討した結果、以下の方針を定めた。

- 多くの履修機会を学生により提供するために、短期で終わるクオーター科目（8 回 1 単位）にすることで、開講クラスを増やす。
- 授業の中では一人一人の学生に対するきめ細かい支援が必要になるので、一クラスは 15 人の少人数制とする。
- このふりかえり手法は、これまではボランティア体験をした学生に限定してきたが、これをどんな体験についても掘り下げて思考できる手法へと改良を加え、すべての学生が履修できるようにする。
- 教える教員が増えれば開講クラスを増やすことができるので、誰でも教えられるように教授法を標準化し、「授業者用ガイドブック」で共有できるようにする。

以上の方針から、プロジェクトでは、①8 回で完結するふりかえり科目の開発、②授業者用ガイドブックの作成、が目的となった。

### 2　プロジェクトの実施体制

2014 年度のプロジェクト開始時の実施体制は、プロジェクトを推進するために雇用された准教授 2 名、従来からの WAVOC 事業を担う助教 4 名、職員 3 名の体制であった。開発の仕組みは、①准教授 2 名が授業デザインと授業者用ガイドブック（以下、ガイドブック）の原案を作成、②それを使って助教 4 名とともに 6 名の教員が授業を実践、③定例会議でフィードバックを准教授に返す、④さらに改良を加えていく、とした。そして、外部アドバイザー

として他大学の高等教育分野の専門家2名に入ってもらい、客観的な視点を取り入れて常に軌道修正していく体制をとった。また、早稲田大学内の多様な教員の知見を集約するために、他学部の教員を招いて研究会を開催したり、定例会議に参加してもらったりもした。

1年目の2014年度は、毎週会議を開催して、実践した教員からのフィードバックを集約した。2年目からは、授業内容がおおむね定まってきたので、クオーターに1回の会議とした。また、毎回の授業を録音し、必要に応じてその記録を参照しながら授業実践を確認したり、文字おこしができるようデータを蓄積した。アドバイザーとの会議は年に5～6回、他学部教員を含んだ研究会は年に2～3回開催した。

そして、蓄積したデータをもとに毎年4月にガイドブックの改訂版を作成した。これまでに2回の改訂をおこない、2016年現在はガイドブック第3版となっている。

## 四　科目開発過程での論点

### 1　授業デザインと教授法の開発における論点

私たちWAVOCのふりかえり手法の二大特色は、①心にひっかかった場面を起点とすることと、②「自分の体験と感情」と「社会の課題」をつなげて考察することにある。この特色は、これまでの「ボランティア体験学生に対するふりかえり」を支援する中ですでに開発されていた。そのため、本プロジェクトで「体験の言語化」科目を8回でデザインするにあたっては、

  第1回「授業の心構えと目標設定」
  第2～3回「体験と感情のふりかえり」
  第4～6回「社会課題につなげる」
  第7～8回「個人成果発表」

という構成はすぐに決定した。しかし、それぞれの回の内容に関しては、数多くのトライ＆エラーと議論があった。WAVOC教員個々人の中には、これまでのボランティア体験学生へのふりかり支援で蓄積された「暗黙知」が存

在する。それらの、教員の数だけある複数の支援手法の中から、どれがより良い手法かを精査して選び、それを「言語化」してガイドブックに記載する作業をしていったのだった。

　これは、「普段の無意識を意識化する行為」ともいうことができ、簡単なようで、いざやってみると難しい作業であった。准教授は、必死になって暗黙知を書き出してガイドブックを作成するのだが、それを使って実際に授業をした助教からは、不明瞭な点が次々と指摘される。「この部分はうまくいかなかった」「どうしたらいいのか？」といったコメント受けて、はじめて准教授は「ああ、この部分の言語化が足りていなかった」「ここは、説明を入れないとわからないポイントなのだ」と気づくのだった。このように、「自分の中の暗黙知を言語化する」作業は、一人では絶対にできない作業であり、何が書き出すべき暗黙知なのかを指摘してくれるメンバーが必要となる。プロジェクトで教職員がチームとなって取り組んだことで初めてできる、授業の開発および標準化のプロセスだったといえる。

　以下では、教員が共通して戸惑っていたパート、すなわち「学生にどう指示したらいいか？」「学生をどうサポートしたらいいか？」「どこまで教員がコメントしていいのか、あるいは言うべきではないのか？」といった、質問が多かったポイントについて、2つにしぼって報告したい。

### （1）感情を表現できない若者たち

　コース前半では、思考の起点となるひっかかり体験での「感情」を言葉にする。感情が激しく揺れ動いた場面は、それだけ本人に大きなインパクトを与えていることを意味し、その体験が社会課題とつながったときには、「自分と社会のつながり」を実感する効果が高い。そのために、第2回では「心にひっかかった場面を思い出し、その時の自分の感情を表現する」、第3回では「その場面での相手の感情を想像し表現する」と設定している。

　そして、自分一人で考えるだけではなく、外から刺激を与えてさらに多様な視点を獲得する仕掛けを授業内に取り入れている。それが、第2回ではペアワークであり、第3回ではロールプレイである。ペアワークでは、パートナーから問いかけられることによって、自分にはない視点から自分の感情をとらえることができる。ロールプレイでは、その場面での相手の感情を想像

するにあたって、頭で考えるだけではなく、体を使って演じて相手になりきることに挑戦する。

　そして、1年目に授業を実施してみると、現代の学生たちが「感情の表現」がいかに不得意か、あるいは、そもそも「やったことがない」「やる機会がなかった」という学生が多いことが明らかになった。例えば、状況説明に終始してしまい、その時に自分がどう感じたかを「つらかった」「悲しかった」などの感情の言葉では表現できなかったり、「なんで？と思いました」「やばい！と思いました」など感情を表す言葉になっていなかったりするのである。このように感情を表現できない現代の若者の背景分析は、別の機会にぜひしたいと思うが、とにかく、そんな彼らから、教員は感情の言葉を引き出さなければならない。そこで定例会議の際に、うまく感情の言葉を引き出せた事例、できなかった事例を報告してもらい、うまくいった場合の教員と学生のやりとりを授業録音データから書き起こし、授業者用ガイドブックに具体的事例として掲載していくことにした。

　教授法の事例を図1に示した。定例会議での教員間の議論で、感情を引き出す際の「問いかけのコツ」が明らかになっていったので、それを掲載したものである。うまく引き出せた教員は「どんな（怒りか）」「どんなふうに（不安か）」など、感情を多面的多層的にとらえて深く表現するよう問いかけていた。その一方で失敗した教員は、「なぜ（悲しかったのか）」「どうして（焦ったのか）」など、感情が生まれた背景情報を求める質問をしてしまっていたことが、授業実践の検討から明らかになった。

　教員の中には「感情」を「大学の授業であつかう」ことに抵抗を感じる先生もいた。これは、心理学やカウンセリング手法を学んだわけではない多くの大学教員にとって当然の不安といえるだろう。実際に、授業の中で「心にひっかかった場面」を思い出した時に、傷つき体験がフラッシュバックして泣き出してしまう子がでる場合もあった。このようなことを事前に防ぐよう「自己開示のためのガイドライン」を作成し、フラッシュバックしてしまった学生に対する対処方法とともにガイドブックに掲載することにした（第3部第1章）。このガイドラインに対しては、早稲田大学のカウンセラーの助言をうけている。

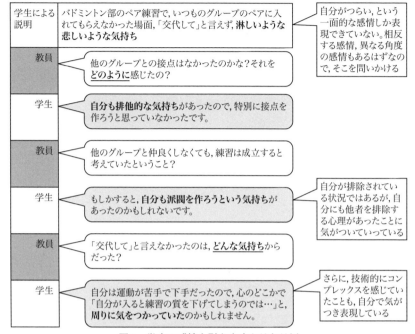

図1　学生の感情を引き出すやりとり例

### （2）「体験と感情」から「社会の課題」への発想を導く難しさ

　第2〜3回で体験と感情を表現すると、続く第4回では「社会の課題」を発見する作業になる。ここで大きな壁になるのが、「『社会の課題』とは何か？」の認識である。「社会の課題」という言葉から発想するものは、人によってさまざまである。学生に質問してみると、ニュースや新聞で取りあげられる時事問題から連想して、「児童虐待」「経済の悪化」「難民問題」などをあげたりする。しかし、これらの課題は、決して彼らの体験とつながったものではない。そのため、いわゆる社会課題に対して当事者意識をもてない場合が多く、「……という課題は知っているものの、それはどこかの誰かの問題で、自分には関係ない」と感じることになってしまう。

　この思考に変革を起こす試みが、本科目の特色となる。それまで「どこかの誰かの問題」だと考えていたことが、実は自分の体験とつながっているこ

122　第3部　科目「体験の言語化」の内容と開発プロセス

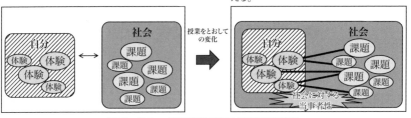

**図2　社会への当事者意識を獲得する過程**
「自己を社会に文脈化する」とも表現できる

とに気がつくと、その課題が「自分の問題」でもあることに気がつき、「自分も社会を構成する一部であり、社会を変える可能性をもつ存在」、すなわち「社会への当事者性」を獲得するのである。私たちはこれを「自己を社会に文脈化する」とも表現している（図2）。

　そこで、この科目では、「いわゆる社会課題」とは質的に異なる社会課題を発想することが求められる。しかし、その「質的に異なる社会課題とは、どんなものなのか？」を学生に伝える手法を確立するのが、非常に困難な点であった。学生一人ひとりの固有の体験から、本人が「つながりが腑に落ちる社会の課題」を発想することを支援することになる。これを支援するには、教員自身が、多様な学生の体験に共感するとともに、柔軟で幅広い発想力が必要となる。とはいえ、一人の教員の発想力に限界があるのも現実である。それぞれ異なる専門性に特化してきた大学教員であるため、得意な領域とそうでない領域はどうしても生まれてしまう。しかし、「どんな専門性の教員でもこの科目を教えられる」手法を確立していくことが、このプロジェクトの目的である。それに向かっての努力が始まった。

　手法の開発は、試行錯誤だった。学生に対して「では、社会の課題を発見してみよう」と言っても、学生は「？？？」となってしまい、何をどう言っていいのかわからずとまどってしまう場面を何度か経験した。そんな失敗を繰り返した後に、現在では、「教員から事例を見せる」→「自分で発想する」→

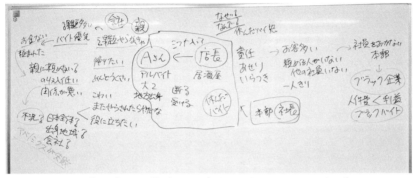

**図3 「体験」から「社会の課題」を発見するためのマッピング1**
教員によるデモンストレーション

**図4 「体験」から「社会の課題」を発見するためのマッピング2**
代表学生の発表を教員と履修生で意見を出し合いながら展開

「グループワークで協力して発想する」→「クラス全体で協力して発想する」を組み合わせて、第4～6回を進めている。

「教員から事例を見せる」（図3）、「クラス全体で協力して発想する」（図4）の方法では、この授業で求められる「社会の課題」とは何か、どうやって発想したらいいのか、をクラス全体で共有する意図がある。そこでは教員が、「……の課題を発見するとはいい視点ですね」「……という課題が発想できるんじゃないかな？」などと発言することで、学生に「社会の課題」イメージの共通認識をもたせることができる。そして、「グループワークで発想する」をとおして、自分以外の多様な視点を他の履修生から提供してもらい、思考

**表1 学生のつまずきパターンの分類**
(それぞれのパターンに応じた対応例をガイドブックに記載)

| 第2回、第3回「感情をふりかえる」でのつまずき | | |
|---|---|---|
| ケース①<br>気持ちの言葉になっていない学生 | パターン① | 状況の細かい分析をしてしまう |
| | パターン② | 気持ちの言葉になっていない |
| | パターン③ | 多面的ではなく、まとまった言葉にしてしまう |
| ケース②<br>気持ちを表現することに抵抗を感じている学生 | パターン① | 取り組む意味が理解できていない |
| | パターン② | 自分の気持ちにフォーカスできていない |
| 第4～第6回「社会の課題を見つける」でのつまずき | | |
| ケース①<br>「社会の課題」を発見できない学生 | パターン① | 大きな社会の課題に飛びついてしまう |
| | パターン② | そもそも、社会の課題を発想できない |
| ケース②<br>気持ちと社会の課題を結び付けられない学生 | パターン① | そもそも、気持ちを結びつけることの重要性が理解できていない |
| | パターン② | 課題が複数あって絞りこめない |

方法を広げるトレーニングをしていくのである。

　そして、2年間の教員会議での事例と実践の報告を蓄積するにつれて、学生がこの授業のどの回でどのようにつまずくのかが、ある程度分類できるようになった（表1）。これらの学生に教員がスムーズに対応できるように、最新版のガイドブック（2016年4月）には「それぞれのパターン学生の具体的な事例」「そうなってしまう要因の解説」「教員の対応事例」を記載した。そこには、学生にどのように助言したらいいか、その方向性と意義を解説しつつ、さらには図1のように、具体的な問いかけの事例も掲載した。これによって、初めて授業をおこなう教員でも、ガイドブックを見れば授業内での学生との対話イメージをもてるようにした。

## 2　授業者用ガイドブックへの記載方法の論点

　科目「体験の言語化」は、基礎科目として多くの学生が履修できる仕組みをつくることを狙っているため、この科目を教えられる教員は数が多い方がよい。そのため、心理学やコーチングなど特別な専門性をもっていなくても、どんな専門性の教員でも教えられる科目に作りあげることを目標に設定した。

専門性の異なる教員の間で共通認識を形成していくには、授業者用ガイドブックにどのように記載するかが重要になってくる。本プロジェクトのメンバーである WAVOC 教員 6 名は、まさに多岐にわたる専門家の集団で、ジェンダー学、環境社会学、農業経済学、国際開発学、演劇実践学などを専攻してきた。そんな教員たちが共通理解をもって授業ができるための記載が、ガイドブックには求められた。ガイドブックの記載内容について議論になった論点は数多くあるが、ここでは、その中でも重要な 3 点を紹介する。

（1）「体験の言語化」とは何か？

はじめに大きな論点となったのは、「この科目でいう『体験の言語化』とは、いったい何なのか？」という、もっとも根源的な問いだった。

「体験の言語化」は、「体験」と「言語化」の 2 つの語の組み合わせであるが、このうち「体験」の方は、説明しやすい。もともとはボランティア体験のみを対象としていたが、このプロジェクトの中では「あらゆる体験を対象とする」と設定したので、サークルでもアルバイトでも友人関係でも家族関係でも、ある日の電車の中でのできごとでも、何でもよいとしている。

問題は「言語化」のほうだった。「言語化」という言葉は、さまざまなアウトプット形態を含んでいる。口頭発表（プレゼン）なのか、論文やエッセイなど文章を書いて表現するのか、あるいは詩や俳句での表現もあるのではないか、という意見がでた。また、言葉を使うという意味では、演劇や歌は含まれないのか、「演劇の早稲田」としては含めるべきなのではないか、という意見もあった。そして、これをさらに広げたら、絵での表現や数式での表現はどうなのか、という発想も生まれてきて、あらゆる表現方法に拡大解釈することも可能であることが明らかになった。

体験を多様な方法で表現することはすばらしい挑戦であるので、ぜひとも学生に挑んでほしいところである。しかし、この科目は単位を付与するプログラムであるため、8 回の授業で一定のレベルに学生が達する必要があるし、学生のパフォーマンスに評価もつけなければならない。そのためには、一定の基準が必要になる。ここでまた議論し、試行錯誤した結果、この科目での「体験の言語化」の定義は表 2 のとおりとなった。

**表2　科目「体験の言語化」における「体験の言語化」の定義**

「体験の言語化」とは、本科目の教育目標である以下の「三つの力を身につけること」を総称する言葉である。
　　　　①体験を「自分の言葉」で語る力
　　　　②体験から社会の課題を発見する力
　　　　③体験を学びの意欲へつなげる力

　これと同時に、この科目のアウトプット形態にふさわしい表現方法を議論した結果、「語り」を採用することにした。「語り」とは、スライド投影による写真・文字・図、小道具などを使わないで、言葉のみで発表する形式である。なぜ「語り」にしたかというと、1年目に、スライドを用いた発表形式を実施した上での結論だった。スライドを使う発表にすると、学生はスライドを作成することに時間を割いてしまい、本科目の目的である「言葉にする」ことにこだわらない発表になってしまったのだった。そこで、視覚情報に頼らずに、「自分の言葉」を練りあげる作業をしてもらいたいという意図で、最終発表は5分間の「語り」とした。
　また、「語り」は、発表者と聴衆の相互関係が深まりやすい、という特徴がある。スライド等の資料があると、発表者と聴衆の双方がそちらを見てしまい、人として互いをみつめることがない。一方、そのような資料がないと互いに注視しあう空間となり、目と目を合わせて「伝えよう」「聞こう」という意識が高まる。他者との関係性をふりかえり、参加型の授業形態をとっている本科目の趣旨には、相互関係が深まる「語り」という発表形式がふさわしいと考えた。
　そして、これは決して「語り」以外の表現方法の重要性を否定するものではない。この科目ですべての表現を指導することはできないので、他の表現スキル（スライドを使ったプレゼンテーション、文章・ライティング、演劇等）は、その表現手法に特化した他の科目が早稲田大学にはあるので、そこで習得してほしいと考えている。

## （2） ルーブリックの開発：「3つの力」とは何か？

　本科目における「体験の言語化」の定義を、「教育目標である3つの力をつけること」としたが、すると次の段階として「『3つの力』とは何か？」という論点がでてくる。「3つの力」に使われている「自分の言葉」「社会の課題」「学びの意欲」などの言葉を聞いて、それぞれの教員が何かしらのイメージをもつだろう。しかし、それがバラバラの異なった内容では、同じ科目であるにもかかわらず、担当教員によって学生に対する評価結果が大きく異なることになってしまう。それは、同一科目である以上、なるべく教員間での評価の差が縮まることが好ましい。そのためには、授業を実施する複数教員の間で教育目標を共有し、同じ方向に学生を導いていく必要がある。つまり、「3つの力」が意味するものについて、共通認識をもつ必要がある。

　そこで、評価軸を具体化・見える化するために、ルーブリックを作成することにした。ルーブリックの作成経験のある外部アドバイザーに協力してもらいながら、3つの力として求めるものは何か、具体的な内容を徹底的に話し合い、文章にしていった。初年度は6項目の評価項目を4レベルで作成した。それを半年後に修正し、現在では5項目の評価項目4レベルとなっている（表3）。

　作成したルーブリックとガイドブックを用いて、プロジェクト開始1年目の授業実践を始めてみると、3つの力について教員間で認識が異なることが明らかになった。ある学生の発表事例を教員全員で評価をつけてみたところ、「自分の言葉で語れているかどうか」について、教員によって評価点が異なることが明らかになった。これがなぜ起こるかを分析したところ、「自分の言葉」の評価基準の中に、「自分だけの感性の言葉」と「公の他者が理解可能な表現」という、両立の困難な要素が入っているからだということが明らかになった（表3）。「自分だけの感性の言葉」は、その人だけの特有の表現であるが故に、発表における説明が不十分だと、その意味が聴衆に伝わらない可能性がでてきてしまう。つまり「公の他者が理解可能な表現」である必要がある。しかし、簡単に理解されやすい言葉というのは、すでに日常的に用いられており、発表者のオリジナリティや独創性から生まれた言葉とはとらえられず、よくある陳腐な表現と聞こえてしまう可能性も高い。この二つの両立困難な評価

128　第3部　科目「体験の言語化」の内容と開発プロセス

表3　教員間・教員学生間で評価軸を共有するためのルーブリック

| | 評価観点 | レベル1 | レベル2 | レベル3 | レベル4 |
|---|---|---|---|---|---|
| 1-1 | 自分および相手の気もちを想像できるか | ひっかかり感じるが、それがどのような気もちなのか表現できない | そのときの自分および接した相手の気もちがどのようなのかは想像できるが、多面的・多層的ではない | そのときの自分の気持ちが多面的・多層的に想像できる。しかし、相手の気持ちは一つしか想像できない | そのときの自分および接した相手の気持ちが多面的・多層的に想像できる |
| 1-2 | 「自分の言葉」で語れるか | 表面的で借り物の一般的な言葉でしか表現できていない。漠然とした表現しかできていない | 「自分の中で一度咀嚼した表現」「自分だけの感性の言葉」で表現できる。しかし、公の他者が理解可能な表現になっていない | 公の他者が理解可能な表現ができる。「自分の中で一度咀嚼した感性の言葉」で表現できる。しかし、凝縮された端的な表現になっていない | 公の他者が理解可能な表現ができる。「自分だけの感性の言葉」で表現できる。凝縮された端的な表現になっている |
| 2-1 | 体験からつながる社会の課題を発見できるか | 何のことを言っているのかわからない。体験と社会課題が見いだせていない | 体験から社会課題が発見できている。しかし、まだ漠然としている。また、論理が大きく飛躍してつながっていない | 体験から社会課題が発見できている。しかし、体験と社会課題のつながりが断片的である | 体験から社会課題が発見できている。体験と社会課題のつながりが、有機的な流れをもっている |
| 2-2 | 「自分の言葉」で語れるか | 表面的で借り物の一般的な言葉でしか表現できていない。漠然とした表現しかできていない | 「自分の中で一度咀嚼した表現」「自分だけの感性の言葉」で表現できる。しかし、公の他者が理解可能な表現になっていない | 公の他者が理解可能な表現ができる。「自分だけの感性の言葉」で表現できる。しかし、凝縮された端的な表現になっていない。体験と社会課題を語る際に、自分の発想に十分に表れていない | 公の他者が理解可能な表現ができる。「自分だけの感性の言葉」で表現できる。凝縮された端的な表現とそのつながりになっている。体験と社会課題の発想から、自分なりの発想で語れる |
| 3 | 体験が学びの意欲へつながっているか | 体験を経て「知りたいこと」がない。体験を経て「知りたいこと」がわからない | 体験を経て「知りたいこと」が漠然とある。しかし、何をしたらいいかわからない | 体験を経て「知りたいこと」がある。それに対して何をするべきかわかっている。しかし、何もしていない | 体験を経て「知りたいこと」がある。それに対して何をするべきかわかっている。資料（文献・WEBなど）を調べ始めている |

基準に対して、各教員がどちらに重きを置くかによって、評価結果に差がでたのであった。

　この問題をどうするか議論した結果、この2つの評価基準はどちらも「自分の言葉」に必要な要素であるが、どちらかというと「自分だけの感性の言葉」を紡ぎだすことがこの科目では重要視されていることを、教員間で確認した。そして、異なる教員間で評価を完全に一致させることは困難であるが、定例会議での発表事例の共有と議論を通じて、なるべく評価のブレ幅が狭くなるよう努力していくことにした。同様な議論が「社会の課題を発見する」「学びの意欲につなげる」に関してもなされた上で、現在のルーブリックに辿りついている。

### （3）　教員の専門知の使い方

　本科目では、学生自身による発想と「どういう言葉や表現がいいのか」を試行錯誤する過程、すなわち「自分の言葉」をつむぎだす過程を尊重している。そのような授業での教員は、「言葉を与える」のではなく、多様な問いかけをして学生の言葉を引き出す努力をし、彼らが自分で言葉を見つけるのを待つ姿勢が求められる（第3部第1章）。そのため、この科目を担当する教員は、学生の体験につながる社会の課題に対して自分のもつ専門知識をどこまで出すか、出さないかを葛藤することになる。プロジェクトを開始した1年目の授業では、その境目の判断が難しく、「それは、貧困が背景にありますね」「……の農業政策の影響だと考えられます」「文化相対主義と普遍的人権の対立ですね」など、専門知や抽象概念の言葉を提示することもあった。

　これをどのように考えて標準化できるか、授業での試行錯誤と会議での議論で検討した結果、「チラ見せ」するのがベストだという方針に至った。「チラ見せ」とは、複数発想できる社会課題のうちの1つとして教員案も提示しつつ、決して押しつけにならないように、学生が自分で咀嚼して考える余韻を残すような助言方法である。例えば、「他にも……からは、都市と地方の格差の問題も考えられるかもしれませんね。自分でさらに調べてみてください」といった発言である。教員がもっている専門的知見から見えるものを、まったく学生に共有しないのももったいないことであるので、教員の知識をチラ見せし、それをヒントに、学生がさらなる気づきを得てくれることが期待さ

れる。

　このような教員の対応方針は、ガイドブックには表4のように記述している。

**表4　現在のガイドブックにおける教員の専門知の出し方に関する記述**

> 　学生に視点やアイディアを提供する上では、教員の持つ「専門知識」「専門知の枠組み」にひっぱれる傾向があることを自分で意識し自覚する。学生の気づきを「貧困」「格差」「規範」など概念の言葉でまとめたくなるが、できるだけ、「学生の言葉」を尊重する努力をする。学生の発想を教員もまた多様に広げる努力をし、一人ひとりの学生の体験と社会との結びつきに関する独自の発想を尊重する姿勢を持つ。
> 　ただし、自分の専門に引きつけて社会の課題を提示できる場合は、いくつかの課題を提示してもよい。

## 五　まとめ——教職員チームで議論して洗練させた教育手法——

　以上、本章では、授業内容の開発過程およびガイドブックに記載する内容の洗練化の過程で、どのような論点があり、それをどのようにまとめていったかを記述してきた。

　こうして開発過程をふりかえると、本プロジェクトがここまでの成果をあげられた要因は、①教員6名と職員3名がチームになってこの科目を実践し手法を議論する体制、②それを客観的に軌道修正してくれる外部アドバイザーや他学部の教員と連携する体制、にあったといえるだろう。専門性も教員歴も異なる教員が毎週集まって、喧々諤々の議論を交わせたことは、たいへん貴重な時間だった。実際の会議では、先生方からの批判的指摘に落ち込んだり、複雑で高い要望にどう応えていくか頭を抱えたりもしたが、このように率直に言い合える場をもつことができたこと自体が、このプロジェクトの貴重な成果だといえる。「この授業を知らない先生でも教えられるガイドブックを作る」ためには、多様な視点の意見を集め、そこから取捨選択や統合をしていく作業が必要になる。それを実現することができ、そのおかげで

現在のガイドブックのレベルに達することができたのである。
　定例会議の議論では、ここに記載した以外の論点も多数あがっていた。例えば、3つの力の1つである「学びの意欲」の定義について、「社会の課題」の抽象度の基準について、ガイドブックの中で使う言葉の統一について、「学生の成長」の評価方法について、などがあった。本章では紹介しきれなかったが、どの論点においても、現代の高等教育が抱える課題が関わっており、深い議論があった。特に、本科目を経ての学生の成長をどう評価できるのかは、現在でも引き続き大きなテーマとして取り組んでいる。
　「ボランティア活動のふりかり」から始まった体験の言語化であるが、現在は、「あらゆる体験に対応したクオーター科目」として一定の標準化を果たすことができた。今後も不断の改良と進化をとげつつ、さらなる発展の方向を模索し続けたい。

# 第3章

# 感情を気づきの起点として、体験を言語化する

秋 吉　恵

## 一　「体験の言語化」科目で取り上げられる体験

「体験の言語化」科目におけるふりかえりの特徴に、この科目で学生が選ぶ各人の体験が、直近のできごとよりも、数か月、数年の時を経ても、心にひっかかり続けた体験であることが挙げられる。この特徴に潜むふりかえりの難しさを乗り越えるのみならず、逆に気づきへの起点として活用し考察を促す手法として、心にひっかかった体験が起きた時の感情を思い出し想像するワークがある。

### 1　事実確認で主体性を生み出す——国際協力分野からの応用

　事実質問を重ねることで、自分の課題や、家族・集落の課題に気づき、問題解決のための主体的な行動を促すことができる（中田・和田　2010）。これは、私が専門とする途上国開発の現場で、住民と対話する中で住民自身が自らの暮らしや生き方、集落のあり方を変えるために重要な、ファシリテーション手法だ。問題を尋ねるのではなく、日々の暮らしに関する事実を確認していく。それによって、その事実を口にする住民自身が、なんらかの思い込みによって、自分や周囲のできることに制限を加え、自らが課題を作り出していることに気がつく。

　支援の対象となる人々に、彼らが抱えている「問題は何ですか？」「それはなぜですか？」と尋ねると、彼らは自分が問題だと考えていることを伝え、その問題を伝えた相手が解決してくれることを期待する。そのとき、その問題は相手が解決してくれる問題で、自分で解決する問題ではなくなることが多々ある。一方、支援対象となる人々の持ち物や食べ物など身近な事実を尋

ねる事実質問を繰り返す中で、彼ら自身が、自分が暮らしていく上での問題点に気がつく。そのとき彼らはその問題を自分の力でなんとかしようと努力し始める。途上国の人々が自らの暮らしを改善する主体となるためのこのファシリテーション手法は、学生にも有効だ。私は現場での経験とアドバイスで得た、この自ら問題に取り組む姿勢を生むファシリテーション手法を、ボランティアサークルの支援や国内外農村での実習科目で活用してきた。ボランティアの活動地での不本意なできごと、実習地で感じた違和感。学生との対話の中で、彼らが感じたひっかかりについて事実質問を重ねるだけで、彼らは自分の思い込みに気づき、軌道を修正していく。

## 2 「体験の言語化」科目でふりかえる体験

　ボランティアに参加した学生に対するふりかえり「体験の言語化」科目が始まった時では有効だった事実質問が、この科目では一部の学生以外には使えないことに戸惑った。「ボランティア体験学生に対するふりかえり」と「体験の言語化」科目。このふたつを比較するとき、その最大の変化は、ふりかえる体験と今との時間間隔だ。ボランティア体験に焦点を絞ったふりかえりから、社会と関わるあらゆる体験を対象とするふりかえり。事実質問を使えなくしていたのは、体験の内容というよりも、体験をしてからふりかえりまでに経過した時間の長さだった。

　「体験の言語化」科目において、学生がとりあげる体験は、大学生になって活動したボランティアのこともあれば、高校の部活でのできごと、中学校の先生とのやりとりなど。体験からふりかえりまでに経過した時間は数週間から数年までさまざまだ。事実質問が利用できない体験には、以下２つの特徴があった。１つには、履修生が選んだ違和感を感じた体験が、過去のできごとであるため、時間が経っていて詳細な事実を覚えていない場合が多いこと。ふたつには、その体験が、違和感を感じたまま記憶にしまいこみ時間がたったために、記憶している事実そのものが脚色されていること。

　ボランティアサークルや体験型授業における体験の言語化では、教員と複数の学生が、同じ場面を、違う視点で見て、違う感情を抱く。多様な視点が捉えた体験の場面と、自分が感じた体験の場面との違いを認識しながら、そ

う感じた自分を形作ってきたそれまでの経験についてまで、踏み込んで言語化していくことなる。一方、「体験の言語化」科目では、履修生それぞれが自らの過去の体験を思い出し、体験から社会の課題を発見するプロセスを言語化する。この授業では、履修生も教員も、それぞれが振り返ろうとしている体験を共有しているわけではない。体験した時点から時間がたてばたつほど、その体験はその人の記憶の中で変化していく。

　例えば、Aが高校2年生の時に違和感を感じた同級生との会話を、体験としてふりかえろうとしたとする。彼女が3年前に交わした会話や相手の表情を正確に思い出すことは不可能だ。そこでふりかえる体験は、その会話から得た自分の違和感によって、3年間かけて脚色された会話と表情にならざるをえない。授業でその体験を聞く履修仲間も教員も、会話の場にいたわけではないから、体験の脚色を正すことはできない。このとき、Aは3年間かけて脚色してきた体験と向きあい、そう脚色した自分を形作ってきたそれまでの経験について踏み込んで言語化していくことになる。

## 二　体験をふりかえる

### 1　リフレクション・プロセスの起点

　秋吉、河井は、海外実習を伴うサービスラーニング科目におけるリフレクション・プロセスが、【経験】【感情】【気づき】【考察】と進むことを示した（秋吉・河井 2016）。実習の現場におけるふりかえりでは、事前学習を経て問題意識として取り上げた【知識】が実習での【経験】とそこでわき上がった【感情】を経て【気づき】をもたらし、実習中もしくは帰国後により深い【考察】に至る。学生によってはさらに【考察】を踏まえた行動をも引き起こす。そのために重要であったのは、学生自身が【経験】からわき上がる【感情】を変容の起点として、学生自身のそれまでの人生における経験、個人的な経験と関連づけられるかどうかであった。

　例えばBは自分が東京の大学に行く上で被った困難を支援してくれた祖母と同様の困難を目の前で語るインド農村女性に親近感を持ち、涙が止まらなかった。このように実習の現場で、自らの個人的な経験にさかのぼり【感

情】が動いた学生は、その場で【感情】を変容の起点とした【気づき】のリフレクション・プロセスがおこる。その中で、インド農村で起きていることを他人ごとではなく自分ごとに転化し、自分自身と関連づけた【気づき】に至り【考察】へと進むことができたと考えられる（秋吉・河井　2016　p102）。

　Bが村の女性と話した日の夜、私はBに対して、その女性との対話の場面について、「何時頃に、どこで話したのか。そこには他に誰がいたのか、その時あなたは誰に何を言ったか／何をしたのか、その女性はあなたに何を言ったか／その人は何をしていたか」尋ねた。そこで、その女性が、弟たちのために学校進学を諦めたことをBが繰り返し口にすることから、Bに弟がいるのかと聞いた。Bは自分は一人っ子だが、祖母には弟がいたことを口にし、祖母が学校進学を諦めた経緯を語り始めた。さらに、Bに祖母とは小さいころから一緒に住んでいたのかを尋ねたところ、Bの東京への進学に消極的な両親を祖母が説得してくれた事実に気がついた。

　つまり、その場面に関わる事実を尋ねることで、その場面で彼女が強い印象を受けた会話があぶり出され、その会話に出てきたキーワード（弟）に関わるBの事実を聞くことで、B自身が、なぜその出来事でこの感情が湧き上がったのか、理由に気がついていく。その際、ふりかえりの場にいた他のメンバーは「途上国ではよくあると聞いた」「弟に譲るなんて偉いと思った」など違う感情を持ったことを知り、女性の話によって湧き上がった感情が自分独自の感情だったこと、そしてそれが自分の過去の経験がもたらしたものだったことを突き止めていった。さらに、農村女性と祖母、そしてB自身が直面した、時間と空間をまたいで存在する、女性に進学を諦めさせようとする力、それを社会の課題と捉え、それに対して女性が主体的に考え行動することが解決につながると、自ら考え行動し始めた。このことから、自ら考え主体的に行動する上で、感情は重要な意味を持つことがわかる。

## 2　「体験の言語化」科目でのリフレクション・プロセス

　実習の現場で行われるふりかえりと異なり、体験したその時に【感情】を変容の起点として起きた【気づき】のリフレクション・プロセスを言語化する機会がなかった体験において【気づき】を促すには、事実質問よりも自分

や相手の感情を思い出す、想像することが有用であった。それは、経験した時に感じた感情がより増幅された形で経験に関わる記憶に反映されているからだ。自分と相手に生まれた多様な感情を想像することで、さらに、教員や履修生から、心にひっかかる体験とその時生まれた感情について第三者的な観点から意見をもらうことによって、自分が体験を記憶の中で脚色してきたことに気がつけるからだ。「体験の言語化」科目で学生たちが取り上げる、時間が経っても忘れ得ない違和感は強力な【気づき】の起点になり、【気づき】から【考察】へのリフレクション・プロセスをもたらすと考えられる。

　例えばCは、中学3年生の時に先生が示した冷たい態度が心にひっかかったまま大学生になり、「体験の言語化」科目でその体験を振り返った。当初、Cは、自分の事情・背景を、成績はよいがしばしば口答えをしていたことから先生に可愛がられるタイプではなく、そのことが先生の態度に反映していたと考えていた。冷たい態度を取られた時の自分の気持ちを、強い怒りで表現していたCは、その時それ以外に感じていた気持ちがなかったか問われ、時間をかけて想像し、徐々に怒りの裏に見え隠れしていた寂しさ、やるせなさを表現し始めた。また最初は、その時の先生の気持ちを、生意気だ、気に入らない、無視しよう、といった負の感情でのみ表現していたが、まさにその時点に教室で起きていた事実を正確には思い出せないまでも、季節的に受験の前後で、先生にも余裕がなかったこと、心配りをしなければならない複数のクラスメートがいたのかもしれないと想像を広げていった。

　さらに、Cは自らの寂しさ、やるせなさから、その先生が顧問を務める部活を、志半ばで退部しなければならなかった2年生の夏のできごとを思い出した。「体験の言語化」科目で取り上げた体験は、感情の面では、それ以前に経験した退部という体験を想起させ、そしてその退部という事態を生んだ自分自身の事情・背景に気づかせた。その上で、自らの心にひっかかった体験が、中学の運動部における集団行動の圧力、受験を優先する圧力をもたらす学歴偏重、などの社会の問題とつながっていると考察を深めていった。

　Cは授業で取り上げた体験を、違和感を感じてから6年間、ふと思い出してはイラっとすることで、自分が強い怒りを覚えた体験として記憶を脚色していた。しかし、ふりかえりの中で同時に覚えた感情として、正反対の寂し

さ、やるせなさを想像した。寂しさ、やるせなさが不本意な退部という過去の嫌な体験と関係しているからこそ、その感情を押し殺して、怒りを全面に押出した形で記憶を脚色してきたことを、C自身が自覚したと考えられる。

## 三　脚色された体験を【感情】を起点にふりかえる

「体験の言語化」科目では、体験からふりかえりまでに経過した時間は数週間から数年までさまざまで、体験から時間が経ち詳細な事実を覚えていない上、違和感によって記憶している事実そのものが脚色されている。そのため、体験実習科目やボランティアサークルのように、現場と教室とを同時期に行き来し、活動と学習を往還させるふりかえり手法とは異なるインストラクションが必要であった。その新たな手法としては、違和感を感じた体験における、自分と相手の感情を多面的にふりかえるインストラクションが有効である。特に違和感など負の感情によって脚色された体験をふりかえり、記憶の中に強く表出している感情とは異なる感情を見出せた時、脚色してきた自分自身の事情や背景を自覚することで、その学生だからこそ見いだせる社会の課題につなげていける可能性が示唆された。

　活動と学習を統合させるサービスラーニングでは、サンドイッチ型のプログラム設計（事前学習・活動体験・事後学習）に飽き足らず、教室と現場の連携をより強くし、活動と学習が常に同時に取り組まれるパートナーシップ型が試行されている。ここでは、まず活動に取り組むことで体験し、そのふりかえりによって表出した問題意識に沿って、学習活動を学生と教員が共に組み立てることが重要だとされる。「体験の言語化」科目においては、このサービスラーニングにおけるパートナーシップ型のプログラム設計における最初の経験を、大学教育の枠組みを超えた学生個々人の体験とした。デューイは「思考と呼ばれる発展的経験の最初の段階は経験である」と述べ、その体験学習の循環過程を示したEIAHE'プロセス（Experience-Identify-Analyze-Hypothesize-Experience）においても、その最初に来るのは「E＝経験」である（津村・山口編、2005）。こうした経験学習論に立脚すれば、「体験の言語化」科目が挑戦する、体験を先行し、その言語化を目指したふりかえりを通じて得た問題意識に

沿って、その後の専門教育における学習活動を学生が教員と共に組み立てることに意義があることは明らかであろう。

**参考文献**
和田信明・中田豊一『途上国の人々との話し方―国際協力メタファシリテーション―』（2010、みずのわ出版）
秋吉恵・河井亨「大学生のリフレクション・プロセスの探求―サービスラーニング科目における検討―」名古屋大学高等教育研究16号（2016）86-117頁
津村俊充・山口真人編　『人間関係トレーニング［第2版］』（2005、ナカニシヤ出版）

# 第4章

## 「社会の課題」への接続に関する実態と課題

加 藤 基 樹

### 一　はじめに

　「体験の言語化」科目（以下、同科目）の1つの大きな特徴は、学生が自らの体験を「社会の課題」と接続させて言語化するという点にある。このことは、同科目が「自らの体験がどのような社会の課題によるものか、関連しているのか」という分析と、それを聴衆である他の受講者にどのように伝えるかという言語化を大きな要素としていることによっている。本稿ではこのうち前者に着目し、受講者が自らの体験を「社会の課題」に接続させる分析作業の実態と課題について論じることとしたい。

　本書の各所で述べられているように、同科目は8回完結で1単位というクオーター科目であるが、これは従前、実施してきた「ボランティア体験学生に対するふりかえり」が下敷きになっていた。それは、ボランティア活動の中で「心にモヤモヤを感じた体験」に見られる「社会の課題」を分析し、これを言語化して発表するというものであった。

　ボランティア活動における体験を「社会の課題」との関連でふりかえるように限定したのは、そうしなければ、自らが感じたモヤモヤの正体を当事者（自分や相手）の内的な要因に求める分析がほとんどになってしまうことが危惧されたからである。たとえば、自分の認識が間違っていたからとか、相手の配慮が足りなかったからという内的要因であり、さらにいえば、人の役に立てれば、子どもたちの笑顔が見られるならば、と自分の気持ちの中で思考停止した上で体験を言語化してしまうというものである。そうではなく、受講者には広く社会に目を向けた分析をしてもらうために、「社会の課題」への接続が課されることになった。

つまり、「ボランティア体験学生に対するふりかえり」において、学生が作業をする中で「社会の課題」に接続させる方法論の原型が確立され、これが現在の「体験の言語化」に引き継がれていったのであるが、ここで予期しなかった効果をもたらすこととなった。それはシラバスの到達目標の③にあるように、「体験を学びの意欲へつなげる力」の養成を到達点とすることができるようになったことである。分析者の内面ということで話を終わらせるのではなく、到達した社会の課題に興味を持つことで、結果として受講者の体験が学びの意欲へとつながるように設定できたのである。

そして、最終発表である「語り」を聞き、ディスカッションすることで、他の受講者にもその社会の課題を意識させることになった。これは科目がグローバルエデュケーションセンター設置ということで、全学部全学年の学生に開放されていることから多方面での社会の課題が提示されやすく、非常に大きな意味をもつことであると思われる。

## 二　社会の課題への接続で直面する問題

このように「ボランティア体験学生に対するふりかえり」での「社会の課題」への接続というのは、どちらかといえば分析者の内面に話を終わらせないための配慮であったため、「社会の課題」という言葉を厳密に定義することはしていなかった。しかし同科目において、分析対象となる体験がボランティア活動に限定されなくなったことによって、「社会の課題」の定義が必要となった。受講学生もここでの「課題」の意味が「解決しなければならない問題」(『大辞林　第3版』)であることに疑問をもたないが、ここに「社会の」がつくことによってやや難しく感じられることがあったようである。それこそ「社会」とは多義であり、それぞれに思い浮かべる社会というものが違っていてもおかしくない。

大学のサークルやアルバイト先なども社会であるといえるし、文字通りの地域社会や日本、アジア、世界を社会と捉えることも可能である。そこで、その場面に登場する「当事者だけでは解決できない社会の構造的な問題」を同科目における「社会」の課題と定義すると説明した。

「社会の課題」に接続させる具体的な分析手法は、第3部第1章で述べられている通りだが、当然、この手法によって分析しなくても明らかである課題は、同科目における発表の対象外である。たとえば、アルバイト先で先輩から理不尽な扱いを受けたことについて、社会の課題としてパワーハラスメントを提示するのは、この手法によって分析しなくても明らかであるからである。もちろん、分析の結果、他の課題が提示できればそれは言語化、発表の対象である。

同科目を設置した初期の頃には、この例で言えば、「どのようにしたらパワーハラスメントを受けたことをうまく言語化することができるか」と言語化のテクニックの習得を目的に受講を希望した学生がいた。シラバスを読めばこのような期待には応えられないことは明らかであるが、「体験の言語化」という科目名の響きからそのような誤解が生じたと考えられる。現在ではシラバスに補足説明として、「履修前からあなたがもっている主義主張に、説得力をもたせるための授業ではありません」と記述することでその対応としている。

さて、ここで検討するのは、同科目がグローバルエデュケーションセンターに設置されており、全学部全学年の学生を受講の対象としている点である。すなわち、専攻も学年も違うということであり、このことから、「社会の課題」への接続を考える上での問題について、本稿では3点について述べたい。

第一に、学部と学年が限定されないということは、学生個々のもつ知識の方面、幅と分量に大きな差があり、したがって、それぞれが発想する社会の課題にも違いが出てくるということである。これはとても重要な点で、例えば学部のゼミナールでは、原則として学年は同一であろうし、専門分野についての知識や理解は少なくともゼミ生の最低ラインが想定できる。しかし、同科目では仮に同じ体験をしていたとしても、分析段階で知識の方面と分量に差があることによって、異なった分析結果、それゆえ、異なった言語化へと行き着くことになる。

受講学生は必ずしも自分の専攻分野の関連から分析をするわけではないが、大学生として、しかも上級生になるほどに、専門分野からの分析は深みを持つことになり、逆に、これは他分野、他学年の受講学生にとって未知、

あるいは、なじみのない課題として提出される。

　ここには、他の受講者の発表を聞くことによって世界を広げることのできるメリットと、分析段階で専門分野の共通言語を持たないことのデメリットが共存する。そして、このデメリットへの対応として必要なのは、発表に対するディスカッションによって言語化された社会の課題を共有する時間である。この時間が不足すると、聞き手にとってなじみのない発表内容については消化できないまま発表が終わってしまうことが危惧される。現在、同科目の定員は15名となっており、年度や学期によるが、おそらく平均すると12～13名が2回の授業で発表をしている。つまり、90分の授業中に6～7名が発表をして、それぞれについて十分なディスカッションの時間が確保するのは非常に難しい。したがって、授業回数を増やすことが見込めない場合には、受講定員を12名、できれば10名に絞り込むことが1つの対応となるであろう。

　第二に、上記を逆からみた話であるが、特に、低学年や社会の課題に対する意識が高くない履修学生の分析はどうしても浅く、ありきたりのものとなってしまうことである。たとえば、分析の結果、貧困が根本の問題であり、社会の課題として日本の社会保障制度に行き着いたとする。その分析自体が正しいと認められる場合であっても、「日本の社会保障制度の不備が課題である」という結論は、非常に浅く説得力に欠ける。これが社会保障制度にある程度の知識のある学生であれば、「日本の社会保障制度のこの点がこのように不備であることが社会の課題である」という点にまで踏み込むことができ、その後の言語化にもこれが反映される。このように受講学生に知識があるほど分析手法としても非常に有効であることがわかるのであるが、そうでない学生への対応としては、第5回目、第6回目の授業で教員が適切なアドバイスをすることである。しかし、やはり時間不足である感は否めないため、前記のように到達目標である「体験を学びの意欲へつなげる力」に誘導するのが現状では効果的であると考えられる。

　第三に、指導する側である教員の専門分野の問題である。述べたように、同科目は「自らの体験がどのような社会の課題によるものか、関連しているのか」という分析と、それを聴衆である他の受講者にどのように伝えるかと

いう言語化を大きな要素としており、教員にはその両方を指導する能力が求められる。ここで前者に絞って検討すると、分析に関する指導は、第5回、第6回の作成段階と、第7回、第8回のディスカッション・講評段階での対応となるが、この指導は受講学生の場合と同様に、教員のもつ知識の幅と分量に大きく左右されるものと考えられる。これはやむを得ないことであるが、作成段階での個別のアドバイスでは、どうしても教員の専門分野に重心がかかってしまうことがあり、専門分野以外については、よく言えば汎用的、悪く言えばありきたりなものなりがちである。講評段階でも基本的に同様であり、「体験を学びの意欲へつなげる力」に誘導できる指導に近づける必要があるだろう。

実例をあげると、筆者の専門分野は経済学であるが、以前、ナショナリズムについての課題を発表した学生に対して、ベネディクト・アンダーソンの『想像の共同体』を紹介して説明したことがあった。いつでもこの水準の指導ができれば、教員側としても、同科目の到達目標に近づけることができるものと考える。

## 三　おわりに

大学教育においてアクティブラーニングの重要性が指摘されるにもかかわらず、これがそれほど広がらないのは、担当できる能力をもつ教員の数の問題だけでなく、学生側のスタンスにも一因があるとされる。たとえば、学生にとって負担の大きいアクティブラーニングよりも、単位の取りやすい（いわゆる「楽単」の）科目の方に需要があるというのである[1]。

同科目の場合、履修登録をする時点で、それなりの意気込みと覚悟をもっているにもかかわらず、8回で完結する同科目では授業1回あたりの内容が濃いため、1回の欠席によって授業の進行から脱落する、あるいは、脱落のきっかけとなる例がある。その意味では、今後、多くの学生が「気軽に」履修するには、いくつかの課題があるということになろう。

同科目の難しさについてもう1点を指摘しておく。それは、学生にとって、基本的に「アイデア一発勝負」で対応できるという点である。

これも実例をあげるが、ある学生の「語り」の発表は、教員から見ても、他の受講生から見ても評価が高かった。何よりも適切な「社会の課題」が分析、提示されており、全体の構成もうまくできていた。しかし、ディスカッションにおいて本人はあまりよい表情をしていなかったので、その理由をたずねると「これは先生（筆者）のアイデアだから」ということであった。つまり、直前の第6回時点では、「社会の課題」の分析が不十分であり、文脈もできていなかったが、そこでの筆者のアドバイスがピタリとはまり、それを元に発表を作成したら評価が高かったというのである。だから、自分の力ではなく、その評価が高くても特に達成感はなく、別にうれしくない、ということであった。

　教員側はそのことを前提に、履修学生がこの分析手法を会得し、その後にも活用できるように誘導すべきであるが、さらに話をすすめれば、同科目の発展編のような授業があればよいと考える。これは履修を終えた学生が、発表を持ち寄って、内容についてディスカッションをし、さらに、この分析手法を用いて、納得のいく発表を作成する科目である。同科目は本学のクオーター科目化の先駆けとして、8回で完結することをいわば前提条件として設置されたが、さらに8回の発展編科目が設置されてもなんら差し支えないはずである。これによって、学生が「社会の課題」への意識とその後にある学習への意欲につながると考えてよいだろう。

[1] 松下佳代（2015）『ディープ・アクティブラーニング』（勁草書房）3頁。

# 第 5 章

## 他者を鏡に省察を促すロールプレイの用法

石野由香里

### 一　はじめに

　省察＝reflection の語源である reflect には反射するという意味がある。自己を反射するものとして連想するのは鏡であるが、その時、脳裏に浮かぶものは物質としての鏡だけであろうか？　「他者を鏡として自己を知る」という表現、あるいは、日本においては「人のふり見て我がふり直せ」という故事もあるように、他者を鏡として自らが照らされるというイメージを私たちは何故か持っている。そして、そのように他者を鏡として気づきを得るという機能を「他者を演じる」という行為の中に認め、手法として取り出した形態の 1 つにロールプレイがある。

### 二　相手の背景を丁寧に想像する

　筆者は演劇的手法に関する研究者としての立場から、ロールプレイによる体験の省察プロセスを紹介する。事例として、「体験の言語化」科目の第 3 回の授業「相手の事情と気持ちを想像する」での履修生とのやり取りを取り上げる。この回の目的は、(1) 演じる経験を通じて他者をめぐる背景と事情を想像する、(2) 場面における他者の気持ちを想像する、(3) 他者の気持ちの多層性に気づくという 3 点である。
　ロールプレイの舞台は居酒屋チェーン店である。そこでアルバイトをする学生 A は、勤続年数も長く頼りにされている反面、店長から急に勤務時間の延長を依頼されることが多くなってきた。この日も、他のアルバイトから欠勤の連絡を受けた店長は A に勤務の延長を求める。A は次の日にレポート

提出を控えているため断ろうとするが、押し切られてしまう。このような設定のもと、履修生はAと店長のやり取りを概ね以下のように演じることになる。

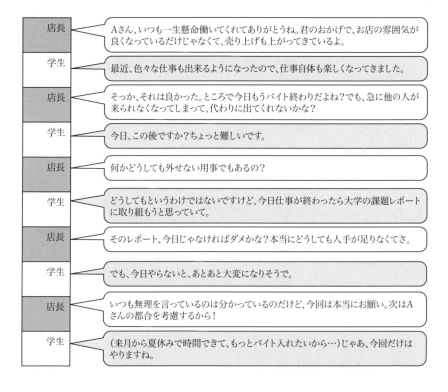

この回の授業を試行する過程で、学生のロールプレイが棒読みで、感情を込めて演じてくれず、思うような効果が得られないケースがあると相談を受けた。私はこれまで演劇を教えた経験から、その原因は具体的な人物像を描けていないことにあると考え、その点を改良した。

まず、見本として店長とバイト学生Aを演じるTA2人には、あらかじめ各々の演じる人物について詳細に設定してくるように伝えた。そして、まずは説明抜きに受講生に店長とA（TA2人）のやり取りを見てもらう。その後、演技を見て感じとれたことを発言してもらう。そのようにして、自分たちで

第 5 章　他者を鏡に省察を促すロールプレイの用法　　147

想像の及ぶ範囲の内容を出し切った後で、「店長や A さんは、どの様な背景からこのような発言をしているのか、会話のやり取りだけでは私生活や抱えている問題までは分からないでしょう。では、実際にこの 2 人は何を思っていたのか聞いてみましょう」と言って、店長と A (TA2 人) それぞれにインタビューを行った。以下は、そのやり取りの内容である。

学生へのインタビュー

| 質問 | 店長から無理にお願いされたとき、どのような気持ちでしたか？ |

| 学生 | お店が今、大変なことはよく分かっている。自分も生活費を稼がなければならない背景があるので、このバイトを簡単に変えるわけにいかない。バイト先の雰囲気が良いから辞めたくもない。 |

| 質問 | 最近、無理なお願いが多いの？ |

| 学生 | はい。自分はバイトの年数が長いということもある。新しいバイトの人がいても、急に頼まれることは非常に増えた。 |

| 質問 | あの日、予定とかはなかった？ |

| 学生 | 次の日にレポート提出を控えていたので、あの日は本当にきつかった。ただ、自分が断れば他に人がいないことは分かっていたので、渋々。 |

| 質問 | 今後はどうする？ |

| 学生 | きちんと話し合いたい。際限がなくなってしまうのは困るので。自分も融通してもらってはいるけれども…。 |

店長へのインタビュー

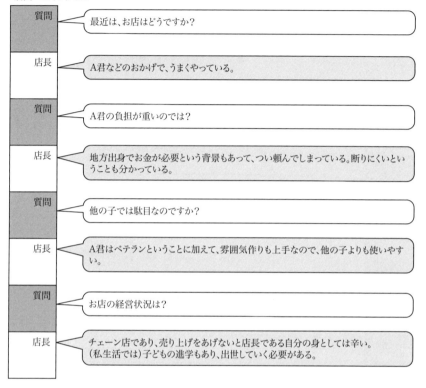

　このようなやり取りを見てもらった後で、店長とAくんに対する印象は変わったかを履修生に尋ねた。そして、人の心情は言葉だけでは読み取れないこと、他者を演じるためには、このような詳細な背景や人物像へ思いを馳せる必要があることに気づいてもらった。
　次に、履修生に対し、ロールプレイを始める前にペアの学生と設定を話し合うよう指示した。すると、「店長には13歳・10歳・6歳の3人の子供がいる。人事異動もあって大変なので、長くバイトをしている人に助けてもらいたい。店長は34歳と若いこともあり、バイトの人と年が近いため、頼りがちになってしまう」「店長は女性で、シングルマザーという設定にした。子どもを進学させたいから、もっと働きたい」など、独自に人物像を深めていった。

このようにして、各グループ「白熱」した演技を行った。その結果、様々な視点の変化を得られた。例えば、TA の演技を見ていた第一印象では「店長は、どうして A さんにこんなに無理強いが出来るのだろう」と言っていた学生たちが、「A さんはパーソナルな理由でしか店長に向かえないが、店長は、仕事という大義名分があるし、社会的な名目もあるので、それを前に出してものが言いやすい」「実際に自分が店長を演じてみたら、『A さん、これはお互い仕事じゃないか。仕事で必要になったのだから残業してもらわなければ困るよ』と、何のためらいもなく言えた」などの感想を述べていた。

## 三　他者の体験が自らの体験を照らす

　このように、ロールプレイを通して、普段の自分とは異なる店長の立場に実際に立って演じてみることで、頭では想像の及ばなかった側面に気づくことが出来る。これは、自分の置かれている立場、そして視点が転換していることから起きる。また、ロールプレイを通じて明らかになる「役割」、とりわけ社会的役割の存在を身をもって知り、個人的な経験と社会的な構造（社会的な役割と抑圧の関係性等）が結びつくというプロセスを確認できる。さらに、これは店長と A さんのケースに限ったことではなく、自らの「もやもや」体験にも応用されていく。

　例えば C という学生は、サークルの飲み会で先輩が後輩に「ダメだし」をしている場に居合わせた経験を自らの「体験の言語化」の素材として選んだ。C はその席で先輩から「ダメ出し」に加勢することを求められるが、応じなかった。すると先輩からは「ノリが悪い」と見なされたのか、「お前、何のために演劇やっているんだよ」と言われた。彼女は、その時の気持ちを「その言葉があまりに衝撃すぎて、返す言葉がありませんでした」「自分の全てを否定されたような、悲しさ、憤りで涙が出そうでした」と表現している。

　その後、C はこのロールプレイを経験することによって、自分の体験に対して気づきを得たという。前述の体験の中で先輩から言われた言葉に「自分は傷ついた」と思っていたのに対し、店長を演じてみたことで、「相手はこちらを傷つけるかどうか、こちらが思うほど深く考えて言ったわけではなく、

又、故意に傷つけようと思って言ったのでもない」ということが良く分かったという。「自分が思っていることを相手も思っているわけではない。その違いがよく解った」ことで、相手の言葉への囚われから解かれ、その後、Cの「体験の言語化」プロセスは転換する。それまでは、「先輩は何でこんなことを言うのだろう」と、非難めいた思考でこだわっていたのに対し、「自分は考えていた『つもり』になっていただけなのではないか？」という自省へと自然に移行した。そして、このような自分の「つもり」の態度により、後輩を悲しませたかもしれないと思い至る。

　Cはロールプレイを通して、先週までとは全く異なる視点を得たという。「相手から質問されて、相手の立場も自分の気持ちも想像していくという先週のワークは、何処まで想像したとしても、あくまで自分の目線で想像している域を出なかった。でも今回は、本当に相手の立場に身体的に立って、その相手の立場、目線から物を見るという良い経験になった」と感想を述べた。さらに、Cは自分が演じることだけではなく、ペアワークの相手の演じている姿を見ることで、自分の体験に対する視点の特徴や偏りに気づいたという。正に、相手を鏡にreflectするという演劇的手法のもたらす副産物だと言える。

## 四　具体的な人物を思い描くことの重要性

　一方で、先の「相談」にもあったように、ロールプレイはただ設定して行えば効果を発揮するというものでもない。実際に、看護教育や教員養成の現場等では頻繁にロールプレイが用いられているものの、必ずしも目覚ましい成果を生むというわけではないようである。その際に、学生が「いまいち、演技に入り込めない」理由を考えてみてほしい。それは、「何をやったらいいか分からない」からである。そして、そのような状態で演じるなんて、子供じみて恥ずかしいという気持ちになるのも無理はない。

　そこに必要なものは、具体的に人物像を描くという作業である。ロールプレイを行う目的は、端的に言って相手の立場に立つことにあるはずだ。言葉では発見できない相手の気持ちを、実際に行動として「立つ」ことで、感じ

ることにあるはずだ。しかし、イメージの沸かない人物の立場に立てるだろうか？　教員も学生の立場に立って、どのようなサポートをすれば、彼らの想像力を広げられるのかを考える必要があるだろう。

　冒頭の省察＝reflection を鏡になぞらえた話に戻ると、物理的な鏡に映る己は、どこまでも自分でしかなく、つまりは、自分という可能性以外に開かれない。字義通り、ただ反射するだけであるから。しかし、他者を鏡にした時の自分とは、自分の中に他者を見、他者の中に自分を見ることで、他者という可能性に開かれた気づきを得ることが出来るのである。それは自分に気づくだけではなく、自分にない要素を認め、取り入れることによって、飛躍の可能性に開かれる鏡である。そのような生々しい他者を履修生の中に認め、相互学習において自然と reflection を経た飛躍に導かれる演劇的手法は、多くの可能性を秘めているのだ。

# 第6章
## 国際協力における学生のボランティア活動とは
―「体験」に向き合うことの意味―

島﨑 裕子

### 一 はじめに

　国際協力における学生のボランティア活動では、異文化に接し、多様な側面から世界を捉える。そのことにより、見ようとしなければ見えない問題や、グローバリゼーションにおいて発生する諸問題に気付く。これらの経験はグローバルな視点をもって世界を捉える意識を育む礎となる。本稿では、国際協力分野におけるボランティア体験をもとに考察した学生をとりあげる。そして、ボランティア経験とそのふりかえりがもたらす、教育的意味と波及効果について事例からみてきたい。

### 二 「良き体験で終わるもの」と「未来につながるもの」

　「将来、国際協力の分野で仕事がしたい！」「途上国の子どもと交流したい！」「途上国に行って役に立ちたい！」といった多様な動機をもった学生がやってくる。そして学生は様々なツールをつかって現地に入り、「学生ボランティア」として国際協力に関わっていく。ボランティア活動では、相手の立場に寄り添い、現地の人々やその生活に関わる。そして自己の五感を使って、教科書や教室のなかだけでは知り得ぬ学びをし、現地の人々と共に地域社会を考え、ニーズを把握し、問題解決に向けて活動をするという前提がある。国際協力の活動を通して学生は、現地の人々の生活や文化、宗教や価値観、さらには、貧困、教育、医療保健、ジェンダー、環境、人権などの諸問題といった複雑な要素を含む現実に遭遇する。

　ボランティア活動を通して、自分たちの当たり前が当たり前ではない社会

や、予期せぬ事態、不条理な現実を目の当たりに、漠然とした「もやもや」や、「ひっかかり」を感じることが往々にしてある。この心のなかの「もやもや／ひっかかり」に向きあい、ふりかえる場を持つか否かが、ボランティア活動の可能性を二分化する。つまり、学生の一過性の良き体験として終わらせるか、社会の未来を創造するものへと発展するかである。

　残念ながら学生にとってこのボランティア活動というものが、一過性の良き体験として終わっていることが少なくない。なぜそのようなことが起こるのか。ボランティア活動の意味を考えるとき、学生自身がボランティア活動を、社会と自己との関係性を通じた文脈のなかで、活動そのものを捉えていないことに原因があるのではないだろうか。

　学生ボランティアがもつ可能性を十分に発揮し、自己を社会の文脈のなかで捉えながら活動を行うためには、具体的な実践のみで終えるのではなく、それを検証、考察し、社会と自己との関係性を通じた文脈のなかで、活動そのものを捉えることが求められる。まさにそれは、自己の体験に向き合い、言葉にし、客観的に捉え、主体的に自己のものとして位置付けることである。そのことにより、学生自身も自分の活動の意味がみえてくる。この一連の作業こそが、本科目に求められているといえる。

## 三　学生の事例：ボランティア活動をふりかえることの意味

　ここで、途上国の教育支援を行っている学生Ａが自分の体験をふりかえり、活動を通じて感じる葛藤、さらには、学生として何が出来るか、体験のなかで生じた「もやもや／ひっかかり」に向き合った事例を紹介したい。

　本事例は、学生が実践としてのボランティア活動をふりかえり、言語化する過程で、現地の文化に気付き（文化の理解）、現地にみられる課題の現状を知り（課題の発見）、また自分の立場に対する社会との関係性（社会関係の理解）などにも着眼していった事例でもある。

### 1　「ふりかえること」と「言語化すること」

　学生Ａは、教育支援のボランティア活動をしている最中に、良かれと思っ

て行った行動で、現地の子どもに怪我をさせてしまった。このことで浮上した集落内の事情、日本と現地との価値観の違い、医療やインフラの現状に気づかされた。1つの問題を皮切りに、次々と浮上した現実によって、現地社会を分かったつもりになっていた自分、そして、自分が置かれている立場や、社会に対して意識を向けることにつながった。

　Aは、自分自身の体験をふりかえり、自分の当時のことを以下のように言語化した。

　　「この事態をどうすれば良いのか」と頭が真っ白になってしまった。その時の気持ちは、いたたまれなさと申し訳なさ、悲しくもあり恥ずかしくもあり、同時に後悔と焦り、罪悪感と自己嫌悪にさいなまれた。自分がどうすべきなのか、自分の浅はかさを知り、身動きがとれなくなってしまった。

　Aは、自分自身の気持ちに向き合うことによって、自分を客観的に捉え、そこからさらに、ボランティア活動を行っていることへの「自分自身の気持ち」にまで発展させ考えた。何度も自問自答しながら、多面的な視点から自己と社会との関係性を見出そうと試みていた。

　　「なぜ自分はボランティアをしようと思ったのか」→「思いやりの気持ちから」→「自分たちが思いやりと考えているものは、果たして思いやりなのか」→「その気持ちは一方的な思いやりなのでは」→「自分の思いやりは正しいものなのか」→「独り善がりの思いやりなのでは」→「自己満足か」→「純粋な気持ちでボランティアをしたかったのか」→「自分のために活動しているのでは」→「現地は本当に自分たちを必要としているのか」

　相手の文化に対しては、理解し難い点がAのなかには存在していた。それは、問題が生じたにもかかわらず、なぜ、現地の人々は、「大丈夫、問題ない」といったのかを理解出来ずにいた。Aは、相手の立場にたって以下のように相手の事情と気持ちを想像した。

　　（日本人の学生に）心配をかけたくないので気を遣ったのか。本当は迷惑で困っていたに違いない。しかし、年に数回、日本から来る学生なので迷惑をかけたくなかったのでは。現地のその場にいた者たちで処理しようと考えたのか。大ごとにしたくなかったのか。あるいは自分たちはお客様なのか。ボランティとは何か。

第 6 章　国際協力における学生のボランティア活動とは　155

さらに A は、「学生のボランティア活動」についても様々な側面から問いつづけた。

「自分」→「学生」→「専門性はない」→「自分に出来ることが限られる」
「現地」→「日本から来た自分たちに何かしてもらうと思っている」→「学生ではなく、日本という社会を通じて見られている自分たちがいる」→「なぜそう思うのか？」→「数多くの国際協力／支援が現地に入っている」→「常に外国の支援で何かを与えてもらっている」→「外部からの支援に慣れている」→「依存か？」→「それは現地のためになっているのか」→「国際協力／支援とは何か」

上記のように、言語化をしていく作業のなかで、いくつもの疑問やキーワードが A のなかを駆け巡ることとなった。内省と同時に、「支援」とは何か、「大学生が行うボランティアはどうあるべきか」ということにも考えをめぐらせ、答えのみえない迷路に迷い込んでいた。

何度も何度も自分の体験をふりかえり、自身の感情の揺らぎを感じ、自分と社会、さらには途上国と先進国との関係性などを捉え、社会課題を発見する作業を繰り返していた。

## 2　科目がもたらす影響

本科目の最終発表では、日常にありふれる平易な言葉ではなく「自分だけの感性の言葉」で社会の問題を表現することが求められる（第 3 部第 1 章、第 2 章参照）。A は、最終発表において、「これだ！」という言葉を紡ぎ出せたと、自分で納得する最終発表の語りでは決してなかったという。しかし、そこには、自己の体験に向き合い、体験を通じて悩み考え、ボランティア活動を通して気づいた自己・文化・社会・構造を伝える A の姿があった。

さらに、A は、自分が関わっている途上国の教育支援という問題を取り囲む、社会の問題や背景に自らも関わっているという事実や、現在の国際ボランティアのあり方など、気づこうとしなければ気づくことの出来ない事柄や事実に言及した。

A は最終発表の語りの最後にこう締めくくった。

「私は、単なる（表面的な）思いやりにとどまらず、彼らの目線に近いところで思い

を共有しながら、責任を持って、現地に行き続けます」

　そして、履修を終えたAは、現在も途上国の教育支援に関わりながら、国際協力についての専門知識や、共生社会についてより学びを深めるためのゼミを選択した。またセミナーや、NGOの勉強会にも参加し、一層、主体的な学びへの意欲をみせている。そして、国際協力における諸問題に目を向け、よりよい社会を構築すべき、回答を模索している。

　まさに本事例は、学生の「実践＋事後のふりかえり＋考察」というセットによって、学びが深化され、ボランティア活動のもつ可能性を最大限に発揮された事例といえる。

　学生自身が、授業という枠のなかで最終ゴールとされるオリジナリティー溢れる言葉で自己の体験を紡ぎきれなくとも、自己の体験の中に何かを見出し、自己と社会との関わりや、社会の課題に気づく場合も往々にしてある。また8回という授業のなかで、自己を大きく揺さぶられ、真剣に向き合い、大きな社会課題に気付いたものの、あと一歩のところで授業の枠のなかでは収まりきれず、最終の語りでは伝えたいことが上手くまとめきらない学生もいる。しかしそれは、ある種の自己の熟成の過程と捉えられる。

　社会課題を発見し、この授業を受けた後も、学生にとって今後の生き方を考える上での大いなる影響力があるか否かが、重要になることを忘れてはならない。本事例のAの場合も、次々と出てくる社会課題に翻弄され、どのようにまとめるべきか、格闘していた。それでもなおAは、授業後にも自己のアンテナを張り続け、自分の掲げた命題の回答を探すべき主体的学びへとつなげていった。

## 四　事例を通じて考える「学生の成長」と継続される主体的学び

　学生のボランティア活動は、事例からもうかがえるように、学生自身の自己の学びを探求しようとする場として機能し、自分自身の役割を見出そうとする。さらに、ボランティア活動を通してみえる社会との関係性や課題に気づき、個の問題関心から、よりグローバルな社会の課題関心へと意識が育ま

れる。したがって、国際協力の現場における学生ボランティア活動は、活動をふりかえり、社会の文脈に自己を位置付け、どのように世界を捉え、世界規模に存在する諸問題に対して、地球市民として取り組んでいくのか、そのようなグローバルな意識を形成するきっかけの場となっている。

　途上国に存在する諸問題が、社会の構造の一部であり、自分自身もそれらの構造を形成している1人であるという意識を持つことにより、他者の抱える問題が自己の問題でもあるという認識が生まれる。また同時に、個人の体験が社会の文脈に沿って位置付けられたとき、それは個人のものから、社会を形成する一部として存在し始めるのである。

　そして、最後に、われわれ教員は、これら学生の「気づき」を引き出す「伴走者」として存在し、支え、共に学生と学びを得る学習者でもあることを肝に銘じたい。

# 第 7 章

## 「体験の言語化」における学生の学びと成長

河井　亨

### 一　はじめに

「体験の言語化」科目において、学生はどのように学び成長していくのか。本章では、「体験の言語化」科目における学びと成長について、理論的な説明を行う。まず、到達をねらいとする教育目標や各回の授業内容（第3部第1章）から導かれる学生の学びと成長を確認する。続けて、そこでの学びと成長がどのような学びと成長であるのか、そしてなぜそのような学びと成長が生じるのかについて考察していく。そのために、「体験の言語化」を経験から学ぶことと広く捉え、経験学習理論を批判的に検討していくこととする。第一に、広く普及しているコルブの経験学習理論を起点として取り上げ、その内容と理論化の過程をたどる。第二に、その経験学習理論に内在する難点を特定し、検討を加えていく。第三に、コルブの経験学習理論にそもそも十分に取り入れられていない点に関して補強して拡張していく。以上の批判的検討に基づく経験学習理論を参照枠組とし、「体験の言語化」科目での学びと成長がなぜ生じるのか、またそこで可能になっていく学びと成長のあり方を明確にしていく。

### 二　「体験の言語化」科目での学びと成長

第3部第1章で見た目標と授業デザインから見えてくる学生の学びと成長はどのようなものであるだろうか。学生が取り組むこととしては、まず、第一段階として、自分が取り上げる具体的な体験について、その時の自分の気持ちを表現しようとすることから始める。その体験の意味を多面的に捉える

ために、その体験に関わる他者の立場に自分の身を置き換えて感じたことを明確にする。そうすることで、自分とそこで関わる他者それぞれの気持ちや感情の多層性に気づいていく。

　その次の段階では、社会の課題を探求する。自分の体験を起点として、体験での出来事や行動や感情の背後にある要因を分析して、社会の課題を探っていく。体験に関わる社会の課題は1つしかないということはない。社会の課題を複数見出し、それらの間の関連を見出し、その上で体験に関わる社会の課題を絞り込んでいく。

　最後の段階として、体験と社会の課題を有機的に結びつけていく。体験から出発して探索した社会の課題ではあるが、その結びつきは表面的である場合が多い。それらがどのように結びついているかについて深く考えながら、自分の語りに落とし込んでいく。

　こうして、「体験の言語化」科目では、体験に結びつく社会の課題を見出し、自分の体験を「自分の言葉」で語ることができるようになる。また、それらを通じて体験から学びの意欲へとつなぐことができるようになる。科目の目標と授業デザインから、おおよそ、「体験の言語化」科目での学びと成長はこのように見えてくる。

## 三　D. コルブの経験学習理論

### 1　経験学習理論による説明

　本章では、「体験の言語化」科目における学生の学びと成長をより深く理解するために、それらを経験からの学びと捉えて経験学習理論に結びつけていく。経験からの学習についての理論として、広く紹介されている理論にD. コルブ（1984）のものがある。1984年に出版された *Experiential Learning：Experience as the Source of Learning and Development* 以降、経験学習についての研究は経営・教育をはじめ広い範囲で数多く進められてきている（Kolb 2014）。日本においても、経営や教育の分野で広く紹介され、実証研究が進められたり、また、高等教育のアクティブラーニングの背景理論として参照されたりしている（木村 2011；松尾 2006, 2011；中原 2011；山内 2016）。ここでは、そ

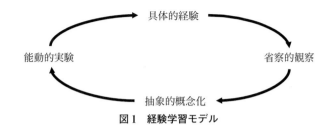

**図1　経験学習モデル**

の骨子を紹介して解説することにしたい。経験学習理論では、経験からの学習を具体的経験・省察的観察・抽象的概念化・能動的実験の4つの局面に区切って説明する。4つの局面は、図1のようにモデル化されている。

　まず、実際に何らかの経験をする具体的経験の局面がある。例えば、プロジェクト活動で学んでいく場合、グループで協働するという新たな経験がある。地域で学ぶサービス・ラーニングや企業・NPO・行政で学ぶインターンシップでは、それぞれの現場での新たな経験がある。今までにしたことがないことを経験したり、困難な課題に挑戦したり、障壁にぶつかってうまくいかなかったりする場合に経験からの学習とそこからの成長の可能性がある。

　何らかの経験をすれば、いつでも、それだけで成長と言えるような変化が生じるわけではない。新たな経験や失敗経験をしたとしても、それが成長に直結するわけではない。経験からの学習では、具体的経験に対して省察していくことが1つのカギになる。ここでの省察が省察的観察にあたる。この場合の省察とは、実際の経験をふりかえって吟味することを指す。経験してそれきりで終わらせることなく、その経験について省察する。それによって、その経験の意味を探っていく。経験の省察は、多様な形態をとるだろう。あの時なぜああいったことが生じたのか、あの人はなぜあんなことを言ったのか、どうして自分はああいうことをしたのか、自分がしたことは何をもたらしたのか、その場面の文脈やそこで関わる人やそこでしたことについて多様な観点から問いかけて省察していくことができる。

　どれだけ問いかけて省察したところで、そこでの意味が明確になることがないならば、もやもやとしたまま悩むことになるだろう。それに対して、問いかけに自分なりの解を導き出すことができれば、たとえ暫定的ではあって

も、その経験がどういう経験だったのかがつかめることになるだろう。言い換えれば、経験の意味が見出されることになるだろう。「あれは何だったのか」というもやもやした状態から「あれはそういう意味だったのか」という状態へと変わっていく。それが抽象的概念化の局面である。それは、具体的に経験するということとは異なり、省察を経てはじめて到達できる局面である。

経験の抽象的概念化は、同じような経験に対する知識や教訓をもたらしたり、経験を捉える視点の変容をもたらしたり、自分自身についての理解をもたらしたりする。経験からの学習としては、そうした知識や教訓または視点を新しい経験の場面で応用していくことが続く。能動的実験の局面である。それはまた、新しい経験であり、起点となる具体的経験ともなっていく。このように、具体的経験・省察的観察・抽象的概念化・能動的実験の4つの局面に区切って経験からの学習は説明されている。

経験学習理論の説明によって、「体験の言語化」科目で生じている学びと成長について、ひとまず理解することができるだろう。感情の多層的把握や社会課題の分析をすることは、具体的経験から省察的観察・抽象的概念化を進めることにあたり、その結果としての語りをすることで能動的実験の一歩を踏み出している、と捉えられる。

経験学習理論は、経験からの学習を説明するための理論的構築物である。全ての経験が教育的経験ではない（Dewey 1938a = 2004）のと同様に、全ての人が全ての経験から自然と学ぶということはない。実際、「体験の言語化」科目の開発の一番はじめの契機となったのは、学生たちがボランティアの体験をした後に「やりっぱなし」にしてしまって、そこから意味を汲み取って成長していかないという状況への問題意識であった。そのことを思い起こすならば、ここでの文脈において問われねばならないのは、経験から省察が、なぜ、どのように生じるのかという点と、経験からの省察を経て経験の意味を言語化するということは、どのような成長と言いうるのかという点である。さらに理論的説明を追求したい。本章では、一見遠回りに見えるが、経験学習理論の理論的構築物の構築過程に立ち戻ることにしたい。これまでの多くの研究において、経験学習理論がどのように構築されているのかについてはそれほど立ち入って検討されず、理論をあてはめて考察に活かされている場合が

多い。経験学習理論への批判においても、経験学習理論に欠如している点（例えば、社会的要因の影響という視点）が指摘されるものの、理論構築過程への批判的検討がなされない。理論構築過程に戻ることで、上記の問いへの手がかりを得ることにしたい。そして、経験学習理論自体への批判的検討を進め、問いへの回答を目指すこととしたい。

## 2　経験学習理論の源流

　経験学習理論はどのように構築されているのか。コルブ自身の説明では、K. レヴィン、J. デューイ、J. ピアジェの理論に依って立ちながら構築されたということになっている (Kolb 1984)。順に見ていこう。

### （1）　K. レヴィン

　まず、経験学習理論は、レヴィン (1951＝1979) のアクション・リサーチの手法から2つの発想を受け取っている。1つは、学習や変化や成長のような統合されたプロセスは、「今ここ」の経験から始まるということである。この発想を受け、経験学習理論の出発点として具体的経験の重要性が強調されている。もう1つは、その統合的プロセスには、フィードバックがあるということである。アクション・リサーチでは、具体的経験から始まって、その経験についてのデータや観察を集め、それらを分析して結論を導きだす。現実と切り離された研究とは異なり、アクション・リサーチでは、その結論が現実に――例えば、行為者の行動や選択の修正など――かえって影響を及ぼす。経験学習理論においても、能動的実験の先には次なる具体的経験へのフィードバックが構築され、円形のモデルとなっているのである。レヴィンの研究方法論のモデルは、経験学習理論と近い形で図2のように提示される。

**図2　レヴィンの経験学習モデル**

## （2） J. デューイ

次に、経験学習理論は、デューイの学習プロセスに依拠している。デューイの次の文章を引用した上で、図3のようにモデル化して把握している。

> したがって、目的の形成は、より複雑な知的操作なのである。そこに含まれるのは、次のようなものである。(1) 周囲の状況への観察。(2) 過去に似たような状況で何が起きたかということについての知識。すなわち、想起からの知識やより広い経験をしてきた人からの情報・助言・警告からの知識。(3) 判断力。観察されたものと何が重要かを見極めるために想起されたこととをまとめていく判断力。目的は、ある種のやり方で、ある観察された状況のもとでの行為の帰結の見通しに基づく行為の計画と手法へと変換される。その変換を通じて、目的というものは、最初の衝動や欲望とは異なったものとなる。……中略……決定的な教育上の問題は、欲望のもとで観察や判断が入る前に即座に行為に移してしまうのではなく、そうした即座の行為を遅延することができるかどうかである。……中略……単に先を見通すことは、たとえそれが正確な予測であったとしても、もちろん、十分なものではない。知的な予測すなわち諸帰結についてのアイデアは、推進力を獲得するためには、欲望と衝動と混ぜられなければならない。そうすることで、知的な予測は、さもなくば盲目なものに方向性をもたらすことができ、一方で、欲望はアイデアに勢いをもたらすことができる（Dewey 1938a, p.69：筆者訳）。

コルブは、レヴィンと同じくデューイの理論から、経験と概念、思考と行為の弁証法的プロセスを見出している。中でも、即座の行為を遅延することが不可欠である点、その遅延によって観察と判断が入る余地が生まれる点、その上で観察と判断それ自体では目的を達成せず、目的の達成には行為が不可欠である点を意義深いものとして評価している。

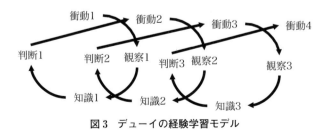

**図3 デューイの経験学習モデル**

## （3） J. ピアジェ

　経験学習理論がもっとも多く依拠しているのは、レヴィンやデューイの理論よりもピアジェの認知発達理論である。ピアジェからは、同化・調節のアイデアと発達段階のアイデアを経験学習理論の源泉としている。調節は概念を世界の中での経験へと移すプロセス、同化は世界から出来事や経験を概念へと移すプロセスであるとされ、同化と調節の交流によって、具体から抽象へ、能動的から省察的へと成長していくと説明されている。

　また、ピアジェは、よく知られているように、子どもの発達の段階を区切っていった。コルブ自身の説明では、J. フラベル（1963＝1969/1970）やJ.S. ブルーナー（1966＝1977）の研究を参照しつつ、まず具体的行為の中に知識が表れているもののその経験から分離されていない段階から、イメージにおいて知識が表象され、イメージが表象している経験から徐々に自律的になっている段階、そして知識が象徴形態で表象され、象徴が経験的現実から独立して内的に操作される具体的・形式的な操作の段階へと質的に変化して成長していく

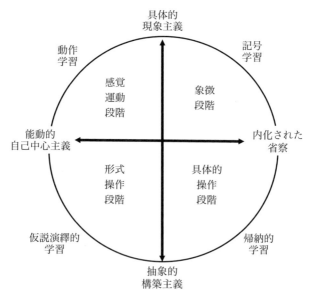

図4　ピアジェの経験学習モデル

とまとめている。また、感覚運動段階、象徴段階、具体的操作段階、形式的操作段階をたどって、「ピアジェの認知発達理論の概観によって、大人の基本的な学習プロセスを形づくる基本的な発達プロセスが特定された」（Kolb 1984, p.25）と述べ、図4を示している。

## 3　経験学習理論の理論化
### （1）　経験学習の諸特徴

経験学習理論の源流についてのレビューを経て、経験学習に関する特徴は、6つの命題にまとめられている（Kolb 1984 ; Kolb & Kolb 2005, 2009）。

第一に、学習はアウトカムというよりはプロセスとして捉えられる。経験学習では、経験の連続的な再構築であるプロセスに目を向ける。

第二に、学習は経験に根ざした連続的プロセスである。したがって、全ての学習は再学習となる。学習によって、経験の連続的プロセスの中でこれまでの考えが新たな考えへと検討・検証・統合されていく。

第三に、学習のプロセスは、弁証法的に対立する世界への適応の諸モードの間のコンフリクトを解消する必要がある。省察と行為、感情と思考のような差異や不一致は学習を進めるドライブとなる。

第四に、学習は世界への適応の全体論的なプロセスである。学習を認知だけに限定するのではなく、考えること、感じること、知覚すること、行動することに関わる全体的なものと考える必要がある。

第五に、学習は人と環境の総合的な交流の結果として生じる。経験は単に人の中で生じているのではない。経験という言葉の二重の意味、主観的で個人的なという意味と客観的で環境的なという意味を両方とも損なうことなく捉える必要がある。

最後に、学習は、知識創造の過程である。知識は、主観的な経験と客観的な経験が交流する学習の中で、個人的な知識と社会的な知識とが交流する結果、創り出されていく。そしてこの知識が創造されていく過程が学習と呼ばれる。

以上を踏まえて、コルブは、「学習は経験の変換を通じて知識が創り出されていくプロセスであり、知識は、経験の把握とその変換の結合によって生じ

る」(Kolb 1984, p. 41) と結論づけている。
### (2) 経験学習の過程と構造
　前節でたどり着いた結論を踏まえて、経験学習の過程と構造は、図5のように表現されている。
　まず、経験学習の過程は、「二　経験学習理論」で見たように、「具体的経験」「省察的観察」「抽象的概念化」「能動的実験」というように図中の外枠をなす円環の矢印にそってサイクルを辿る。この4つの局面は、図中の縦軸が把握で横軸が変換となっている座標軸によって構成される。縦軸について見ると、直接経験による具体的理解（Apprehension）を通じての世界の中での経験の把握が具体的経験で、概念やシンボル表象を用いた包括的理解（Comprehension）を通じての世界の中での経験の把握が抽象的概念化となっている。横軸について見ると、内化を通じた変換に関わるのが省察的観察で、外化を通じた変換に関わるのが能動的実験となっている。さらに、それぞれの局面で関わる知識の性質が異なるとして4つの象限に異なる性質の知識が配

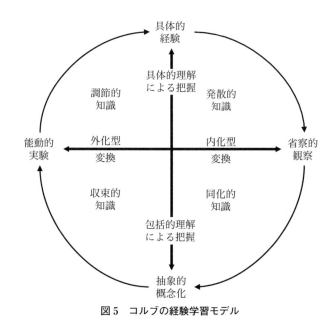

図5　コルブの経験学習モデル

置されている。具体的経験から省察的観察へ進む経験について考え始めるところでは発散的知識、省察的観察から抽象的概念化へ進む考えを意味ある形に洗練させていくところでは同化的知識、抽象的概念化から能動的実験へ進む思考を行動へつなぐところでは収束的知識、能動的実験から具体的経験へ進む行動によって経験するところでは調節的知識となっている。

## 四　経験学習理論への批判的検討

### 1　経験学習理論における区別と移行の問題

　「三　経験学習理論」による説明において見てきたように、経験学習の具体的経験・省察的観察・抽象的概念化・能動的実験によって経験から学習していく事態をうまく説明できるように思われる。具体的経験・省察的観察・抽象的概念化・能動的実験の流れは、順序関係を構成している。少なくとも、前段の局面が欠落していたり、不十分であったりした場合には、次の局面に到達できなかったり、次の局面が不十分になったりするという関係にあるため、一定の論理的整合性はある。

　しかしながら、なぜある局面から別の局面へ進むことができるのか、また逆になぜできないのかという点についての説明を経験学習理論は担っていない。本章で問題としている「なぜ省察が生じるのか」について答えてはいない。それはまた、4つの局面の定義が不徹底だということでもある。4つの局面は、経験が直接的で具体的か、概念や表象を介した間接的で抽象的かという区別と、外的か内的かすなわち行動に関わるのか思考に関わるのかという区別を用いて構成されている。図5のモデルは4つの局面をサイクルとして描き出す性格のモデルであるが、2つの区別の組み合わせから4つの局面が構成されていることを描き出す図6のモデルへと変換できる。

　このようにコルブの経験学習モデルを再構成すると、2つの区別に基づく2つの軸を直交させる必然性に乏しいことに気づかされる。すなわち外的で行動に関われば、経験に対する直接的で具体的な関わりとなるし、内的で思考に関わるというのは、概念や表象を用いて間接的に経験に関わることと同じことである。

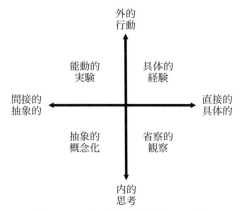

図6 コルブの経験学習モデル：変換

したがって、コルブの経験学習理論は、分析上の区別、すなわち実際に起きている経験や思考や行為に対して抽象化された区別をあてはめて見て取る理論である。分析上の区別として、経験から学ぶということに対して1つの理解をもたらしてくれる。その点は、分析上の区別としての役割を果たしている。とはいえ、なぜその区別なのか、そして局面がなぜ区別されるのか、そしてなぜその局面の間の移行が生じるのか／生じないのかは説明がなされていないのである。コルブの経験学習理論は、そうした区別と移行の問題を抱えていると言えるだろう。

## 2　レヴィン、デューイ、ピアジェからの理論摂取

経験学習理論が、分析上の区別に留まり、4つの局面の移行を十分に説明できない理論となってしまっている原因はどこからくるのか。続けて、経験学習理論の理論化過程に踏み込んでいくことにしよう。

　コルブ自身が述べているように、経験学習理論は、レヴィン、デューイ、ピアジェの経験学習モデル（図2〜4）に基づいて構築されている。レヴィンの理論からは抽象と具体の区別と循環、デューイの理論からは思考と行為の区別と循環を摂取し、ピアジェの理論から4つの発達段階と同化と調節という内化と外化の操作の考えを摂取している。そうした理論の総括もさることな

がら、そこから、図5の経験把握と知識変換の軸を導き出しているところにコルブのオリジナリティがある。(前述の通り、その軸を直交させる必然性は乏しいが。)

とは言うものの、それぞれの理論からの影響は一律ではないように思われる。モデルの図を見ると、ピアジェのモデル(図4)と経験学習理論のモデル(図5)の類似性が際立っており、ピアジェのモデルからの影響が大きいことが推測される。コルブ自身のピアジェ理解を表している箇所を見ておこう。

> 外化と内化が学習における基本的変換プロセスであるとの概念化は、ピアジェが思考の操作的諸局面を強調することと大まかに首尾一貫したものである。ピアジェは、対象や状態を変換する行動面の行為(外化)と変換の内化された行為またはシステムである知的操作(内化)とを区別している(Piaget 1971, p.67)。ピアジェが、外化型変換(個人的行為)を主として世界の具体的理解と結びつけ、内化型変換(省察的抽象化)が論理的・数学的知識のために割り当てられているという点は注目される。加えて、ピアジェが省察的抽象化による変換を行為による全体的変換よりも優位におく傾向があったこともこの発達的焦点を反映している。しかしながら、子ども期においては表象的局面と操作的局面が一緒に発達するけれども、大人においては二つの次元は独立しており、4つの理解と変換の結合体をつくりだす。(Kolb 1984, p.52)

このように、コルブは、ピアジェの同化と調節というアイデアから外化と内化という区別を受け取っている。

レヴィンやデューイの理論は、コルブと同じく分析上の区別に基づく段階論となっており、移行について説明する理論ではない。これに対して、ピアジェの理論は、実験事実に基づく実証的裏づけをもって設定された発達段階理論である。発達の段階として、感覚運動段階、象徴段階、具体的操作段階、形式的操作段階と移行していく。ピアジェの理論のこの点を摂取することで、発達段階理論との類比によって、移行が論理的必然である装いとなっている。

### 3　ピアジェからの理論摂取における問題 (1)

コルブの経験学習理論は、ピアジェの理論に多くを依拠している。理論構築過程においても、理論の説明する力を大きくする点においても、ピアジェのモデルに負うところが大きい。しかしながら、コルブによるピアジェ理論

の解釈には問題が少なくない。言うまでもなく、ピアジェ自身は、コルブの総括したようなモデル化（図4）をしていない。また、1980年代には、コルブが参照しているフラベル（1963）やブルーナー（1966）がピアジェ理論を知る源泉になっていた。当時、ピアジェ自身、Handbook of child psychology の第三版（1970）に、"Piaget's theory" を寄せ、ピアジェ自身によるピアジェ理論の解説を提供してはいたものの、十分な理解が広く得られるまでに至ってはいなかった（中垣2007）。

ピアジェ理論の不十分な理解以上に、図4のモデル化は図5のコルブの経験学習理論と齟齬をきたしている。コルブのモデルでは、具体的経験から能動的実験までのサイクルの後、次の具体的経験に進んでいる。図4において、図5のように具体的現象主義、内化された省察、抽象的構築主義、能動的自己中心主義とたどるとすると、感覚運動段階からはじまって、象徴段階、具体的操作段階と来て、形式的操作段階へ進み次の段階へ進むとすると、感覚運動段階に戻ることになってしまう。発達段階理論として不整合となる。ピアジェの理論では、サイクルではなく、コルブの理論では、サイクルなのだとすれば、なぜサイクルとなるのかについて説明する必要がある。また、サイクルではなく、「スパイラル」（Kolb 2014）を強調したところで、この難点は残る。ピアジェからはサイクルの発想を受けず、レヴィンとデューイからはサイクルのアイデアを受け取るとすれば、それは自分に都合の良い折衷主義以外の何ものでもないだろう。

コルブの経験学習のサイクルは、ピアジェの同化と調節のアイデアと発達段階理論に即して、内化・外化の区別と具体と抽象の区別を摂取するところから構築されている。その2つの区別を縦軸と横軸として直交させて、各局面間の移行が必然的であるとして、サイクルとしている。したがって、問題は、なぜサイクルとなるのか、そしてその前提としての内化・外化という変換と具体と抽象の理解とがなぜ直交するのかというところにある。

## 4　ピアジェからの理論摂取における問題 (2)

コルブは、この問題にどう解答を出しているのだろうか。先の引用にある、「子ども期においては表象的局面と操作的局面が一緒に発達するけれども、

大人においては2つの時限は独立しており、4つの理解と変換の結合体をつくりだす」という説明に見られるように、子ども期と大人期とでは異なるということで説明としている。

　コルブが自らの理論とピアジェ理論を区別する1つの分岐点は、子ども期の発達と大人の学習・成長とは別物だという点である。経験学習理論は、その発端の問題意識から、高等教育や成人学習の文脈で追求された理論である。1980年代当時の高等教育において、徒弟制、インターンシップ、ワーク・スタディ・プログラム、コーオペラティブ教育、スタディオ・アーツ、実験室スタディー、フィールドプロジェクトといった手法を含む経験学習の手法は再活性化することが求められていた。経験学習理論は、子ども期の学習ではなく、青年期以降大人期も含めての学習を説明する必要性から構築されている。したがって、コルブがピアジェ理論から離れることになったのは、青年期以降の学習を説明する必要があったからというところに理由を求めることができる。

　コルブは、ピアジェ理論と自らの理論的立場の違いを、ピアジェ理論の青年期以降への拡張であるL. コールバーグ（1969）の道徳発達理論やW.G. ペリー（1968）の知的成長理論やM.S. ノールズ（1970＝2002, 1973＝2012）の成人教育学を引き合いに出すことで補強している[1]。さらに、ピアジェ理論もそれらも含めて発達・成長を単線的に捉えてしまい、複線的に捉えられていないと批判している（Kolb 1984, pp.136-140）。個人差、社会的要因、感情のような情動的要因、実践要因を考慮するためにも、発達・成長を複線的に捉える必要があるという。そして、具体的経験における感情的複雑性は感覚の高度化につながり、省察的観察における知覚的複雑性は観察の高度化につながり、抽象的概念化における象徴的複雑性は概念の高度化につながり、能動的実験における行動的複雑性は行為の高度化につながるという割り当てが行われている。ピアジェの発達段階理論や青年期発達・職業発達・成人発達の理論をもとに、獲得期、分化期、統合期という発達・成長の段階を区切っている。獲得期には、世界における未分化な自己があり、分化期には、世界と相互作用する内容上多様な自己があり、統合期には、世界と相互作用するプロセスとして個性化された自己があるという。

しかしながら、子ども期と大人期とでは発達・成長が異なるとして、何がどう異なるかについての説明が与えられていない。ピアジェ理論らを単線的と断じる理由をそのまま受け取れば、コルブの経験学習理論もまた単線的となるし、コルブの経験学習理論が複線的と言えるならば、ピアジェの発達理論も十分に複線的となる[2]。単線的か複線的かという区別は機能しておらず、こうした複線的発達の説明や発達・成長段階の説明をいくら重ねたところで、子ども期と大人期の区別についての説明とはならない。さらに、ここでの説明は、区別と移行についてはすでにコルブにとって所与となっており、それらの区別と移行に基づいた説明の発展となってしまっている。したがって、区別と移行の問題それ自体の説明は与えられていない。問題について回答は与えられることなく、新たな説明が追加されただけであり、問題は残っている。

## 5　問題の整理

　ここで、あらためて、経験学習理論の問題について整理しておこう。第一に、具体的経験・省察的観察・抽象的概念化・能動的実験の局面の間での移行が説明されていないという問題がある。その前提となる第二の問題として、4つの局面を構成する理解と変換の区別が直交するという想定とそれによってサイクル・スパイラルを構成するという想定に必然性がないのではないかという問題がある。第三の問題として、ピアジェ理論とコルブの経験学習理論を分つ線として、子ども期と大人期の何がどう異なるのかが説明されていないという問題である。

　第二の問題から結論を出しておこう。コルブの経験学習理論の中には、4つの局面を構成する理解と変換の区別が直交するという想定とそれによってサイクル・スパイラルを構成するという想定に必然性があるという説得的な説明は見られなかった。直交するという前提を崩していいのならば、行為者にとって外的な行動や経験と内的な思考という区別があるだけとなる。概念や表象を用いる思考を抽象的とし、用いない行動を直接的で具体的と形容するとしても、行為と思考という区別だけがあることになる。本来は行為と思考という1つの区別に対して、外的と内的、具体的と抽象的といった異なる

名前を与えて、思考の産物として4つの局面が導き出されたといってもいいだろう。

そうすると、4つの局面の移行という問題（第一の問題）は問題ではなくなるが、具体的な行動や経験から思考へと進むという移行がなぜ生じるのか、また生じないのかという問題は残る。行為と思考の間の移行を説明できないという問題が残っているということは、コルブは学習をプロセスとして捉えることを強調しているが、プロセスとして学習を描くことができていないということになる。さらに、コルブが弁証法的に対立するコンフリクトとした思考・省察と行為が分断・対立するコンフリクトのまま解消されることなく残っているということを意味しよう。

## 6　ショーンの省察理論

こうして経験学習理論の問題を煎じ詰めると、行為と思考の間の移行の問題が残されているということになる。思考と行為の二項対立的把握から解き放ったのは、D.A. ショーン（1983＝2007）の省察理論である。ショーンの問題意識は、専門的知識を適用して問題を解決するプロフェッショナルが新しい状況を前にして混乱と不安のただ中にあるというところから出発している。新しい状況とは、複雑性・不確実性・不安定性といった特徴を示す状況である。そうした状況では、既存の専門的知識を適用するということが難しい。ショーンの目には、プロフェッショナルたちが、専門的知識を有しているだけでは、問題を解決することが難しい状況に直面していることが見えていた。そうした事態は、プロフェッショナルという存在自身を否定するわけではない。ショーンの目にはまた、既存の専門的知識を問題状況に適用するというプロフェッショナルのあり方から、複雑・不確実・不安定な状況の中で問題を枠組づけ、知を形成しながら探究を進めていくあり方へ転換していく可能性が映っていたのである。

ショーンは、実践の認識論へと考察を進める。実践の認識論として、技術的合理性のモデルが批判されていく。技術的合理性のモデルは、実証主義に由来し、知識と実践とを分離する。その分離に基づいて、基礎科学／応用科学といった専門的知識の階層性を生みだす。問題の解決は、階層上の上位に

ある知識を適用することによってもたらされる。基礎科学の一般的原理を適用することで応用科学が生みだされ、応用科学が技法を生みだしてサービスが現実に提供される。ショーンが、現状において袋小路に追いやられていると見ていた専門的知識の適用によって問題解決するというプロフェッショナルのあり方は、こうした技術的合理性のモデルに由来している。

技術的合理性のモデルの限界は、複雑性・不確実性・不安定性という実践の状況の重要性を視野に入れてこなかったところにある。それはまた、複雑・不確実・不安定な状況から問題が設定される過程を考慮してこなかったことを意味する。プロフェッショナルたちは、定義された問題に対して専門的知識を適用して厳密に解決することが重要なのか、重要な問題を設定するところから始めるべきなのかというジレンマに置かれていた。科学的に基礎づけられた専門的知識と現実世界の実践との間にギャップがあり、そのギャップは技術的合理性のモデルでは説明ができない。ここで必要なのは、新たな実践の認識論、実践者が複雑・不確実・不安定な状況でもたらす認識論である。

そうした認識論についての考察として、ショーンは、日常生活での行為についての考察から始めている。1つ目は、日常生活での意識しないままに自然に生じる、直観的な行動としての行為である。プロフェッショナルもまた、暗黙の、行為の中の認識 (knowing) に頼っている。2つ目は、自分がしていることについて実際に行っている最中であっても考えること、見方を変えれば、自分がしていることについて考えながら行為するということである。行為の中の認識を暗黙のままとせず、表に出して批判し、再吟味し、将来の行為の中で具体化するためにどうしたら良いかを省察する。

> 行為の中の省察の多くは、驚きの経験と結びついている。直観的で無意識的な行為が、予測しうる結果しか生みだしていない場合には、私たちはさらにそれについて考えようとはしない。しかし、直観的な行為から驚き、喜び、希望が生まれ、予期しなかったことが発生すると、私たちは行為の中の省察によってその事態に対応するだろう。……中略……このようなプロセスで省察の対象となるのは、行為の結果であり、行為それ自体であり、行為の中に組み込まれた直観的な認識であり、それらが相互に作用しあったものである。(Schön 1983 = 2007 pp.57-58)

こうした行為の中の省察（Reflection-in-action）が、複雑・不確実・不安定な状況の中で実践者が取り組む過程の多くを占めている。行為の中の省察は、行為それ自体やその結果、そして行為の中の認識を対象とする省察である点で、暗黙の行為の中の認識とは区別される。行為の中の省察は、まさに行為の最中に行われるという意味で、行為の後でなされる行為についての省察（Reflection-on-action）とも区別される。

　このようなショーンの行為の中の省察というアイデアは、デューイの探求の理論を受けたものだと考えられる。複雑性・不確実性・不安定性という問題の特徴を示す箇所でデューイの *Logic：The theory of inquiry* を参照している。ショーン『省察的実践とは何か』の訳者らによる注に従えば、そこでデューイは、探求によって状況を不確定なものから確定的なものへと転換していくことを記している。

　　探求とは、ある不確定な（indeterminate）状況を、区分のための構成ができている確定的な（determinate）状況へと移し変えていくための、統制され方向付けられた変容のことである。この確定的な状況により、当初あった状況の諸要素は、統一された全体へと転換するようになる（Dewey 1938b, p. 104）

　ショーンは、デューイの言う不確定な状況から確定的な状況への転換を担う探求の過程をより精緻に見ていくことができたと言える。そして、それを可能にしたのが、行為の中の省察というアイデアなのである。

## 7　経験から省察がなぜ生じるのか（1）

　行為の中の省察というアイデアによって、行為と思考の二項対立的把握と行為と思考の移行の問題が説明される。端的に、人は考えながら行為することもあるし、行為の後に考えることもあるのである。行為の中の省察のアイデアは、行為と思考が並存しうること、行為の中で行為の結果のみならず行為自身が思考の対象となることを表現することで、行為と思考の二分法よりも豊かな行為についての洞察を可能にしていった。ショーンの後の章では、実際の行為の中での認識や行為の中での省察を取り上げて、プロフェッショナルの作業を見極めていく分析がなされている。

ショーンの行為の中の省察というアイデアによって、行為と思考の移行の問題についての説明が可能になった。このアイデアはまた、子ども期と大人期の違いという先のコルブの理論における第3の問題についても説明をもたらしてくれる。子ども期と大人期の違いは、行為の中で行為の結果のみならず行為自身や行為する自己が思考の対象となるというところにある。それこそが、具体的操作・形式的操作と発達段階をくぐり、概念や象徴を操作しながら、主体かつ対象としての自己を意識し、思考し行為するようになっていくところでの区分線をなしているのである[3]。

　こうして見ると、先に整理した問題のうち1つ目の問題(思考と行為の移行の問題)と3つ目の問題(子ども期と大人期の違いについての説明不足)とは同根であったことがわかる。コルブの経験学習理論に内在する難点は、ショーンが行為の中の省察という概念で理論化したような行為と思考が並存しうること、行為の中で行為の結果のみならず行為自身が思考の対象となることを捉え損なったことに由来しているのである。

　以上の内在的批判をもとに、経験からなぜ省察が生じるのかという問題について最後に捉え直しておこう。ここまで、行為と思考を分けて、行為から思考へ進むという考え方への批判としてショーンの省察理論を検討してきた。コルブの理論においては、経験の中の行為とその後の思考というように分けた上で、経験からなぜ省察が生じるのかが問われていた。しかしながら、人は、何かを経験してからその経験について省察するだけでなく、何かを経験する行為の中で思考し省察することができる。したがって、経験の中の行為とその後の思考という区別自体が誤りであり、先の問いは誤った区別に基づいたナンセンスな問いということになろう。

　こうした行為の中の省察という考え方を踏まえてなお考えねばならないのは、経験の中で「行為の中の省察」がどのように生じていくかということと、経験とそこでの行為、そして、その中での省察を経て、それらから意味を汲み取って成長していくような省察はどのようにして生じていくのかということである。この点について考えるためには、経験から学ぶということについて、コルブの経験学習理論だけでなく、より広く拡張して考える必要がある。

## 五　経験学習理論の拡張

### 1　コルブの経験学習理論に欠如している点

ここでは、コルブの経験学習理論に欠如している点を明らかにし、理論を拡張して経験から学ぶということについて明らかにしていく。コルブの経験学習理論には、これまで見てきたような内在する難点に加え、大きく2つ欠如している点がある。1つ目は、すでに指摘されているように（Holeman et al. 1997；Kayes 2002）、社会的要因への考慮が欠如している。三の1でコルブの経験学習理論に基づいて説明した際、最初から最後まで、経験した当人一人だけの個人的なものとして経験学習が説明されていた。実際、具体的経験・省察的観察・抽象的概念化・能動的実験は、個人的な営為として捉えられるものである。そこには、他者との相互作用や社会との関連性は見られない。実際の経験もそこからの学習も、社会的実践の中に埋め込まれている。そうだとすれば、社会的要因について考慮することができない理論化は不十分なものである。

2つ目は、感情のような情動的要因が十分に考慮に入れられていない。経験という対象を省察的に観察し、そこから抽象的に概念化したものを能動的に実験していくという一連の流れは、認知面に偏った理論化となっている。経験から学ぶ過程で、無感情に機械的に考えたり、行動したりしていくものであろうか。思考と行為を二分法で切り分けて分離するのが誤りであり、思考と行為の並存が考えられねばならないのと同様に、思考と感情が並存し相互に影響をあたえ得るものと考えねばならないだろう。何ら感情的な揺らぎや起伏がないのであれば、それは日常の習慣的な行動であろう。経験から学ぶ過程では、迷ったり、葛藤したりしながら、経験の意味を考えていくことになる。経験から学ぶということには、こうした感情のような情動的要因が深く結びついているにもかかわらず、コルブの経験学習理論ではそれらが十分に考慮されていないのである。

コルブの経験学習理論は、分析上の区別によって導かれた4つの局面を扱っているのであるが、個人的であって社会的要因を考慮できず、認知的要

因に限定されていて感情的要因を考慮できていない。これらは、分析上の区別として抽象化してしまい、実践や行為の具体的文脈から切り離されているところに由来する。そうだとすれば、コルブの経験学習理論もまた、抽象化され脱文脈化された理論であり、技術的合理性のモデルの下にあるということになろう。そのため、内在的批判で見てきたように、複雑性・不確実性・不安定性という特徴を有する実践の中での行為や思考を十分に表現できない理論となってしまっている。

## 2 経験学習理論の拡張へ

ここで、経験から学ぶということに、情動的要因と社会的要因がどのように関わっているかを明らかにすることによって、これまで検討してきた経験学習理論を拡張していきたい。経験から学ぶということを研究し理論化しているのは、何もコルブただ一人ではない。確かに、情動面に関わる経験からの学習は、認知可能な知識が主対象となるフォーマルな教育の中には取り入れられてこなかった。しかしながら、デューイ（1938a＝2004）、ノールズ（1970＝2002, 1973＝2012）、C.R. ロジャーズ（1983＝1984/1985）らの考えを受けながら、成人教育・成人学習の分野やインフォーマル・ノンフォーマルな教育分野で実践の蓄積を重ねてきている（Jarvis ed. 2006＝2011）。

### （1） 経験学習と情動的要因

まず、経験学習と情動的要因との関連について考察していく。変容的学習の理論（Mezirow 1991＝2012）では、方向性の混乱をともなう経験、したがって感情が揺れるところが変容的学習の起点となると論じられている。また、本章でも触れてきたショーンの省察理論では、先の引用文で示したように、行為の中での省察は、行為の中で驚き戸惑うところから省察が深まっていくのである。経験から学ぶ過程にとって、情動的要因の働きは、その起点において関わってくる。感情が動くことで、状況が行為者にとって問題となり、その経験への意味の探究が導かれる。むしろ、状況が行為者にとって問題となるようなところでは、多くの場合、感情が動き、そこからその問題の意味の探究が導かれるといったほうが正確であろう。

情動的要因は、また、行為の中の省察を進める過程にも関わっていると考

えられる。デューイ（1938a）が目的に向けた行為への遅延の中で観察や判断がなされるといったように、行為やその帰結に関わって意図・目的が挫かれる時や意識せずに意図・目的が達成されるのではない場合に、行為の中の省察が進む。そうだとすれば、目的や意図が挫かれることからくる何らかの感情に対処しながら、行為の中の省察を進める必要がある。行為の中の省察にとって障壁となることもあれば、そうした感情がエネルギーとなって辛抱強く省察を推し進めるということもあるだろう。感情の動き故に、省察せずにはいられないということもあるだろう。情動的要因は、このように、行為の中の省察という経験から学ぶ過程においても重要な働きをしていると考えられる。

また、*Using Experience for Learning* を著した D. ブードら（1993）は、情動的要因との結びつきを含めて経験から生じる学習を次の5つの命題にまとめている。

1　経験は学習の基盤であり、学習を刺激するものである。
2　学習者は自らの経験を積極的に構築する
3　学習は全体論的なプロセスである
4　学習は社会的・文化的に構築されている
5　学習はそれが生じる社会的・情動的文脈の影響を受けている

コルブの示した命題（二の3の(1)）と重なりながらも、情動的要因や社会的要因を経験からの学習に絡めている。

ブードら（1993）は、また、学習を知識との相互作用、他者との相互作用、感情や認識を含めて自分自身との相互作用から捉えている。学習には、第1章でも見てきたように、対象との関係、他者との関係、自己との関係という3つの関係が関わる（河井 2015；松下 2015, 2016；佐藤 1995）。そうした学習の広がりからしても、認知的・個人的なコルブの経験学習理論が限定的であることが分かる。ブードらの命題に即していえば、学習が構築される文脈がもつ社会的・文化的性質を視野に入れ、自ら学習を構築していく中での認知と情動を含む全体的プロセスとして、経験からの学習を捉えていく必要がある。

したがって、情動的要因は、経験から学ぶ起点においても過程においても

重要な役割を果たしている。経験から学ぶことを全体論的に捉える上でも、認知的要因のみならず情動的要因を経験や思考や行為に関連づけて捉えていく必要があるのである。

### （2） 経験学習と社会的要因

次に、経験学習と社会的要因との関連について考察していこう。経験からの学びということも学びである以上、認知の働きと行為と思考だけでなく、対象との関係、自己との関係、他者との関係が関わっている。その経験自体においても、経験から学ぶ過程においても、他者との関係性が関わっている。むしろ、他者との関係性なしに経験がありえるのだろうか。経験との関係では、他者との関係性に目が開かれているのか盲目であるかの区別があるだけである。

ただし、以上の説明では、経験学習を考える上では、具体的な他者との相互作用だけを考慮に入れればそれで十分という説明に受け止められかねない。実際には、ブードらの命題にもあるように、学習が構築される過程では文化的・社会的文脈からの影響を受ける。また、経験から学ぶ過程で重要な役割を果たす省察にとって、文化的・社会的文脈を考慮することが重要になる。ショーンが提起したように、行為の中の省察において、行為やその中の認識が対象化されて行為者や行為に返っていく。したがって、経験から学ぶ過程においては、認識が、経験から学ぶ過程と文化的・社会的文脈とを結びつけている。認識は、一方で省察の対象となり、他方で社会的・文化的文脈に絡まって構築されているからである。

さらに、これまでの成人教育学では、経験からの学びにおける文化的・社会的文脈の影響は、認知・認識することそれ自体よりは、認知・認識することの枠組に及ぼされているとする研究知見を蓄積してきている。J. ヘロン (1992) は、経験学習の4つの機能と認識のあり方の関係性を明らかにしている。経験学習には、感情と情動を含む情緒性、直観と想像力からなる想像性、省察と識別を含む概念性、意図と行動に関わる実践性という4つの側面があるという。そして、認識のあり方には、経験知、表象知、命題知、実践知がある。第一に、存在の世界と関わって、情動的な認識（情動性）を主として想像的な認識（想像性）と絡む経験を通した認識としての経験知がある。第二に、

現象の世界と関わって、概念的な認識を主として創造的な認識が組み合わせられている表象を通しての認識としての表象知がある。第三に、本質の世界と関わって、省察（概念性）と意図（実践性）とが結びつく命題を通しての認識としての命題知がある。最後に、実存の世界と関わって、実践することを主として情緒的な認識と結びついて実践を通しての認識として実践知がある。

　こうした経験から学ぶ過程における認識のあり方は、技術的合理性に抗う批判的・省察的科学の発展を目指したJ. ハーバーマス（1969＝1996）の議論とも結びつけられている。W. カーとS. ケミス（1983）は、ハーバーマスの知を構成する3つの関心、技術的関心、実践的関心、解放的関心についての議論を批判的科学やアクション・リサーチに接続した（Carr 2006; Kemmis 2007）。技術的関心は、目的への達成を効率的にすることへの関心である。技術的関心に基づく知は、WhatとWhyについての知であり、ヘロンの命題知と関連する。実践的関心は、実践での意思決定を賢明なものにすることへの関心である。実践的関心に基づく知は、What, How, Whenについての知であり、解釈的・診断的な知であり、ヘロンの実践知と関わる。最後に、解放的関心は、非自律的な状態から自律的な関心へと変容することへの関心である。解放的関心に基づく知は、知の準拠枠組（したがって行動や解釈の準拠枠組でもある）を批判していく知として、行為者の自己変容やパースペクティブ変容につながっていく。その批判的省察は、準拠枠組を構成している文化的・社会的文脈の影響への問い直しへと通じている。さらには、自らの実践の変化、そして社会に変化を生みだすことにも通じている（Kemmis 2001）。

　社会的要因を考慮することへ経験学習理論を拡張するのにともなって求められることは、実践における個々人が、知の構築の仕方に対する制約となっている枠組に対して、その枠組をなしている文化的・社会的な基礎構造を省察に取り込もうとすること、そして経験や経験の解釈への内在的・外在的制約・枠組を解放しようと省察することの両方を追求することである（Gregory 2006＝2012）。

　したがって、社会的要因は、具体的な他者との相互作用として関わることに加え、文化的・社会的文脈として省察過程に関わり、認識の枠組に影響を及ぼしている。その社会的要因を考慮することがないならば、その経験学習

理論は、そもそも技術的に見ても実践的に見ても十分に質の高いものとはならない。技術的・実践的な認識とはなっても、解放的な認識とは言えず、批判的・省察的科学の理論の資格を持たないこととなる。経験から学ぶことを通じて、学習者がパースペクティブを変容させていくことや社会の捉え方を革新すること、そして社会への革新を考えることを方向目標として持つのであれば、そのような社会的要因を欠いた理論的把握では不十分ということになろう。具体的な他者との相互作用を考慮することに加え、認識の枠組に影響を及ぼす文化的・社会的影響を捉え直すこと、そして実践の変化とその先の社会の変化を生みだしていくことを射程に収めることが経験学習理論においても求められるのである。

### 3　経験から省察がなぜ生じるのか（2）

　経験の中で「行為の中の省察」はどのように生じていくのか、そして経験と行為とその中での省察を経て、それらから意味を汲み取って成長していくような省察はどのようにして生じていくのか。最後に、「経験から省察がなぜ生じるのか（1）」において拡張された問いに対して、本節での考察を踏まえて考察していくことにする。

　まず、経験の中での「行為の中の省察」は、驚きや戸惑いなどの情動的要因に関わって生じる。経験から意味を汲み取る省察においても、認知的要因と情動的要因とが関わってくる。認知的要因は、対象化されて概念化されるか、暗黙のままであるかである。情動的要因によって省察が進められる場合もあれば、情動的に混乱を来して省察が滞る場合もあり得る。そしてまた、そうした経験もそこからの省察も、個人的なものではなく、他者とのかかわりの中での社会的なものである。

　そうした省察は、目的の達成のための道具という技術的関心や実践での効果的な意思決定のような実践的関心に導かれている。さらに、文化的・社会的文脈からの影響を受ける省察の認識枠組への絡まりを解放していく解放的関心から省察が導かれる。認識は関心に導かれ、認識が深化することによってその方向性としての関心が実現していく（Habermas 1968＝1981）。

　そうした関心に導かれながら認識を深めるべく省察していくことで、認知

的・情動的葛藤を解きほぐし、対象との関係や他者との関係に関して経験の意味を汲み取り、自己との関係では自身のパースペクティブや認識枠組を変容させるという成長を遂げていく。それはまた、次なる実践に変化を生じさせていくことであり、ひいては社会に変化を生じさせていくことに通じていく。以上のように、経験から省察が生じていくことについての理論的説明を拡張することができる。

## 六　「体験の言語化」科目での学びと成長の経験学習理論による解明

　最後に、経験学習理論とその批判的検討作業を踏まえ、「体験の言語化」でしていることの意味とその射程を再解釈する作業を行う。ここでは、「体験の言語化」科目が可能性として射程に納めていることを明らかにする。「体験の言語化」科目は、あくまで一科目であり、さしあたってその射程の全てを実現・達成することができるわけではないと考えられるが、それでも射程を示すのは、その可能性を広く示しておくことが、可能性の実現の一助につながりうると考えるためである。

　まず、「体験の言語化」科目の第一段階として、受講生がすることは、自分自身の具体的な経験について、その時の自分や他者の気持ちを多層的に表現することであった。それは、経験に関わる情動的要因について省察することである。そして、経験の中での情動的要因は、経験の中での「行為の中の省察」と関わっている。驚きや戸惑いとともに、新たなことを考えたり気づいたりする。そうした「行為の中の省察」をふりかえって、授業の中で対象化して省察する。それは、「行為の中の省察」についての省察である。

　そして、その経験の中での自分の感情だけでなく、立場を変えて関わる他者の考えや見方や感情についても考える。立場、すなわちポジションを変えることで、同じ１つの出来事でも羅生門的に見えること感じること考えることが変わってくる。そうして、他者のポジションを経て自分のポジションに戻ってくることで、新たに、自分の経験や行為や「行為の中での省察」について省察していくのである。

　「体験の言語化」科目は、授業として、毎回の授業を通じて、学生に省察す

るよう構造化されている。自分の経験、行為、「行為の中の省察」、その時の感情、関わる他者の感情といったことを想起することが求められる。その時どんなことを感じたか、その感情はどのような感情だったか、気づいたことや考えたことは何かといったことが受講生に問いかけられている。問いかけることは、学習プロセスの起点となり、記憶の想起、あまり意識せずに学んだことや暗黙知の明確化、問いの枠の中での探究プロセスあるいは問い自体を構成していくプロセスといった学びに学習者を方向付ける（Jarvis 2006）。こうした問いかけを通じて、受講生は経験の意味を探究する。経験の意味は、その時その場での行為や出来事が何を意味しているのかという状況に向かう意味と、その経験が自分にとってどういう意味があるのかといったように自分自身に向かう意味とがあり、その両方の意味の理解を追求していく。また、行為や出来事がそこで関わる他者にとってどういう意味があったのかというように他者へ向かう意味も探究の対象となる。こうして、経験の意味を様々なポジションから、またポジションを移動しながら考えられいくのである。授業者は、ファシリテーターとして、異なる視点や異なるポジションを提起し、学習者が自律的に意味を探究できるよう環境を整える役割を担う（Jarvis ed. 2006 = 2011）。

　第二段階として受講生がすることは、社会課題を探究していくことであった。受講生は、その時も、今も、意識されることの少ない前提として行為や認識の枠組に関わってくる文化的・社会的影響を問うよう方向付けられる。どういった社会課題があるか、そして様々な社会課題がどう関連しているかということを考えていく。私たちが意識しようとしまいと日常生活に深く関わっている社会課題について意識的に考える機会となっている。この段階では、たんに自分自身の経験に「関わっている」という以上に、自分自身の経験や行為や「行為の中での省察」、そしてそれらについて授業の中で取り組んでいる省察といったものに対して制約として影響を及ぼしているものを深く追究することへ方向付けられている。そうした意識されない影響を省察することで、新たなパースペクティブが開かれる可能性があるのであり、経験や行為や自分自身の捉え方を新たにする可能性があるのである。

　最後に、第三段階として受講生がすることは、社会課題と自分の体験を有

機的に結びつけた上で、自分の言葉で語りに変えていくことであった。経験に関わる感情を多層的に表現することはその経験や自分自身を対象化することであり、自分自身に向くことである。社会課題の分析のように社会課題を対象化していくと、自分自身への方向付けから離れてしまうことがままある。そこで、両者を有機的に結びつけるよう方向付けるのがこの段階である。

経験の意味を探る際に、自分のポジションに身をおいて自分の気持ちをふりかえることと、他者のポジションに身をおいて他者の気持ちを想像するというようにポジションを変えていったのと同様に、自分の経験に向くポジションと社会課題に向くポジションとを入れ替えながら、語りとして有機的に結びつけることが求められている。こうしてポジションに身をおくことをポジショニングと言い、ポジショニングを変えていくことで対話的に自己形成がなされていく（溝上 2013）。「体験の言語化」科目では、自分や他者の感情の多層的理解に基づく経験の意味理解、自分自身の経験からその省察までに制約的に影響を及ぼしている社会課題への理解、そしてその経験と社会課題との有機的関連の認識、それらを通じて自分自身の新たなパースペクティブの形成といった形で、広い意味での自己形成を遂げていく。

それらが語りとして形成されることが持つ意義がある。語るという行為に関わるのは、語る自分と語られる内容とがある。「体験の言語化」では、自分の「体験の言語化」という意味で、広い意味での自己物語が語られる内容となる。自分自身の経験について語るという意味で自分に向かい個性化しうる一方で、その経験と社会課題との関連を語ることが求められ社会的・共有的である語りが求められる。先のポジショニングとその変更による自己形成に加えて、物語的自己論によれば（McNamee & Gergen 1992 = 1997）、自己や自己に関わることを語ることを通じて、自己が形成されると言える。語られた物語が自己形成に通じるということに加え、語るということに方向付けられることもまた自己形成の過程を進める。語るという着地点があることで、経験から意味を汲み取ることへと方向付けられる。経験への省察とそれをもとに語るという過程全体はまた、被制約的であった経験や、そこでの行為や省察、そしてそこでの自分自身を制約から解放することにつながる。それは、自分自身の経験を自分自身のものとするということを意味する。そしてまた、意

識されていなかった制約のもとにあった経験や省察や自分自身を相対化することは、経験や自己のそれまでとは異なるあり方へ向かうことにも通じている。

本章では、「体験の言語化」における学生の学びと成長について理論的説明を行い、その持っている可能性や射程について明らかにしてきた。経験を自分のものとしていく自己形成のような学びと成長の射程を実現していくことで、学習者のパースペクティブや自己が変容し、新たな行為が変容し、そして実践に変化が生まれていく。それらは、「世界をちょっとでもよく」(早稲田大学平山郁夫記念ボランティアセンター 2010) することに通じ、社会の変化に通じているだろう。実践の中の難しさは数多あるかもしれないが、1つひとつの授業での実践と学生の学びと成長が、そうした実践の変化、社会の変化につながっていよう。その可能性は閉ざされてはいないのである。

[1] コールバーグやペリーの理論自体においても、ピアジェの理論を青年期以降に延長できることについての理論的説明は不十分であり、またその延長の仕方についても検討の余地があるが、ここでは立ち入らない。
[2] そもそも、個人差、社会的要因、感情のような情動的要因、実践要因を考慮しない単線的発達モデルとピアジェの理論を断じるのは、ピアジェ理解に問題があるだろうが、その点は立ち入らなくても良いだろう。
[3] 子ども期と大人期の違いは、突き詰めると、移行期としての青年期の境界区分の問題であるが、ここでは立ち入ることはしない(参考：溝上 2010)。

**参考文献**

Boud, D., Cohen, R., & Walker, D. (1993). *Using experience for learning*. McGraw-Hill Education.
Bruner, J.S. (1966). *Toward a Theory of Instruction*. W.W. Norton. (田浦武雄・水越敏行訳 (1977)『教授理論の建設』)
Carr, W., & Kemmis, S. (1983). *Becoming critical : Knowing through action research*. Deakin University.
Carr, W. (2006). Philosophy, methodology and action research. *Journal of Philosophy of Education, 40*(4), 421-435.
Dewey, J. (1938a). *Experience and Education*. The macmillan Company. (市村尚久訳 (2004)『経験と教育』講談社学術文庫)
Dewey, J. (1938b). *Logic : The theory of inquiry*. Holt, Rinehart & Winston. (河村望訳 (2013)『行動の論理学――探求の理論』人間の科学新社)
Flavell, J. (1963). *The Developmental Psychology of Jean Piaget*. Van Nostrand Reinhold. (岸本弘・岸本紀子訳 (1969-1970)『ピアジェ心理学入門』明治図書出版)

Gregory, J. (2006). "Principles of experiential education," In. P. Jarvis ed. *The theory and practice of teaching*. Routledge. Pp. 114-129.（「経験学習の諸原理」渡邊洋子・吉田正純監訳（2011）『生涯学習支援の理論と実践——「教えること」の現在』明石書店. Pp. 190-212.）

Habermas, J. (1968). *Erkenntnis und interesse*. Frankfurt：Suhrkamp.（奥山次良・八木橋貢・渡辺祐邦訳（1981）『認識と関心』未來社）

Habermas, J. (1969). *Theorie und praxis*：*Sozialphilosophische studien*. Suhrkamp.（細谷貞雄訳（1996）『理論と実践——社会哲学論集』未來社）

Heron, J. (1992). *Feeling and personhood*：*Psychology in another key*. Sage.

Holman, D., Pavlica, K., & Thorpe, R. (1997). Rethinking Kolb's Theory of Experiential Learning in Management Education The Contribution of Social Constructionism and Activity Theory. *Management Learning, 28*(2), 135-148.

Jarvis, P. (2006). *Towards a Comprehensive Theory of Human Learning* Routledge.

Jarvis, P. (Ed.). (2006). *The theory and practice of teaching*. Routledge.（渡邊洋子・吉田正純監訳（2011）『生涯学習支援の理論と実践——「教えること」の現在』明石書店）

Kayes, D.C. (2002). Experiential learning and its critics：Preserving the role of experience in management learning and education. *Academy of Management Learning & Education, 1*(2), 137-149.

河井亨（2015）「大学生の成長理論の検討—Student Development in College を中心に—」『京都大学高等教育研究』20：49-61.

Kemmis, S. (2001). Exploring the relevance of critical theory for action research：Emancipatory action research in the footsteps of Jurgen Habermas.*Handbook of action research*：*Participative inquiry and practice*, Pp. 91-102.

Kemmis, S. (2009). Action research as a practice-based practice. *Educational Action Research, 17*(3), 463-474.

木村充（2012）「職場における業務能力の向上に資する経験学習のプロセスとは——経験学習モデルに関する実証的研究」中原淳編『職場学習の探究——企業人の成長を考える実証研究』生産性出版. Pp. 33-71.

Knowles, M.S. (1970). *The Modern Practice of Adult Education*：*Andragogy vs. Pedagogy*. Association Press.（堀薫夫,・三輪建二監訳（2002）『成人教育の現代的実践——ペダゴジーからアンドラゴジーへ』鳳書房）

Knowles, K.S. (1973). *The Adult Learner*：*A neglected species*. Butterworth-Heinemann.（堀薫夫,・三輪建二監訳（2013）『成人学習者とは何か：——見過ごされてきた人たち』鳳書房）

Kohlberg, L. (1969). "Stage and Sequence：The cognitive developmental approach to socialization," in Goslin, D.A., ed. *Handbook of Socialization Theory and Research*. Rand Mcnally.

Kolb, A. Y., & Kolb, D. A. (2005). Learning styles and learning spaces：Enhancing experiential learning in higher education. *Academy of management learning & education, 4*(2), 193-212.

Kolb, A.Y., & Kolb, D.A. (2009). Experiential learning theory a dynamic, holistic approach to management learning, education and development. In S.J. Armstrong, & C.V. Fukami, eds. *The Sage Handbook of Management Learning, Education and Development*. Sage Publication. Pp. 42-68.

Kolb, D. A. (1984). *Experiential Learning*：*Experience as the source of learning and development*. Prentive-Hall.

Kolb. D. A. (2014). *Experiential Learning*：*Experience as the source of learning and*

*development*（$2^{nd}$ ed.）. Pearson Education.
Lewin, K.（1951）. *Field Theory in Social Sciences*. Harper & Row.（猪股佐登留訳（1979）『社会科学における場の理論』誠信書房）
松尾睦（2006）『経験からの学習——プロフェッショナルへの成長プロセス』同文館出版.
松尾睦（2011）『職場が生きる人が育つ「経験学習」入門』ダイヤモンド社.
松下佳代（2015）「ディープ・アクティブラーニングへの誘い」松下佳代編『ディープ・アクティブラーニング』勁草書房 Pp. 1-27.
松下佳代（2016）「アクティブラーニングをどう評価するか」松下佳代・石井英真編『アクティブラーニングの評価』東信堂. Pp. 3-25.
McNamee, S., & Gergen, K.J.（1992）. *Therapy as social construction*. Sage.（野口裕二・野村直樹訳（1997）『ナラティブ・セラピー——社会構成主義の実践』金剛出版）
Mezirow, J.（1991）. *Transformative dimensions of adult learning*. Jossey-Bass.（金沢睦・三輪建二監訳（2012）『おとなの学びと変容——変容的学習とは何か』鳳書房）
溝上慎一（2010）『現代青年期の心理学——適応から自己形成の時代へ』有斐閣.
溝上慎一（2013）「ポジショニングによって異なる私—自己の分権的力学の実証的検証—」『心理学研究』, 84(4)：343-353.
中原淳（2013）「経験学習の理論的系譜と研究動向」『日本労働研究雑誌』55(10), 4-14.
中垣啓（2007）「認知発達の科学のために」J. ピアジェ『ピアジェに学ぶ認知発達の科学』北大路書房. Pp. vi-xxix.
Perry Jr, W.G.（1968）. *Forms of Intellectual and Ethical Development in the College Years : A Scheme*. Jossey-Bass
Piaget, J.（1970）. Piaget's Theory. in P. H. Mussen, ed. *Carmichael's manual of child psychology*（$3^{rd}$ ed.）, *Vol. 1*, John Wiley & Sons.（中垣啓訳（2007）『ピアジェに学ぶ認知発達の科学』北大路書房）
Piaget, J.（1971）. Psychology and Epistemology. Pengiun Books.（滝沢武久訳（1977）『心理学と認識論』誠信書房）
Rogers, C.R.（1983）*Freedom to learning for the 80's*（$2^{nd}$ ed.）. Merrill.（友田不二男監訳（1984）『自由の教室』岩崎学術出版社、伊藤博訳（1984）『人間中心の教師』岩崎学術出版社、友田不二男監訳（1985）『教育への挑戦』岩崎学術出版社）
佐藤学（1995）「学びの対話的実践へ」佐伯胖・藤田英典・佐藤学編『学びへの誘い』東京大学出版会. Pp. 49-91.
Schön, D.A.（1983）. *The Reflective Practitioner : How professionals think in action*. Basic books.（柳沢昌一・三輪建二監訳（2007）『省察的実践とは何か——プロフェッショナルの行為と思考』鳳書房）
早稲田大学平山郁夫記念ボランティアセンター（WAVOC）（2010）『世界をちょっとでもよくしたい——早大生たちのボランティア物語』早稲田大学出版.
山内祐平（2016）「アクティブラーニングの理論と実践」永田敬・林一雅編『アクティブラーニングのデザイン』東京大学出版会. Pp. 15-39.

# 第 4 部

# 学術院の専門教育と
# 体験の言語化の交差点

# 第1章
## 「体験の言語化」の言語化
――「福祉」を巡る<「体験」と「言語化」>を手掛かりとして――

久塚純一

### 一　はじめに

　文字化された「体験の言語化」を示されるとなんとなくわかったような気がする。ところが、「体験の言語化」について執筆するとなると、限りなく???となってしまう。それは、「体験の言語化」が、「体験」にしろ「言語化」にしろ、それらを組み合わせた「体験の言語化」にしろ、一般化できる極めて大きなテーマであるからである。一体「何」をいかに扱うべきか。そこで、実際、「体験の言語化」をインターネットで検索してみると、数多く出てくるのは、早稲田大学グローバルエデュケーションセンター科目「体験の言語化」（早稲田大学平山郁夫記念ボランティアセンター＝以下ではWAVOC＝）についてである。このことは話をさらに複雑にさせることになる。なぜなら、一般化できる極めて大きなテーマであるとした「体験の言語化」は、同時に、他方で、<「特定の大学」の「特定の科目名」>＝「TAIKENNOGENGOKA」＝でもあるからである。ということは、「このテーマ」は、扱い方次第では極めてドメスティックで限定的なテーマとなってしまうということである。自分の家にいる「イヌという名前が付けられてしまったイヌ科の動物のイヌ」の説明を求められたようなもので、文字は「イヌ」で、音は「I-NU」でも、説明している側自身が、自分は、今、「固有名詞のイヌ」と「普通名詞のイヌ」の、どちらのことを説明しているのだろうと混乱してしまう。説明を受ける側はもっと大変なはずである。ところが、実際の会話では、何となく通じてしまうこともある。この「何となく」が曲者なのである。

　<「特定の大学」の「特定の科目名」>はそれを指し示す「固有名詞」である。そして、たとえ「個別の科目名」は知らなくても、「科目の名称（というモ

ノ)」の存在については知っている。「大学」と「科目名」のこのような関係は、「ほとんどの人に氏名が付けられている」社会の中で、(固有名詞としての)「様々な氏名」が存在しているようなものである。(固有名詞としての)「×川」のままの状態でソレ自体を「言語化」することは不可能である。しかし、＜固有名詞としての「×川」という苗字＞は、＜△県に「×川」という苗字が多いのは〇〇〇の理由による＞などとされることによって、＜固有名詞としての「×川」という苗字＞であっても、論じることに困難性を伴わないテーマとなり、「言語化」されることとなる。

　本論との関係でいえば、＜「自分が心に引っ掛かった体験」を思い起こし、その体験を改めて捉えなおす中で、個人の体験を単なる個人的な経験ではなく、社会の課題に結びつけ、実践と理論を結びつける思考プロセスを学びます＞という＜全学オープン科目「体験の言語化」についての説明＞という科目の説明やWAVOCのパンフレットに見られる＜「大学生が社会で起きている出来事を当事者として捉えない」……2014年よりWAVOC提供で始まった科目「体験の言語化」は、「学生の当事者意識の欠如」への危機感から始まりました」＞という、この科目が設置されるに至った意図を踏まえることによって、「固有名詞」でしかなかった「体験の言語化」は一般化されうるテーマに近づくことになる[1]。より具体的に言えば、固有名詞としての「科目名」に意味を付与することになるキーワード、①「体験」、②「自分が心に引っ掛かった体験」、③「個人の体験」、④「言語化」、⑤「社会の課題」、⑥「社会で起きている出来事」、⑦「当事者」、などを取り上げることによって、「言語化」することが困難な＜固有名詞としての科目名「体験の言語化」＞は、＜「テーマ」としての「体験の言語化」＞という一般性を確保することになるのである。

## 二　なぜ＜「福祉」を巡る＞としたか

### 1　対象への接近

　至極当然のことのように感じられる「その状態」は、その場に「紛争状態」や「対立」が存在しないことのようにもみえるが、実はそうではない。実際

第1章 「体験の言語化」の言語化　193

には、ソレを構成している複数の要素が絶妙のバランスを保ち、一見したところ「自己完結的」な様相を呈しているだけなのである。わざわざ「言語化」することではないと感じさせている「自己完結的」な状態は、従って、＜ソレについての「言語化」の困難性＞を伴ったものとして存在している。「大学生が社会で起きている出来事を当事者として捉えらない」ということがあるとすれば、そのことは、構造上、当人にとっての「自己完結的なこと」が生じていることとの関係で、「言語化」しづらいことになっているのではないか？　そのような大まかな「問い」が、ここでは設定されることとなる。

　＜「言語化」しづらい状態＞とは、どのようなコトの結果として生じるのであろうか。言い換えれば、＜結果として、至極当然のことのように感じられる「その状態」となること＞は、どのようにして生まれるのであろうか。このようなことを検討するためには、例えば、「大学での講義」、「ボランティア体験」、「福祉」のような、ソレが存在していること自体が「当たり前のことのように思えていること」を意識的に採りあげなければならない。そして、そのように感じさせているモノが生み出される過程や構造、さらには、そのような「自己完結的なモノ」が生み出すことになる「際」の部分を上手く見つけ出すことができれば、「論じる価値のある対象物」に接近することが可能となる。

　そのようなことから、『この本』で私が行うことは、先ほどあげた幾つかのキーワードを念頭に置いて、「自己完結的なモノとする仕組み」を隅々にまで張り巡らせた「装置」（＝例えば、「福祉」というようなモノ）を切口として、そのような「装置」が生み出すことになる「際」の部分を取り上げることによって＜「体験の言語化」の言語化＞を試みる作業ということになる。

　ところで、私は哲学や言語学の専門家ではない。従って、哲学や言語学等で「作法」や「意味内容」が定められている（とされる）用語を、それらのマナーから逸脱して使用することがあるかもしれない。しかし、私が、ここで「体験の言語化」について論じるにあたっては、そのようなことに接近せざるを得ない場合もある。そのようなことから、生じる可能性のある危険性を回避するために、できる限り、私の専門である「福祉」に近い「場面」を設定しつつ論じることとする。

## 2 一般化された「大切なコト」の生成

　現代日本において、「福祉」は拡大し、大衆化した。そして、「福祉」は「自己完結的なモノ」となっていった。結果として、個別のことについての疑義があるとしても、総体としての「福祉」の存在は、あまりにも当然のことのように思われるものとなった。

　ここに至る過程で、見落としてならないことは、「育児」や「介護」に関するニーズの「量」的不足という「言語化」がなされていることである。ただし、そのような「量」的ニーズに応えるためには、「福祉」を大衆化させるだけでは不十分である。前提的なこととして、＜「福祉」について考えたり、実践したりすることは大切なことである＞という、個別のことの上位に存在するものとしての地位が「福祉」に対して与えられなければならない。結果として、＜大切なことについて考えたり、実践したりしているのであるから、根本から疑うような「言語化」をしてはならない＞というイデオロギーが産出されることになる。ここでは、＜「当然のこと」のように思うこと＞と、それによって周辺に追いやられた＜根本から疑うようなこと＞をめぐって「際」が生じることになる。

　前提的な価値としての地位を付与された「福祉」は、次なる課題を担うこととなる。それは、「地位を与えられたもの」の価値をさらに高めることである。なされることは、「誰でもできるレベルのこと」とは次元の異なる、「限られた人だけができるレベルのこと」＝「専門職」についての国家による資格の認定＝を多種多様に人為的に創出することである。「言語化」することが許される側の人々を、国の制度として人為的に創出するのであるから、結果として生じることは、「福祉の世界」における「専門家化の時代」＝「認定権限へのすり寄り」ということとなる。＜国家による資格の認定＞は、一方で、「ちゃんとした国家資格がほしい」という専門職予備軍の切望としてあらわれ、同時に、他方では、「ちゃんとした資格を持っていない者は駄目だ」という大衆の心性としてあらわれることになる。この段階での「際」は、＜「言語化」する権限を国家によって認定された者＞と＜自らのことを自らが「言語化」できない者＞をめぐって生じることになる。結局のところ「俄仕立てのプロ」の氾濫が生じることとなる。注意しなければならないことは、その「俄仕立

てのプロ」の氾濫が、「ソレ」にとどまるようなものではないということについてである。やっかいなことに、「ソレ」は「俄仕立て」であったとしても、「創出された排他的な地位(を得た者)」であることには間違いがないのである。ここでは、＜「国家による資格の認定」と「俄仕立て」の合体によって創り出された膨大なモノ＞と＜それらの拒否＞との間で「際」が生じることになる。「黒に近いグレー」を「白の範疇に取り込む」というような過程の繰り返しによって、「福祉」は「自己完結的なモノ」として強固な存在となる。

### 3　私的な「行為」の社会化

「福祉」が「総体としての自己完結的なモノ」となってゆく過程は、私的な「行為」でしかなかったものが社会化する過程ともいえる。先ほど述べた「福祉」における専門家化現象は、人々の日常感覚や(国家資格としての)「専門職」という段階にとどまらずに、さらに大きな役割を果たすことになる。専門家化現象は「福祉についての研究」のレベルにまで浸透し、国の政策にまで影響力を行使することとなる。極言すれば、「楽屋落ち」でしかなかった私的な「行為」が、(普遍的な意義を有する)「研究(にまで昇華したもの)」として「言語化」されることさえありうることになる。なぜなら、少し以前までは「俄仕立てでしかないもの」と評価されていたようなものであっても、さらには、もっぱら、「私的な行為としてのもの」でしかないとしても、それらは、同時に、(たとえば、「福祉」の専門家を育成する研究・教育者という)「(システムとしての)お墨付きをいただいたもの」として存在することになっているからである。

私的な「行為」でしかなかったものが「公」の場で「言語化」され、政策化されることは珍しくない。例えば、各省庁のホームページなどで公開されている審議会や検討会での「記録」を見ていただきたい。「私の家では介護はコレコレのように……」というような、(もとはと言えば)私的な「行為」であったものが、「審議会の委員として認定されたあの先生が言うのだから」という具合に、私的な「行為」から脱皮して、説得するための後ろ盾として使用され「言語化」されることは珍しくない。そして、その「言語化」が、「ソレはお宅の家でのことでしょ」とはならずに、「良い介護はコレコレのように……」というのが一般的なことなのであろうという具合に、「普遍性を持つような

もの」に瞬時に「お色直し」してしまうことはよく見られる。ここにみられる構造を読みとることはきわめて大切である。多くの人々が、知恵を授ける専門家として氾濫していることは、新聞、テレビに溢れる介護・育児・ボランティアについての「言語化」された情報からも読み取ることができる。コメンテーターによってなされた「言語化」を受け取る側も、「ソウ！ソウ！うちもソウだったワ」という具合に「言語化」することになる。ある時期までは「素人（であったはずの）双方」が「専門家の同志」となってしまうのである。この段階では、双方の「言語化」は、かつて言われていた素人の経験＝＜私的な「行為」の「言語化」＞＝というようなものではなくなっているのである。

## 三　私的な「行為」の社会的「体験」化

### 1　私的「行為」の選別

　＜「ホームレス」のそばを通行した「映像」＞は、＜単に、「ホームレス」のそばを歩行した「行為」＞のようにも見えるし、＜余分なお金がなかったので、のどが渇いていそうな「ホームレス」を、申し訳ないことにやり過ごしてしまった「体験」＞のようにも見える。はたしてどちらなのであろうか。ここで大切なことは、「どちらが正解かを言い当てる」ということではない。「はたしてどちらなのであろうか」という「問い」は、言い換えれば、「体験」とは何か？ということなのである。「行為」のある部分のみを「体験」として切り取ることなどできるのであろうか。さらには、逆に、「いくつかの行為」を寄せ集めて、社会との関係で「体験」として捉えることなど可能なのであろうか？もっと言うなら、「全体的な脈絡」などというものはあるのであろうか。あるとするなら、ソレはどのようにして決められているのであろうか。問われなければならないことは、たしかにソレは＜「私」の「行為」＞であるとしても、そのうちの何が＜「私」の「体験」＞であるのかということである。気がつかなければならないことは、＜「私」が実行したこと＞でありながらも、それを＜「私」の体験＞として選び出すことができないようになってしまう構造があることについてであり、結果として、「私」にとっては、＜与えられる「体験」＞しかないということが生じる、ということについてである。

極端な表現をするなら、そこにあるものは、「あなた達から」推奨され、「私によって」推奨され、「社会によって」推奨されることになる、「言語化される対象」としての「体験」ということとなる。ただ、この点は少し複雑である。なぜなら、「言語化される対象」として推奨される「体験」とは、①＜実行された「行為」自体＞が推奨される（ことになっている）ものであった結果、推奨される「体験」となった場合と、②＜実行された「行為」＞自体が推奨されるものであるか、否か、ということとは別に、＜「言語化」される対象として＞推奨されるものであった結果、推奨される「体験」となった場合の２つがあるからである。「ボランティア」という「行為」は、①と②の両方を含むことになるが、①の要素が強いために、「行為」自体がすでに「自己完結的」な体系に包摂され、ことさらのように「言語化」するには困難性を伴うものとしてある。とはいっても、「行為」ソレ自体がいかに意義ある重要なこと（とされていること）であっても、「行為」が意識化され「言語化」されることがなければ、個々の瞬間は、「（単なる）事実」として消費されてしてしまうのである。もし、踏みとどまることが大切であると考えるのなら、＜「私」が実行した「行為」＞を＜「他者」との関係＞で＜「私」の「体験」とする＞ということに意を注がなければならない。いわば、「体験」とは、「行為」をなした人とは独立して存在している「装置」であり、同時に、ソレをどのようにして使うかというような意味での「道具」でもあるのである。

## 2　私的な「行為」と「体験」

「行為」をなしたその人にとって、自発的なボランティア「行為」がどのような「体験」として「再構成」されるかは複雑である。はたして、「その行為」は＜「行為」をなしたその人の「体験」＞であるのであろうか。まず、＜「私的なこと」と「社会的なこと」＞を念頭に置いて、＜「行為」と「行為者」と「体験」＞という世界がどのようなものか？ということから考えてみよう。記録された映像で見る限り、「監視カメラ」に残っていた「私」についての映像は、７つくらいに分節化された「私」の「行為」を記録しているもののようでもある。

「抽象的な人としての私」の「行為」は以下のようなものである。

　①店の外からコンビニの店内をのぞき入った。
　②奥の果物を手に取った。
　③何も買わずに店を出た。
　④歩いた。
　⑤人に声を掛けられた。
　⑥質問された。
　⑦答えた。

　ところが、「(行為を行った) 私」の「(教授である私の) 体験」は以下のようなものである。「(教授である) 私」は、何気ないそぶりで店の外からコンビニの店内をのぞき、客がいなかったので入った。いつ、トイレから人が出てくるかわからないという気持ちを持ちながら、「成人向け雑誌」のコーナーをやり過ごした「(教授である) 私」は、その奥の果物を手に取り、果物を買ったついでのようにして「エロ本」を買おうとしたが、アルバイト店員が私の講義を受講している学生だったらどうしようなどと考えて、買うのをやめて、その店を出て、少し離れた他の店を探して歩いた。誰が見ても、確かに「(教授である) 私」は「歩いている」のだが、ただ歩いているのではなく、「エロ本」を目指して歩いていた。その途端、「こんばんは」と学生に声を掛けられてしまった。「この近くですか？」と問われた「(教授である) 私」は、「いや、健康のための散歩」と快活に答えた。「(教授である) 私」は「私」として「歩いている」のであるが、「私」は「健康のためにと称して歩いている教授」であり、従って、「エロ本」との関係でも「教授」であつた。

　このことからわかることは、＜「行為」が、一体、だれの「体験」となり、誰のものとなっているのか？＞という枠組みを設定することによって、「私たちの社会」がどのようなものとしてあるのかを描くことが可能であるということである。例えば、＜ボランティアという「行為」はだれの「体験」となっているのか？＞という枠組みを設定することによって「教育機関のありよう」を捉えることも可能となる。気がつかなければならないことは、「ボランティア行為」のように、「行為」を総体として見た場合に、いかに意義ある

「体験」(とされていること)であっても、その「行為」を捉える枠組み次第では、その「ボランティア行為」は、学生という「行為者」の「体験」とはなりえず、①バスに乗った、②現地に着いた、③モノを運んだ、④会話をした、⑤バスで帰ったというような、抽象的な「人」の＜断片化された「事実」としての「行為」の集合体＞と化してしまうということについてである。

## 3　私的な「行為」の社会的「体験」化

今一度振り返ろう。私たちは、いったい、どのようにして、＜「言語化」されるもの＞として「その場にとって、ふさわしそうだと考えられる体験」というものに気づくのであろうか。「その場にとって、ふさわしそうだと考えられる体験」は、＜「その場にとって、ふさわしくなさそうだと考えられる体験」ではない体験＞という形で確定されることになる。そこに介在しているのは、「ふさわしくなさそうだと考えられる体験か、否か」という判断ということになる。重要なことは、たとえ、具体的な人ではないにしても、「クラス」、「教育機関」、「パーティー会場」というような、「判断をする権限を有することになっている人(力)」が存在しているということに気づくことである。表面化されることが生じないにしても、そこでは、＜「その場にとって、ふさわしくなさそうだと考えられる体験」ではない体験＞として、私的な「行為」を社会的な「体験」とすることが行われている。私たちは、実行可能な「行為」のうちから、何らかの「行為」を選択して、ことに取りかかっているのである。それらは、「行為者」の社会化された意志表明の結果でもある。従って、生じていることは、私的な「行為」を社会的なものへと格上げさせることを巡ってのせめぎ合いということになる。このような例は、ある個人の限られた「行為」が「言語化」され、「社会的な意味」を持った「体験」として政策に反映される場面にも見ることができる。

> 最初に言われましたが、私も、学力よりも前に最初に体力だろう。これは森前総理がいつも言われるので私も口癖になっているのですけれども、体力がなかったら勉強もできない、こう思いますので、まず体力増強ということ、そして、そのためには非常にこのラジオ体操というのが役に立つということを強くPRしたいなと思っております[2]。

という発言に対して以下のような発言がなされることになる。

　　そしてまた、まさに中山大臣言われましたように、森前総理もいつも口癖ですけれども、まず体力がない、というのは、やはり体力がないと根気力も続かないし、知的好奇心もわかない。そうすると、どんな勉強もできないのじゃないかと私も思っております。その一つの過程としてラジオ体操を取り上げさせていただきました[3]。

　結果として、ある人の「私的な行為」としてなされていた「ラジオ体操」が、何らかの拍子に「社会的な意味」を持つ「体験」というように格上げされることも生じるのである。そうすると、解きほぐさなければならないことは、＜ある人の「私的な行為」としてなされていたこと＞と＜「社会的な意味」を持つ「体験」＞と＜「言語化」＞の関係ということになる。このことの構造をさらに細かく見るためには、「行為」のうちの、いったい何が＜「言語化」された「体験」＞なのであろうか？ということに注目しなければならない。それについては後ほど触れることとする。

## 四　「言語化」ということ

### 1　「ことば」とその内容物

　＜「言語化」する側＞と＜「言語化」される側＞の双方にとって、自由の幅が限定的であるか、否かによって、「言語化」することによって生み出される空間が不安定であったり、安定したりする。ただし、「なされた行為」自体が、揺らぎの少ない「体験」として「言語化」されうるものだとしても、「言語化」を巡ってはもう一つの難問が立ちはだかることになる。それは、「言語化」のために使用される「ことば」というものが持っている特性と関係している。

　現代日本の「社会保障」で、「制度の指導理念」として多用されている「連帯という用語」を取り上げて、「ことば」と「その内容物」との関係についてみてみよう。

　具体的な「事実」をあげるならば、①「国民生活の安定がそこなわれることを国民の共同連帯によって防止し……」（国民年金法1条）、②「国民の共同連帯の理念に基づき介護保険制度を設け……」（介護保険法1条）、③「国民の

共同連帯の理念に基づき……」（老人保健法の改正による「高齢者の医療の確保に関する法律」1条）ということになる。ここにみられる「事実」は、いずれもが「国民の共同連帯」という共通した用語を使用していることである。そして、「年金」、「介護」、「医療」についての制度が財政的な危機に瀕したときに、制度を統合したり財政調整を行ったり、さらには、社会保険の制度に税を持ち込んだりする際に「国民の共同連帯」という「ことば」が使用されていることも共通して見られる「事実」である。

　「ことば」としての「国民の共同連帯」がどのようなものとして存在しているのかをみるためには、例えば、時間軸を設定して観察することも有効である。もう一つの「事実」を挙げておこう。たとえば、「……聖戦第四年に入りて外には東亞新秩序の建設愈々進み内には銃後の護り益々堅し……就中職員健康保険制度の使命は都会生活者の健康の保持増進並び其の生活安定を図るに在り、相互扶助の精神、社会連帯の理論より此の目的を達せんとす、其の意義誠に深し。……」というような用語法や、「社会保険制度に於て保険さるる一団はその保険経済においては全く共通の責任を有し、従って保険集団なる或る限られた社会内に於ては全く共同連帯の責任に於て互いに扶助し合っていることになる。」というような用語法がそれにあたる[4,5]。ここにも「ことば」としての「社会連帯」や「共同連帯」がみられるが、これらの文章は戦時体制下のものである。①「同じ文字」や「同じ音」が使用されたということと、②その「ことば」に「内容物」として何が込められるのかということは、相互に独立したこととしてある。従って、＜「事実」の指摘にすぎない表記＞に、「内容物」として様々なことを盛り込み＜社会的なこと＞として「言語化」するというようなことは、いともたやすいことなのである。

## 2　＜「事実」の指摘にすぎない表記＞に＜内容物＞が込められ「言語化」される

　それぞれの場面において、単なる「事実」の指摘にすぎない＜「少子化」（＝○○％）という「表記」＞に「内容物」込められ、ソレは＜社会的なコト＞として「言語化」されることになる。ためしに、時間軸を設定することによって、現代日本の「少子化」（という事実）に、どのような「内容物」が込められるこ

### （1） ＜戦時体制下の日本における「少子化」＞の「言語化」

　まずは、戦時体制下の「少子化」についての「言語化」に典型的なものとして見られる場面設定を探り当てよう。戦時体制下の日本において、「少子化」は、「人口増殖」や「民族興隆」等に内包される形で「克服すべきこと」として「言語化」されてきた。典型的なものは「優良ナル所ノ結婚ヲ大イニ奨勵シ、斯クアラシムル爲ニ何等カ表彰ヲシテハ如何デアルカ、國家ニ於テ、或ハ地方自治體ニ於テ、近代ハ先程申上ゲマスル如ク、生活難ヨリ致シマシテ婚期ガ後レテ参り、謂ワレナクシテ獨身デ長ク生活ヲスル者モ數々アル……眞ニ日本國民大使命ノ達成ト結婚、人口増殖ト云フコトハ如何ニ重大ナル問題デアルカト云フコト、又青年男女ニ對シマシテ結婚ノ知識ト之ガ準備トニ付キマシテ、一段ノ教育ヲ進メル」（男爵浅田良逸）というものである[6]。その後、「人口増殖」という使命達成の鍵を握るものと位置づけされた「結婚」・「子供」・「家族」等についての「言語化」が繰り返されることになる。「結婚観ノ舊體制ヲ是正シテ、是非新シイ結婚観ヲ樹立スル必要ガアルト思フノデアリマス、即チ結婚ハ決シテ個人ノ私事デハナイ、民族興隆ノ基礎デアル、両親ヤ周囲ノ指導ノ下ニ、若キ二人ガ互ヒニ助ケ合ツテ堅實ナ家ヲ建設シ、サウシテ世界無比ノ團體ニ淵源スル立派ナ日本民族ノ血液ヲ永遠ニ生々發展セシムルト云フヤウナ使命ヲ感ジナガラ澤山ノ子供ヲ産ミ、丈夫ニ育テ、教育シテ、國家の御奉公ニ役立タシムルト云フ信念ヲ確立スル、サウ云フ氣風ヲ作ツテ行カナケレバ今日ノ大東亞戦争ノ後ニ来ルベキ大東亞ノ經營ニ當ツテノ日本民族ノ發展ト云フモノガアリ得ナイト思フ、随テ性慾ト云フヤウナモノヲ國家ニ捧ゲル、結婚ハ個人ノ私事デハナクシテ、國家興隆ノ基礎デアルト云フ結婚観ヲ確立致シマシテ、性生活ノ厳正化ヲ強調スル所ノ社會環境ヲ速カニ確立スルコトガ必要デアル」（羽田委員）という具合に、強調されたことは「結婚」や「子どもを産むこと」が個人の私事ではないということであった[7]。さらに時代が進むと、「結婚」と「子ども」については「女子ノ結婚ニ付テ結婚手当金ノ支給……ヲ織込マレマシタコトハ、人口國策遂行ノ一端ト致シマシテ洵ニ結構ナ親心ト私ハ敬服シテ居ル所デアリマスルガ、思ヘバ子供ハ個人ノ子供デナクテ、國家ノ子供デアリ、畏多イ話デアリマスガ、陛下ノ

赤子デアルト云フコトヲ考ヘマシタナラバ」（小泉國務大臣）という具合になる[8]。

（2）＜現代日本における「少子化」＞の「言語化」

現代日本における「少子化」についての「言語化」がどのようなモノかを見ようとするなら、例えば、「子供」や「家族」というような、戦時体制下の「少子化」についての「言語化」に使用された典型的なものとして見られる場面設定と同様の場面を見つけ、ソレが現代日本でどのように「言語化」されているのかを見なければならない。「少子化」についての「言語化」でよく見られるものは、「少子化の問題というのは、よく経済財政に結びつけて語られることが多いと思います。また、経済政策、産業政策、あるいはまた社会保障政策。しかし、そうした課題、問題との関係だけではなくて、これはもう社会全般にとって、子供の数が減っていって人口が減少している、社会を支える基盤そのものに対して極めて大きな影響が出てくる、……そうした認識のもとに、我々は少子化を考えていかなければならない。」というようなものである[9]。この総論レベルでの「言語化」からは見えてこない「少子化」の「内容物」は、「少子化」を構成する諸要素（＝「子ども」や「家族」等）についての「言語化」が明らかにしてくれる。「子ども」についていえば、「子供は国の宝」という「言語化」がそれを示すし[10]、「家族」については、「日本というのは世界で最も長い歴史を持つ国家でありまして、例えば今から二千六百七十三年前、橿原宮で神武天皇が建国の詔を発せられるわけですが、そこで三つの建国の理念を語られるわけですね。一つは、一人一人を大御宝といって、一人一人大切にされる国。そしてもう一つが、徳を持って、道義国家をつくりたいと。それからもう一つが、家族のように世界が平和で仲よく暮らせる国をつくりたいということです。これは恐らく今の日本人の心情からしてみても違和感はないんだと思います」ということになる[11]。さらには、「家族については、やはり日本民族の永続というところから、夫婦と子供、そういった家族の原型、原則型を法制度の中に書いていることに合理性があると思っております」[12]という発言や、「私は、初当選のころから、しっかりとした国家観と地に足の付いた生活観を併せ持って課題解決を図ることを旨とし、命の重み、家族の絆、国家の尊厳を守る政治を志してきました。政治の要諦は、民族の

生存可能性を高めるために確かな判断を重ねていくことだと心得ます」等を挙げることができる[13]。

＜現代日本の「少子化」（という事実）＞についての「言語化」がどのようなものかを、時間軸を設定することによってみるならば、「言語化」のなされかたが、子どもの数が少なくなる現象という、単なる「事実」を指摘するものにとどまらずに、「国のありよう」としての意義を持ったモノとセットになっていることがみえてくる。ここで生じていることは、①「言語化」の成否に関わる、相互に了解を得るための「普通名詞化」による表現＝少子化＝と、②その中にどのような「内容物」でも込めることができるという、「ことば」の持つ特性が、③結合した結果としての「言語化」ということである。

## 3　「言語化しにくいこと」とは

各人のなした「歩く」や「食べる」という「行為ソレ自体」は、極めて「固有名詞的」なものである。従って、その「歩く」や「食べる」は、行った「行為」を指し示すモノではあっても、それ自体は、「体験」として「言語化」しづらいものとしてある。しかし、このような、何の変哲もない各人の「行為」であっても、＜「深夜」、「アパート」で「一人」で食べた」＞というように、「行為者」の手を離れて、「さみしいだろうな」、「気楽だな」、「健康によくない」というような「体験」として「言語化」され、結果として、「体験」が、多くの人の理解を得る「公共性」を備えたモノとなることも生じる。これは、各人のなした「行為」が、社会との関係を有する「公共性のあるもの」となるか、否かのせめぎ合いの場面でもある。このようなことから、「言語化」の第一歩は、自分の行っている固有名詞的な一つ一つの「行為」について、ソレが全体的な脈絡でどのような位置にあるのかを確定させる＝「普通名詞的なモノ」とする＝ことであるともいえる。だが、日常の実際は、そのように単純なものではない。そのことをわかりやすい形で明らかにしてくれるのは「福祉」を巡る関係である。なぜなら、「福祉」を巡る関係においては、「自分ではない人」にとっての固有名詞的「歩行」や「食事」が、常に立ちはだかることになるからである。それは、「サービスを必要としている人のこと」を、どのようにして＜本人以外の外側から、「言語化」すること＞になっているの

か、というテーマに直結する。

さらには、「サービスを必要としている当の本人」が、「(そのような)自分自身のこと」を「言語化」することが抱えていることという、先ほどとは逆のことについても考えなければならないことに気がつく。例えば、「女性という性に属するヒトとされる人」は、＜女性という性に属さないヒトとされる人、一般的には、男性という性に属するヒトとされている人が多用し、したがって、われわれが気がつかないうちに一般的な意味を持つことになってしまうこととなることが多い言語を使用して、もしくは、意図的に使用せずに、いったい、自己のことをそのままの形で、「言語化」できることとなっているのであろうか＞という重要なテーマも提供してくれることになる。リュス・イリガライは、『差異の文化のために』において、「平等を要求する女たちか、それとも差異を主張する女たちか」という大きなテーマを採り上げている[14]。「女性は『自分の肉体を書く』ことを学ばなければならない」という理論から出発する「エクリチュール・フェミニン」を軸に理論を展開したリュス・イリガライは、「文法上の性に関する言語の法則の変化なしには性の解放は実現しえないということもはっきりさせておくことが望ましい。主体の解放には、性的差異を固定する規則あるいは無効にする規則(かりに魔法以外でそういうことが可能ならば)に追従しない言葉を使うことが必要である」というようなことをテーマとしてとり上げている[15]。

このようなことは、高齢者のニーズ調査についても課題とされる。なぜなら、高齢者のニーズとして「言語化」されているものの多くは、「高齢者自身が発する(固有名詞的)ことば」を基礎に認識されるというよりも、すでに「言語化」された既存のサービスとの関係で把握されることになっていることが多いからである。ここで問われなければならないことは、「関係」としてある「福祉」(のこと)を「体験」できる位置にあるのは誰かということであり、「福祉(的)行為」が、どのような「体験」として「言語化」されるかということである。

## 五　「福祉（＝自己完結的なモノ）」の「言語化」

### 1　「固有名詞的なモノ」の普通名詞化

　「あっち」のことを、「あっち」の言葉をつかわずに、しかし、「あっち」の意味していることに近い形で「言語化」することなど可能なのであろうか。このようなテーマは、外国にある施設のことを日本に紹介する際にも生じることになる。Logememt-foyer を例にとってみよう。これは、フランスにおける高齢者のための社会的施設であり、いわば、固有名詞的な存在である。従って、日本語に翻訳することなど不可能なので、ロジェマン・フォワイエとされてしまうこともある。ところが、「利用している人々の年齢」や「施設の有する空間」等を使用することによって思い切り「普通名詞化」することも可能である。Logememt-foyer は、「原則として、65 歳以上の者が入所する施設である。約 40 年ほど前から増加し続けているもので、ある程度の自立した生活が可能な高齢者に、適切な住居を確保する目的をもっているものとして位置づけられている。典型的なものは、独立した住空間、共同の空間、そして集団的サービスのための空間をもった施設である」となる。決して十分な概念化とはいえないが、固有名詞的存在であるフランスの社会的施設としてのソレは、普通名詞のような形で「言語化」されることで、私たちに理解されることとなる。

### 2　固有名詞的な「体験」の普通名詞化

　＜「ある人」の固有名詞的な「行為」を「体験」として、「他者」に伝わるように「言語化」すること＞という基本軸を踏まえて、「体験の言語化」を考えてみると、とても面倒なことが待ち受けている。その面倒なことが、＜「当事者として捉えらない」ということ＞と関係している。

　誰が「言語化」したとしても同じようになってしまうというような、「言語化」するにあたっての自由度の少ない「行為」を選択してしまうと、結果として、「私の表現したいことはソレではない」というような、＜「当事者として捉えらない」ということ＞が生じてしまう。「言語化」するにあたっての自

由度の少ないそのような「行為」の選択は、選択された「行為」自体が、「そもそも、そのようなものである」とされていることや、＜誰にでも通用するような形式を使って「言語化」がなされること＞によって生じる。「福祉」や「ボランティア」は前者のようなものとされている。面倒なのは後者の場合である。＜私の「体験」＞を「他者」に伝えることが可能なように、＜誰にでも通用する「体験」のような形式を使って「言語化」してしまうこと＞によって、逆に、＜私の「体験」であったもの＞は＜私の「体験」＞からは遠ざかってしまうことになる。

　＜始めて「メロンパン」を食べたＡ君の「体験」＞のもとになる「行為」と「体験」は、1.　その「対象」をみた。2.　[「形」のありよう]で「言語化」してみた。3.　[[「始めてみたモノ」の「ありよう」]]は「〇」であった。4.　「何だろう」……。用心深いＡ君は思い切って、その「〇」に触った。5.　[「触感」のありよう]で「言語化」してみた。6.　「表面はざらざらしている」……。7.　次の瞬間に食べた。8.　[「味」のありよう]で「言語化」してみたら、[[「始めてみたモノ」の「ありよう」]]は「ほんのり甘い」というようことになる。ここでとどまらずに、Ａ君は、「初めて食べたメロンパン」の「体験」のことを友達に「言語化」したくなった。ここで、Ａ君は立ち止まった。どうすれば、「始めてみたモノ、初めて食べたモノのこと」をワクワクした「体験」として伝えられるであろうか。伝えるためには、「これこそが、私を感動させた対象物（の本質）」であるということを最もよく表現する「言語化」とは「何」かを、Ａ君なりに見つけ出さなければならない。「〇」か、「表面はざらざらしている」か、「ほんのり甘い」か、「全体」であろうか。「〇」は、確かに、誰にとっても「〇」であるから、伝わりやすい。たしかに、「普通名詞的」になって伝わりやすいのだが、伝わりやすくなればなるほど、「私の持ち分」が減少して、「当事者として捉えらない」ということになってしまうのである。

### 3　「当事者として捉えらない」ということ

　＜「当事者として捉えらない」ということ＞の典型は、「当人」についての「言語化」が、＜「当事者」である「当人」以外の人＞によってなされる場面で現れる。当事者の持ち分がなくなっているわけである。①「当人」はそこ

にいる、②「その当人」のことについて「あれこれ」と話している、③しかし、「当人」はその内容にタッチできない。④結果的に、「当事者」となりえないので、「当事者として捉えらない」ことが生じる。例えば、高齢者に関しての「ケース記録」に見ることができるように、ソレは、一般的には、「高齢者本人ではない側」からの「言語化」である。ここにあるのは、高齢者の「行為」と「行為者」としての高齢者は存在しているものの、「行為者」が「行為」を「体験」として「言語化」することが存在しにくいという構造である。認知症とされている高齢者はその典型である。より正確には、＜認知症であるから自らのことを「言語化」できない＞ではなく、私たちが、私たちの社会との関係で「言語化」できない人々を作り出し、＜ソレとして「命名」している＞のである。では、＜「当人」抜きの「言語化」＞とはどのようなものなのか。高齢者に関しての、一般的な「ケース記録」において「使用される項目」の例を見ることによって、「福祉」の「言語化」がどのようになされているかに接近してみよう。

　まずは、白澤政和『ケースマネージメント事例集』（中央法規出版、1983年）を使用してみよう。［使用される項目］の例は、1．ケース援助の概要、2．プロフィール――氏名・性別・年齢、a．身体的機能・精神的機能、b．既往症・健康状態、c．生活状況（家族構成図）、3．援助の経過、a．援助の始まり（日付入り経緯）、b．生活上の問題点、c．ケアパッケージの設定、d．その後の経過（日付入り経緯）、4．考察である。そして次にあげるのは、「ケース」を紹介し、ノウハウを伝えるための文献にみられる「使用される項目」の例である。ここでは、三浦文夫・柄澤昭秀共編『痴呆症を介護する』（朝日新聞社、1994年）を使用してみよう。［使用される項目］の例は、1．性・年齢、2．家族構成、3．生活歴、4．本人および家族の状況、5．家族の希望、6．現状の評価と問題点、7．解説である。

　ここで重要なことは、「ケース記録」にしろ、「ノウハウ」にしろ、それらには「誰の事でも表現できる（＝抽象化された）様式が存在しているということに気づくことである。「福祉」において、私たちは、一方で、「対象」を表現する「言語化」を練り上げながら、同時に他方で、自らのことを「言語化」することができない「当事者」を作り出しているのである。

## 六　「福祉（＝自己完結的なモノ）」の「体験」の「言語化」

### 1　「福祉」の「体験」の「言語化」

まず、「福祉」の「体験」のことが「公」の場で「言語化」された例を二つ提示しておこう。これらの例からどのようなことが読み取れるのであろうか。

　(a)「御指摘のように、少子高齢化が進む中で、子供たちが介護の意義、社会保障について理解を深め、高齢者との触れ合いや交流、介護体験を実際に経験する機会を持つ、それによって、先生今おっしゃられましたように、地域福祉の担い手として子供たちに自覚を育成していくということは非常に重要であるというふうに認識しているところでございます」[16]。

　(b)「ありがとうございます。体験することはとても大事で、体験もしなきゃ何にも分からぬということでございます。介護というのは実際やってみると物すごく大変なことで、また、そのいろんな技能によって介護を受ける方々の負担も減らす、介護の側もいろんなコツを会得することによって小さな労力でいろんな実績を上げることができる。だから、体験するのはとても大事ですが、体験したらそれで終わりだということではなく、委員がおっしゃるように、それをいろんな地域のお手伝いという形で、体験から、地域に対する寄与というのかしら、役割の実現というのかしら、そういうものをやっていくということへ発展させるのは意味のあることだと思っております」[17]。

ここに見られる「体験」は「体験」ソレ自体ではなく、「何か」が付着したものとしての「体験」である。そして、ソレは「介護される側の体験」ではなく、「介護する側の体験」である。関係として成り立っているはずの介護は、関係している一方にとっての大事な「体験」とされるが、もう一方の人は、＜大事な「体験」の場を提供する人＞であるはずなのに、そのような役割を果たしている人として姿を現さない。

### 2　評価という「言語化」

2015『世界ボランティア白書（ガバナンスの変革）』UN volunteers inspiration in action（日本語版サマリー）(8ページ) は、「この白書で用いられるボランティアリズムの定義には「自由意思且つ一般的な公益のために行われる活動で、

金銭的な報酬を主たる動機としないもの」という文言が見られます」としている[18]。ここに見られるように、ボランティア行為は、一般的には「自発的な意志に基づき他人や社会に貢献する行為」とされ、活動のもっている性格として、①「自主性（主体性）」、②「社会性（連帯性）」、③「無償性（無給性）」等が挙げられる。このような、ボランティア行為が、「高等教育機関におけるボランティア」と接触すると、「ボランティア」の本質に関わるテーマを提起することになる。とりわけ、高等教育機関における「ボランティア」の「無償性（無給性）」については事情は複雑になる。

　(a)「……実は、こんなことがあるんです。実際に私の周りにいた学生から聞いたんですけれども、中学校の頃ボランティアたくさんやっているんですよ。すばらしいね、ボランティアやってと言ったら、何と言ったと思います。いや、ボランティアたくさんやると高校進学有利になるんですと、いろんなボランティアやっているんです。
　先生方の事務所にもインターンの大学生が来ることがあると思います。私、あるインターン生から聞いたんですけど、履歴書にインターンやっていたって書ける、これが大事なんですと。子供がこういう、先生から見ていい子になろうというパフォーマンスに走ってしまうんではないかなという嫌いがあるんですが、大臣、どうお考えでしょうか」[19]

　(b)「……そのうち、ちょっとボランティアの方を少し見たいと思いますが、元気な高齢者の方々が地域で自らが介護支援のボランティアを行った場合、その人にポイントを付与すると。介護予防につなげようとする制度として、介護支援ボランティアポイント制度、これ昨年十二月のこの委員会でも私質問させていただきまして、そのときには九十弱の自治体が導入しているという答弁でしたけれども、その後調べますと全国で二百を超える市町村で導入が進んでいると。非常に加速して実は行われています。この委員会で視察した埼玉県の和光市でもこのボランティアポイント制度が導入をされておりました。あくまでも、私、介護の世界というのは専門職の皆様が主役であるべきだと思います。それは、専門職がしっかりと専門的な立場から介護のサービスを提供し、それによってサービスの質を落とさない、それから安全を確保する、これがまず基本だと思います。ただ、ボランティアポイント制度のような工夫を通じることで、生活の一部、生活支援のサービスの一部というものを元気な高齢者が行うということで、高齢者自身も元気な人が生きがいを維持できるし、介護の重度化も予防できるし、あるいはもっと心理的にも地域の一体感というものを高めていくと、こういう効果もあるわけでございます。そういう意味では、専門職の活用によって質を確保する、その上で介護支援ボランティアポイント制度、こういうような普及に向けてどのような考えをお持ちか、伺いたいと思います」[20]

(c)「……ボランティアポイント制度についてのインセンティブということで、どういうふうに評価をするかというのは、いろんな市町村によって工夫がございまして、おっしゃいましたように、そういう地域振興券と交換をしたり、あるいは一定以上たまったときに保険料を少し低くしてあげるとかいうような、現金を直接配るというのは余り聞いたことはございませんけれども、そういういろんなやり方があろうかと思いますので、できないというようなことではないと思っております」[21]。

　ここで重要なことは、「ボランティア行為」にまつわる「体験」と「言語化」は誰のものか？ということを考えることである。いわば、「関係」としていただいた「おまんじゅう10個」（＝ボランティア体験）を「共有されたモノ」として分ける（＝5個くらいは相手に渡す）か、それとも独り占めする（＝自分の成績とする）か、ということである。ところが、「おまんじゅう10個」なら渡せても、「行為」としてなした貴重なボランティア体験を、後になって半分切り分けて渡すことは困難である。ボランティアについて言われる①「自主性（主体性）」、②「社会性（連帯性）」、③「無償性（無給性）」等は、個々人に帰属する所有物になりにくいという、ボランティアというものに備わっている性質を他の角度から表現したものである。このことは、私たちにとっての「行為」や「体験」が、関係を取り結ぶ私たち相互の間に存在し、従って、個々人に帰属する所有物になりにくいということと関係している。(a)(b)(c)に見られる「言語化」の相違は、このことと関係している。

## 3　「行為者」の「体験」にとどまりにくいこと

　ボランティアという「行為」については、「行為」をなした人自身の「体験」としての「言語化」だけではなく、「関係」として成り立つボランティアという「行為」を、例えば、ボランティアという「行為」を受け入れた人や組織が、どのように「言語化」するのかというテーマも横たわっている。これは、「行為」を、「行為」を行った「行為者」の「体験」として固定するのか、あるいは、「言語化」する立場を「共有」させることによって、「体験」にズレを生じさせるのか、というせめぎあいでもある。

　(a)「申し訳ありませんでした」という「言語化」においては、＜自分の行った「行為」それ自体＞が「行為者」の「体験」となった場合である。

(b)「不快な思いをされた方がおられるなら、謝りたいと思います」という「言語化」においては、＜自分の行った「行為」がどのようなことなのか、に気がつかなかったこと＞が「行為者」の「体験」となった場合である。
(c)「不快な思いをされた方がおられるなら、謝った方がよいのかなと思った次第であります」という「言語化」においては、＜自分で行った「行為」＞はさておき、＜自分自身で謝罪すべきか判断できないこと＞が「行為者」の「体験」となった場合である。
(d)「不快な思いをされた方がおられるということですので、申し訳ありませんでした」という「言語化」においては、＜自分で行った「行為」＞はさておき、＜謝罪しなかったという「行為」に対して、謝るべきだと指摘されたこと＞が「行為者」の「体験」となった場合である。

さまざまな「謝罪」という場面をテレビなどで見ていると、確かに、謝罪という「言語化」はなされているのではあるが、それらについて何となく違和感が生じることがある。生じる違和感は、行った「行為」が移行することと、それによって生じる「言語化」、「行為」、「行為者」、「体験」のズレによるものである。(a)(b)(c)(d)に見ることができるように、「言語化」されている対象が、一見したところ、＜同一の「行為」についての「謝罪」＞のように見えたとしても、実は、「言語化」、「行為」、「行為者」、「体験」の間にズレが生じているのである。重要なことは、このようなことが、＜「発端となった行為」の対象となった側＞の「体験」が不在であったことから生じていることに気がつくことである。

## 七　結　び

「言語化」しづらいことの問題は、まずは、「言語化」が、「言語化」する人と結び付かなくても「装置」として存在するものであるというレベルで考えられなければならない。もし、「生じたこと」だけを取り上げることが可能だとすれば、「言語化」は、一般的には、「行為」と「体験」が分離されることによって成り立つことになる。従って「言語化」しにくいことは、何らかの

第1章 「体験の言語化」の言語化　213

事情によって「行為」と「体験」の分離がなされにくいことによって生じることになる。「行為」と「体験」の分離がなされにくいことは、たとえば、(a)「行為」が介在しないにもかかわらず、「生じたこと」についての「体験」が、いきなりあらわれるようになる場面で生じる。「行為」と「体験」の分離がなされにくいことは、さらに、(b)「生じたこと」が「行為」だけでとどまり、「体験」という形で表れにくい場合でも生じる。そして、(c)「生じたこと」が、「行為」と「体験」が分離しにくいような構造になっている場合に生じることになる。「言語化」しにくいこのようなことは、相互に結び付いており、大方の場合、どれかの一つに該当するというような判読はできない。

　さらに、「言語化」しづらいことの問題は、「言語化」する人との関係で、「道具」のレベルでも考えられなければならない。一般的には、「体験」の「言語化」は、＜「今の私」が「過去の私の行為」を「今の言語」で「体験」として「言語化」＞し、そのことを、＜「過去の私の行為を思い描いている」「今の他者」に「今の言語」で「体験」として「言語化」＞するということによって成り立つものである。もちろん、「私」一人の中で、＜「過去の私の行為」を「今の言語」で「言語化」する「私」＞と＜「私」によって「言語化」されたことを反芻している「私」＞というような形でなされることもある。なかでも重要なことは、＜現時点で実際に「言語化」しているあなた（A1）は、「行為」を行った「過去の自分」（a1）のことを考えている「その当時の自分」（a2）に戻ったり、「今の自分はこう感じている」という具合に、現時点で実際に「言語化」しているあなた（A1）が思っている「現在の自分」（A2）に投影して、「言語化」している＞ということである。従って、見落としてならないことは、その「場」には、常に、「(少なくとも)もう一人の自分」と「もう一人の自分」によって構成される「場」＝共感の場＝が作りだされていることについてである。＜「言語化」しづらいこと＞は、このように、まずは、「言語化」が、「言語化」する人と結び付かなくても、ソレ自体が「装置」として存在するものであるということから生まれるものであり、さらには、「言語化」の成否に関わる、相互に了解を得るための「普通名詞化」による表現と、その中にどのような「内容物」でも込めることができるという、「ことば」の持つ特性が、結合した結果として生まれるものである。

214　　第 4 部　学術院の専門教育と体験の言語化の交差点

[1] （https://www.waseda.jp/inst/wavoc/open/contextualize/）（2016 年 4 月 10 日アクセス）
[2] 中山国務大臣（当時）発言［004/005］162-衆-予算委員会第四分科会-2 号　平成 17 年 02 月 28 日、（国会会議録検索システム http://kokkai.ndl.go.jp/2014.10.6 アクセス。以下、同システムによるものは国会会議録検索とアクセス年月日のみを表記）
[3] 松島みどり発言、［004/005］162-衆-予算委員会第四分科会-2 号　平成 17 年 02 月 28 日、（国会会議録検索、2014 年 10 月 6 日アクセス）
[4] 鈴木武雄『職員健康保険法解説』健康保険協会出版部、1940 年、「序」の部分より。旧字体の使用はできるだけ避けるようにした。
[5] 鈴木武雄「社会保険と社会連帯」（保険院社会保険局『健康保険時法』第 12 巻 6 号、1 ページ、昭和 13 年）。
[6] 官報號外　第 73 囘帝國議會　貴族院議事速記録第 5 號　國務大臣ノ演説ニ關スル件・昭 13 年 1 月 28 日・79 ページ。
[7] 第 79 囘帝國議會　衆議院　國民體力法中改正法律案他四件委員會議録（速記）第 3 囘・昭和 17 年 1 月 27 日・25 ページ。
[8] 第 84 囘帝国議会衆議院　戦時特殊損害保険法案委員會議録（速記）第 7 囘・昭和 19 年 1 月 31 日・60 ページ。
[9] 安倍内閣総理大臣（当時）発言［009/018］166-衆-予算委員会-14 号　平成 19 年 02 月 23 日、（国会会議録検索、2014 年 9 月 19 日アクセス）
[10] 同
[11] 山谷えり子発言［［006/020］183-参-憲法審査会-5 号　平成 25 年 06 月 05 日（国会会議録検索システム 2014 年 9 月 19 日アクセス）
[12] 稲田朋美発言［［013/013］173-衆-予算委員会-4 号　平成 21 年 11 月 05 日（国会会議録検索システム 2014 年 9 月 15 日アクセス）
[13] 有村治子発言［004/005］177-参-本会議-3 号　平成 23 年 01 月 28 日（国会会議録検索システム 2014 年 9 月 23 日アクセス）
[14] リュス・イリガライ『差異の文化のために』浜名優美訳、［リブラリア選書］法政大学出版局、1993 年
[15] 同 26-27 ページ
[16] 政府参考人（当時）伯井美徳発言［020/073］189-参-地方・消費者問題に関する特別委員会-6 号　平成 27 年 06 月 17 日、（国会会議録検索システム 2016 年 5 月 10 日アクセス）
[17] 石破茂国務大臣発言…発言［020/073］189-参-地方・消費者問題に関する特別委員会-6 号平成 27 年 06 月 17 日、（国会会議録検索システム 2016 年 5 月 10 日アクセス）
[18] http://unv.or.jp/wp/wp-content/uploads/2016/10/Summary_JPN_v3-1.pdf、（2016 年 4 月 7 日アクセス）
[19] 榛葉賀津也委員（当時）発言［029/143］187-参-文教科学委員会-4 号　平成 26 年 11 月 11 日）（国会会議録検索システム 2016 年 3 月 27 日アクセス）
[20] 長沢広明委員（当時）発言［007/011］186-参-厚生労働委員会-20 号　平成 26 年 06 月 12 日、（国会会議録検索システム 2016 年 5 月 11 日アクセス）
[21] 原勝則政府参考人発言［039/143］186-参-厚生労働委員会-20 号　平成 26 年 06 月 12 日）（国会会議録検索システム 2016 年 3 月 27 日アクセス）

# 第2章

## 社会科学の経験学習と言語化

早田　宰

### 一　はじめに

　社会科学の教育課題は、社会を受験用の手段の暗記物でなく、生きた知としてリアリティをもって学ぶかであろう。しかし学習者が社会科学的な想像力や構想力を獲得するに至るためには、教育にはそれに相応しい教授法の体系が必要となる。

　筆者らは、計画・開発論の分野において、早稲田大学社会科学部とボランティアセンターにおいて臨床的なアクションリサーチによるカリキュラムの導入、試行を重ねてきた。10年が経過し、一定の基礎ができてきた。本稿ではその経験学習の教育方法における言語化の取り組みについて説明してみたい。

### 二　現代社会を見る視点

#### 1　社会の複雑さ

　最初に、社会科学とは何かについて学習者目線で最低限の整理をしておこう。社会科学とは、辞書[1]によれば、「人間社会の諸現象を支配する法則を解明しようとする経験科学の総称」と説明される。社会科学（social sciences）とは、複数形の「s」がついているとおり社会＜諸＞科学であって、その中には、社会学、経済学、政治学、法学、教育学などの諸学が含まれる。

　そもそも「社会」とは何を意味するのかといえば、明治維新に英語「society」の訳語としてつくられた造語である[2]。江戸時代までは「世間」「仲間」などの類義語があるのみで、日本には、「society」に相当する言葉は存在しな

かった。実はまだ誕生から150年も経っていない言葉である。それではどうして「世間」「仲間」などの言葉を「society」の訳語に当てはめて使うことで済まさずに、わざわざ「社会」という新しい言葉を造語したのであろうか。「世間」「仲間」と「society」ではどこが違うのであろうか。社会集団の複雑さのレベルによって次元の異なる課題があるだろう。

　ここでは、「コミュニティ」「スモールワールド」「ソサエティ」（以下）の3つに分けて比較することでその理由を明らかにしてみよう。日本語、英語、違いの際立つ説明を筆者なりに加えたものが以下である（表1）。

（1）　コミュニティ＝共同体

　共通の利害関係をもつ成員からなる集団である。人間はもともと社会性動物であり、コミュニティに帰属して暮らすように自然にデザインされている。共同生活で役割を果たし、そこから分け前と人間としての安心と喜びを得る。その中で助け合いが生まれる。必然的に、助けてもらった恩の貸し借りが生じるから、きちんと返すという約束事が出来る。これが進化生物学による人間の道徳の起源の説明である。「利己的な遺伝子」と同時に「他人を思いやる遺伝子」[3]が生物としてデザインされているのである。

（2）　スモールワールド＝世間

　共同生活、共通利害の関係ではないけれども影響を直接に及ぼしあう人間関係の総体である。例えば、プロ野球でいえば、12球団は、セ・パ両リーグの「小さな世界」のどちらかに所属している。ディズニーの有名な歌「イッツ・ア・スモール・ワールド（アフター・オール）」[4]のとおり、世界は広いと思ったら（結局のところ）直接につながっている、そういう感覚である。「世間」では、社会関係とは至るところでつながっているという平和的な兄弟意識が強く働く。そうであれば、困った時にはお互いさま、助け合いが大切という共通感覚が生まれてくる。

（3）　ソサエティ＝社会

　開かれた「大きな世界」である。直接・間接的に影響を及ぼす可能性のある（赤の他人も含めた）人間関係の総体のことである。たとえばスポーツでいえば、競技種目が違い、顔も名前も知らない人を含む。全く関係ないように思えるが、一概にそうともいえない。例えば、もしある人が空手部に入れば、

## 表1 社会の複雑さに対応した社会科学の課題

| 社会の複雑さ | 社会形態の表現 | コミュニティ | スモールワールド | ソサエティ |
|---|---|---|---|---|
| | 日本の言葉 | 共同体 | 世間 | 社会 |
| | 組織の形状例 | チーム | リーグ | クラウド |
| 社会関係 | つながりの強さ | 強い | 弱い | なし |
| | 他者の位置づけ | 仲間 | 知人 | 赤の他人 |
| | ネットワークの性質 | 閉鎖系 | 半閉鎖系 | 開放系 |
| | 社会的影響 | 直接的 | 半直接的 | 間接的 |
| | コンフリクトの発生形態 | 葛藤 | 多極・分裂 | 非効率・無秩序 |
| 調整の形式 | コミュニケーション的行為の形式 | 認知行動、ライフストーリー、動機づけ面接（ミラー）、ソリューションフォーカストアプローチ（SFA） | グループワーク、パブリックディベート、システミックセラピー | 演説、レビュー、コンプライアンス、アドボカシー |
| | 調整の場 | フォーラム | アリーナ | コート |
| | 調整主体 | 当人（多様な個性・文化） | 代理人（信頼する第三者） | 専門家、カリスマ（オーソリティ） |
| 情報と言語 | 意味の共有 | ハイコンテクスト | ミドルコンテクスト | ローコンテクスト |
| | 情報の伝達方法 | 暗黙知 | ジャーゴン | 形式知 |
| | 典型的なデータ形式 | 個別ケース インタビュー・データ | データセット リレーショナルデータ | 統計データ ビッグ・データ |
| 社会科学（プロトタイプ） | 基礎となる社会理論 | 一般システム理論、サイバネティクス、現象学、構成主義など | | |
| | 個人のあり方 | 非人格的組織（バーナード）、ダブルバインド（二重拘束） | 社会化された主体（デュルケーム）、エージェント（ギデンズ） | リバタリアニズム・自由人（ロスバード） |
| | 建設的な論考 | ドメイン、エンゲージメント、ドラマツルギー（ゴフマン）、シナジー、創発 | 対話（ハーバーマス）、ソーシャル・キャピタル（パットナム）、弱い絆の強さ（グラノベッター） | コンバージェンス（収束）、共時性（ユング）社会統合（デュルケーム）、文化モデル創出（トゥレーヌ）、脱埋め込み（ギデンズ） |
| | 批判的な論考 | システム世界によるメンタリティ支配（フーコー）、ノマド（メルッチ） | 社会的排除 | ステレオタイプ化、大衆化、ジャガーノート（ギデンズ）、新しい不平等（オッフェ） |

（作成筆者）

テコンドー部は期待される新人選手候補を1人失うことになるだろう。オリンピックでテコンドーが正式種目になれば、空手の採択は難しいかもしれない。このように直接に顔の見えない中で相互関係が決まる世界である。

## 2　社会関係

社会の複雑さとは、現実空間の大きさではなく、ネットワークの性質が開放系か閉鎖系かである。小さな緑や池の中にも大きな世界はある[5]。実際に日本にやってきたオランダもイギリスも日本より面積が小さな国である。ペリーが来航した時のアメリカの人口は日本の7割程度であった[6]。日本の開国のリーダーや知識人たちは、欧米と日本の人間関係の原理の違いを痛切に感じ、国際社会の一員として諸外国と肩を並べて交際する上で大きな不安と焦りを覚えた。このsocietyは人間自身が発明、創造した高度に人造的な仕組みである。societyを日本につくるためにはその概念を社会設計の目標として明確化する必要があった。それゆえに、「社会」という新しい言葉を造る必要があったのである。

それによって、社会的影響、コンフリクトの発生形態が異なる。コミュニティは直接的な葛藤が発生するが、ソサエティは、非効率や無秩序によってストレスが発生する。

## 3　調整の形式

### （1）　調整主体

コミュニティでは、当人同士が中心となる。多様な個性・文化の相互理解が課題となる。スモールワールドでは、代理人が重要な役割を果たす。相互から信頼される第三者が介入に入る。ソサエティでは、社会的に正しい意見を述べるとされる専門家、カリスマが、オーソリティとして出現する。複雑さに応じて登場人物が増え、その言説を理解する新たな調整の場が必要になってくるのである。

### （2）　コミュニケーション的行為の形式

直接的関係から間接的関係へ変化することにより、それによって言語化(対話と文章作成)の形式もかわってくる。

コミュニティでは、内面の葛藤を解消することが求められる。たとえば社会心理学をベースにしたソーシャルワークには多様な介入方法があり、それぞれに体験の言語化の形式がある。たとえば、思考のゆがみをなおす「認知行動」アプローチ、ライフストーリー、ミラーの考案した「動機づけ面接」、ソリューションフォーカストアプローチ（SFA）などは典型的である。

スモールワールドでは、グループワーク、パブリックディベート、「システミックセラピー」などがある。

またソサエティでは、演説、レビュー（相互批評）、コンプライアンス、アドボカシーなどの形式がある。

### （3） 調整の場

意思決定過程の局面におけるコンフリクトを回避、縮減するためにつくられる政治制度上の「場」のあり方も異なる。典型的な例[7]をあげれば、「フォーラム」（多様な情報の共有メカニズム）、「アリーナ」（異なる意見の間の綿密な調整メカニズム）、「コート」（紛争が発生した場合の調整メカニズ）などがある。それぞれに言語化の形式がある。社会が複雑になるにしたがい、「アリーナ」そして「コート」を制度的につくる必要が高まる。

## 4　情報と言語

### （1） 意味の共有

社会の複雑さによって、言語文化が異なる。親密な共同体であれば、バックグラウンド（背景）が共有されており必要以上の説明を必要としない。これは「ハイコンテクスト」文化とよばれる[8]。典型的には、職人言葉や業界言葉である。一方、複雑な社会では、丁寧な説明責任が求められる（「ローコンテクスト」文化）。体験の言語化にはコンテクストとの可視化が期待される[9]。

### （2） 情報の伝達方法

知識や情報は、本人にさえ無意識のうちに処理されている「暗黙知」[10]が非常に多い（スポーツや職人技が典型）。特にハイコンテクスト文化の社会ではその傾向が強い。スモールワールドでは、仲間内だけでわかるフレーズ「ジャーゴン」が使われる。ローコンテクスト文化の社会では、異文化理解の観点から、情報を「形式知」として、文章、図表などで表現することが期待される。

体験の言語化は、暗黙知やジャーゴンの本質や意味を理解できるように表現することが期待される。

### （3） 典型的なデータ形式

情報とは、ことがらの全体像の中から意味を抽出したものといえるが、それを分析的に抽出するためには、その元となる事実関係を集めたデータ・ソースが前提として存在する。コミュニティでは、個別ケースのインタビュー結果などの質的データがよく使われる。スモールワールドでは、いくつかの異なるデータのセット（質的データと量的データの複合など）が重要となる。複雑化した社会では、その複雑性を縮減することが期待され、統計データ、とくに近年はビッグ・データが活用されることが多くなっている。体験の言語化は、これらのデータから意味を抽出することが求められてくる。

## 三　社会科学における言語化の要点

### 1　社会的イシュー

#### （1）　人間疎外

20世紀、マス・ソサエティの出現による生産と消費の画一化、マス・メディアによる画一化、大衆社会の出現の一方で、人間の商品化、機械化、歯車化、管理化が進み、それにともない「生の意味」[11]が変質した。「個人化」と「社会化」が同時進行[12]し、「セルフ」（個人の内面の自我）と「アクター」（社会の中で役割を演じる主体）の2つの自己に分裂した。その結果、葛藤の増大、人間性の歪曲、主体性の喪失、依存症などの社会病理現象が生じた。

#### （2）　多様な社会形態の共時的存在

21世紀以後は、社会と個人の関係は新たな局面を迎えた。マス・ソサエティ化は引き続き進む一方で、人間性の回復、社会の健全化、経済、社会、環境の持続可能性が強く求められるようになってきた。インターネット、携帯デバイス、SNSなどの科学技術の発展により、現代人は複数のアイデンティティを同時に所有しつつ、時間空間の中で使い分けるようになってきた。その結果、多様なコミュニティ、スモールワールドがあちこちで活発化している。それらは世界システムの中で、コミュニケーションの原理が異なる社会

形態が共時的に存在している。ときにはポジティブ、ネガティブな方向性が衝突しあったり、あるときには、それが箍（たが）をはめるように組み合わさったり、またはレイヤーを異にして相互干渉なく存在するようになっている。

### （3）エージェントによる社会制御

そこに「エージェント」（社会事象の変化に対応しながら介入する主体）[13]という新しい人間像が浮かび上がってきた。時間・空間のプロセスにおいて相互作用しながら自己を再解釈、再構成する存在である。構造にとらわれることなく、また自我に固執することもない。状況に受動的にレスポンスするのみならず、能動的に存在社会事象をつなげたり、切り分けたりしながら介入する。例えば、ネット空間上に複数のIDとアバターでログインし、システムを駆使しながら自分の存在を化身として拡張させながら影響力を行使することも可能である。2002年、英国のハッカー、ゲイリー・マッキノンは、アメリカのNASA、軍、国防総省のネットワークに繰り返し侵入し、機密情報を自由に閲覧していた。20世紀には怪物のように思えた社会システムも、21世紀型においては重量トラック[14]のような巨大装置であり、とてつもないパワーとスピードで動いているものの、メカニズムを熟知しさえすれば制御の可能性があるものとして立ち現れてきたのである。

## 2　社会のシステムとコンフリクト

このような21世紀型社会に対してどう向き合うべきか。大きく分けて2つの立場がありえる。ひとつは、「システム」的アプローチであり、もうひとつが「コンフリクト」解消アプローチである。

「システム」的アプローチは、システムの構造を注意深く解明し、その操作ポイントを具体的に探り、そこにどういう力を加えれば、どうシステムが新たな動作へと転回するかを見定めることで変化をもたらそうとする。その戦略的なシナリオを考え、実行に必要とする現実的な資源（お金・時間・人）を動員[15]しながら、プログラムの優先順位や実行手順を立案してゆく。いわば構造の特性を生かした現実的な解決策の考え方といえる。

もう一方、「コンフリクト」解消アプローチは、私たちがいかに表面的に問題解決したところで、次から次へと矛盾が再生産され続けることを問題視し、

その構造を根本的に変えていくことを目指す。矛盾が生じるレベルには、上位から3つの層があり、①文化的価値のレベル、②政治的制度のレベル、③組織的規範のレベル[16]がある。社会成員は、個々に深い省察や行動が求められる。それらをダイナミックに相互作用させることで新しい決め方や人間関係を生みだす。こうした新生の実践の中に新しい社会創造の契機を見出そうとする。

### 3　社会科学へ期待される挑戦

社会イシューをより科学的に深めるために社会科学は時代に応じた挑戦が必要である。期待されるテーマは、プロトタイプ例は表1にあげたとおりであるが、ひとことでいえば、多様化、複雑化する世界システムを精緻に理解し、分散からどのようにコンバージェンス（収束）に向かうのかを見極めること、そして個人のひとりひとりの価値や想いがその網の目からこぼれ落ちてどこかへ行ってしまわないように自己や他者に光が当たる対話や調整の場を埋め込むこと、そしてそこから新しい文化モデルを創出する可能性があるのか（あるいはないのか）を見極めること、であろう。

## 四　社会科学における経験学習

### 1　経験学習による社会科学教育

社会科学は経験科学である。自然科学が人間の存在を媒介にせずに成立している観測可能な自然現象の法則を解明するのに対し、社会科学は、すべて人間のこころとからだをつうじて構築された人造システム世界の中に一定の法則性を見出しつつ、その限界を見定めようとするものである。人間は、神でも機械でもない。そこにはヒューマンエラーがつきものである。社会の発展とは、人間自身をみつめ直し、人造社会システムの不合理に気づき（メタ認知）、人間の限界を自ら超えていこくことに他ならない。

そのため、社会科学は健全なクリティカルシンキング（批判的思考）が重要となる。社会の弊害をとりのぞくために自分たちと向きあう知が社会科学である。そこで経験から何を反省し、何が可能かを考えることが、古来よりもっ

とも基本的なアプローチである。とくに今日的な意義は、ロボット化、クローン化していく人間にふさわしい倫理観をもった社会を構想する健全さを保つことであろう。

## 2　経験から学ぶための理論開発の経緯

社会科学の古典から連なるテーマは、人間という不完全性な存在からいかに脱するか、考え方をどう改めるか、行動をどう改めるか。にわとりと卵のような関係であるが、そこに介入していくためには、もう少し分解する必要がある。「知の働き」、「経験」、その間にある「意識の働き」の3層から考えてみたい（図1）。

「知の働き」とは、人間観、社会観、世界観とその知識を蓄え、明晰な思惟を働かせ、意欲に向かわせることである。「経験」とは、行為（発言を含む）を発すること、新たな認識にもとづき意図的に実践すること（praxis）[17]であり、そしてやがてそれは定着し日々の慣習的な行為（pratique）[18]となる。

「意識の働き」[19]とは、その間にあって、行為の意思を明確にしつつも、よく

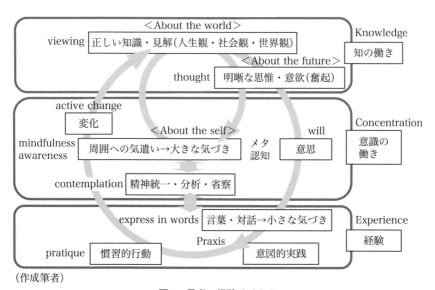

（作成筆者）

**図1　思考・経験サイクル**

周囲を見渡し、自分の考え方や決断の意味や意図を省察し、誤解や過ちがあれば改めることである。これらが思考・経験のサイクルになっている。

このサイクルをどうとらえ、どう回していくべきであるか、どこからどのようにメスを入れていくべきかは、論者によってさまざまな考え方がある。歴史的にみれば、おおむね「知の働き」の理想を論じ[20]、さらに「経験」からアプローチすることの具体性を論じ[21]、そしてその間を「意思の働き」によって確実につなぐことを論じる[22]という流れで考察を深めてきた。

例えば、無意味で平均的な日常や周囲に合わせてばかりいる自分に嫌気がさした人が、災害の被災地にボランティアにいくとしよう。しかしボランティアとは何かという知識がなければ行動する意思が起きないだろう（知の働きの重要性）。ただ漠然と行っても何も得られない。そこで何を具体的に体験するかで印象がまったく違うだろう（経験の重要性）。ただいわれるままに行動していても何も得られない。目の前のことがらへの先入観による思い込みを全部一旦すてて、自分に正直に、確実なことだけを探してつかまえるようにすると、世界がはじめて見えてくるだろう（意識の働きの重要性）。いつものただのペットボトルの水が別物に感じられたとき、その感覚を意識的に自分の言葉にしてかみしめることで、はじめて被災地が「存在する」ことになる。逆に、うわべだけの言葉を発してもそれは虚言でしかない[23]。真実や本当の気持ちが隠される場合もある。その場合、特定の人間や社会からの同調圧力を感じとる必要もあるだろう。

世界とはこうした意識の「気づかい」「こどば」が意味の連鎖を生み出した結果の存在である。日本は、もともと仏教[24]や儒教[25]の影響で、経験をもとに考える習慣や日常生活における活動を重視する文化[26]がある。思考・経験サイクルの土壌があるといえるが、それを豊かにするための理論的取り組みがはじまったのは比較的最近のことであり、国際的に学びあい育てていくことが期待される。

## 3　アクションリサーチ

体験の言語化を単なる文字化ではなく、「知の働き」と「経験」を確実につなぐ「意思の働き」の営みを真に学術的かつ実践的に追及する取り組みとし

ては、アクションリサーチ[27]がある。これはしばしば誤解されているような学習者が実験的な試みやその体験をつうじて感じたり発見したことを研究する方法論ではない。アクションリサーチは本来、主体の学習を重視した社会変革の方法論である。経験からの学ぶための教育方法論としては応用であるが、アクティブなもので興味深い。詳細は別稿[28]にゆずるが、筆者の取り組みは次項のケーススタディで触れる。

## 五　体験の言語化のカリキュラム

### 1　言語化が活性化するしくみをつくる

　学習者を中心としながら、ひとりひとりに向き合うためには効率の良い教育のしくみをつくらなければいけない。その構図を俯瞰してみよう（図2）。
　大学の場合、教科学習やゼミナールのカリキュラムを体系的に実施している。その中に経験から学ぶフィールドワーク型の調査研究、インターンシップ、教育実習が含まれる。思考・経験サイクルにおける「経験」「意識の働き」の層へ適切に働きかけるプログラムを担当するセクション、全体をコーディネートする調整セクションを学部と別につくることが考えられる。早稲田大学の場合は、前者が、ボランティアセンター、後者が、グローバル・エデュケーション・センターである。

### 2　フィードバック回路をつくる
#### （1）　社会経験から自己の哲学へ
　教科学習での学びをベースに、体験の言語化により、事物の全体像の中で自らが立てた問題意識の位置づけ、その意味や価値に気づきながら、自己の内面へ向かう意識の働きを活性化させる。それにより、個人的な体験とフィールドワーク、プロジェクト、実習などの多様な経験をリンクさせながらすべてを血肉とすることで、豊かな人間性とたくましい実践力を身につけ、自己を確立・成長させていく。
#### （2）　個人の経験から社会科学へ
　個人の多様な経験、感性をベースに、体験の言語化により、実感をとおし

226　第4部　学術院の専門教育と体験の言語化の交差点

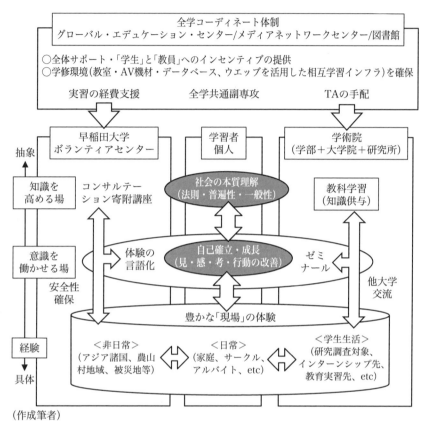

図2　社会科学と経験学習を相互作用させる教育体系

て現実認識を育み、外界へ向かう意識の働きを活性化させる。それにより、教科学習で学んだ知識の理解を助け、社会の本質理解（法則・普遍性・一般性）へと向かわせる。

（3）　自己と社会のリフレクションの確立

　この2つのベクトルを同時に働かせることで、思考と経験のサイクルは全体として活性化される。そこで、社会の不合理と自己の葛藤という2つの矛盾に気づきながら、それを乗り越えていく。

## ケーススタディ１：社会デザイン・カリキュラム（社会科学部）

### （１） カリキュラムの位置づけ

社会科学部は、社会科学系の学部のひとつで、学際、国際、臨床的に学ぶことに特徴のある学部である。1学部1学科であるが、アカデミック・カテゴリーという各自の体系的な履修計画をサポートする12の科目群がある（2016年現在）。

### （２） 社会デザインの狙い

その中のひとつに「社会デザイン」[29]がある。現状社会の課題は何か、どういう未来の社会像を描き、市民がどう向き合うか、どう変化をもたらすか、市民が情報を共有・活用し、そのビジョンとプログラムを考えるのが「社会デザイン」という新しい学問分野で、以下の①〜④のアカデミックな理論と実践スキルを学ぶ。

①社会を診る（social information and research）
②社会ビジョンを描く（visioning）
③社会を開発する（social development）
④変化をもたらす（social innovation）

### （３） 具体的なワークフロー

おおむね以下のような作業の手順でおこなう。
①事実（fact）：社会や空間は固定的ではなく流動的に変化している。過去の様子、事物の動き、人々の心理などをフィールドワークをもとにタイムラインで確認していく。
②省察（contemplation）：純粋経験による心の働きによりとらえていること、わかっていること、考えていることを可視化する。テキストと画像情報から説明・命題を加えていく。
③原因と結果（cause-effect）：発生した理由、感情がわいてきたわけ、根拠づけをおこなう。情報分析をして因果関係を明らかにし、状況に埋め込まれた意思や規範を解読していく。
④説明づけ（reasoning）：社会的ニーズ、乗り越えるべき溝や矛盾、自分の中での取り組みの位置づけを明らかにする。インタビュー、対話の実習を行う。

⑤提案（proposal）：コンフリクトを解決または最小化する方法、戦略、体制を手案する（創意工夫で価値ある新しいアイデアを出しながらグループで練り上げていく。）
⑥伝達（appeal）：ひきこみ納得させる（発表会で共感、感銘を引き出す。参加者には一般住民や行政職員が参加することもある）。

写真1　アイデアのグループ討議の準備風景

写真2　公開発表会の実施風景（外部専門家の参加）

（4）　体験の言語化
この中で学習者は多様なスタイルで社会科学的な言語化を求められる。
　①ありのままに書く。
　②自分をみつめ正直に書く。

③因果フローの全体像を示し原因を明確に書く。
　④社会意識の中から本音を見つけて書く。
　⑤自己批正、共同批正を深く掘り下げて書く。
　⑥提案に社会的な価値があることを書く。
　⑦聞き手を話し言葉で説得する。
　ボランティアセンターの「体験の言語化」プログラムを学ぶことで、より効果的に学ぶことができる。
　**（5）　社会的評価**
学生の視点を自治体や地域団体に報告し、地域振興に役立て参考にする。川口市での活動は、協力団体である「芝園団地自治会」（川口市）が、「2015年度あしたのまち・くらしづくり活動賞」総務大臣賞を受賞した。


**ケーススタディ 2：東北復興のまちづくり（ボランティアセンター）**

　**（1）　カリキュラムの位置づけ**
　平山郁夫記念ボランティアセンターでは、農山村地域の実情や条件不利地域のまちづくりの理解を深める講座を提供している。そのひとつとして「JA共済寄附講座　農村地域の経済と社会を見る目」「JA共済寄附講座　東北復興のまちづくり」の2つの科目があり、全学共通のオープン科目として、全国共済農業協同組合連合会（JA共済）の運営費の寄附により、東日本大震災に翌年2012年度より本年まで連続して開講されている（2016年現在）。
　**（2）　東北復興のまちづくりの狙い**
　授業形態は、実践／フィールドワーク／ボランティアをおこなう。東日本大震災で被災した沿岸地域へ合計3回の現地フィールドワークを実施し、復興状況を実感した上で、「インタビュー」と「復興イベント」を行う。その経験を小冊子にまとめる。通年科目（4単位）である。学生の現地までの交通費や活動費の一部は、寄附により補助されている。
　**（3）　具体的なワークフロー**
①6月～11月　受講者は数名でチームをつくり、岩手・宮城・福島の沿岸部の
　　まちから任意に1か所選んで3回の現地フィールドワークを行う。インタ
　　ビューや地域の特産品の調査を綿密に行う。

写真3　被災地での活動風景（気仙沼市）

②11月～12月　特産食材を使ったイベント「東北キッチン」を秋に東京・早稲田で開催する。受講者は、近隣商店街の協力的な飲食店を探すことからはじめ、自分たちがフィールドワークの中で見つけた食材を売り込みつつ、有意義な、復興イベントを構想し、さらに、その結果を生産地にフィードバックする。
③12月：ブックレットを作成する。
④1月：最終回に成果物を見ながら、各地区を比較しつつ東北の未来の意見交換とふりかえりをおこなう。

(4)　体験の言語化

この中で学習者は多様なスタイルで社会科学的な言語化を求められる。
①復興まちづくりの年表を作成する。
②個人のライフヒストリーを聞き書きする。
③文字おこしから、復興における社会の構造や意味を抽出し書く。
④特産品の特徴を理解し、ストーリーを文章にまとめる。
⑤イベントでわかりやすく口頭で説明する。
⑥消費者の反応からつかんだ課題発見の気づきを書く。
⑦生産者・生産団体に報告し、フィードバックする。
⑧年表、写真、図などを加えてまとめ、ブックレットを作成する。運営に際しては、TA、職員のサポートが欠かせない。

(5)　社会的評価

学生が講義後も自主的に東北を訪ねたり、イベントを企画するようになり、

> 各地域との都市農村交流が定着、継続している。新聞での記事掲載、TVニュース等で数多くとりあげられ報道された。「平成28年度版食育白書」(農水省) に掲載された。

## 六　まとめにかえて

　本稿では、社会科学における体験の言語化の位置づけと必要性を考察した。前半では、複雑化する社会において、システムがつくりだす時間・空間の渦の中で生じる問題に介入することの意義を理解し、拡張するエージェントとしての多面的な自己からの経験の言語化の論点について考察した。

　後半では、経験学習モデルとその言語化について、とくに知の働き、意識の働き、経験の3つの関係について考察した。ケーススタディとして社会科学部とボランティアセンターにおけるカリキュラムでの実践について考察した。

　体験の言語化は、学習者の問題意識や主体性が核となる。教育者はあくまで支援者にすぎないことは、いつの時代でも変わらない[31]。学校だけではなく、地域社会のコミュニティや家庭の中に浸透してゆき、「学習する地域」が形成されることが期待される。それが本当の課題であり、そのための一歩であることを銘記しておきたい。

---

[1]　日本大辞典刊行会編『日本国語大辞典』小学館、初版1972年

[2]　福地桜痴が明治八年 (一八七五) 一月一四日の「東京日日新聞」に初めて「ソサイチー」の訳語として使ったのが使用の最初とされる。

[3]　マット・リドレー『徳の起源—他人をおもいやる遺伝子』翔泳社、2006年

[4]　1962年、リチャード・シャーマンとロバート・シャーマンの兄弟が、キューバ危機へのメッセージとして作詞、最初はスローテンポのバラードであった。オリジナル版は以下YouTubeで聞ける。https://www.youtube.com/watch?v=iybDKRfAr-Q

[5]　動物学者のヴィットら (2005) は、アマゾンの熱帯雨林のトカゲ4種類を調べ、閉じた生態系の中でも全く違う形態を保存していることを明らかにし、小さな世界における大きな世界を論じた。Vitt, L.J. et al.：*Small in a big world：Ecology of leaf-litter geckos in new world tropical forests*, HERPETOLOGICAL MONOGRAPHS, Vol. 19, PP137-152, 2005

[6]　1850年当時の推定人口は、日本の約3千2百万人で、アメリカ合衆国は2千3百万人

である。Colin McEvedy and Richard Jones : *Atlas of world population history*, Penguin, 1978

7 Bryson, J. M., & Crosby, B. C. : *Leadership for the Common Good*, Jossey-Bass Publishers., 1992 年

8 エドワード・ホール：*Beyond Culture*（英語版）、1976 年、『文化を超えて』（岩田慶治・谷泰訳）（日本語版）、TBS ブリタニカ、1979 年

9 土方正夫：意思決定支援システム序論―その背景とフレーム、早稲田社会科学研究 (35), p1-17, 1987 年

10 マイケル・ポラニー：*Personal Knowledge : Towards a Post-Critical Philosophy*、Routledge & Kegan Paul（英語版）、1958 年、『個人的知識―脱批判哲学をめざして』長尾史郎訳（日本語版）、1985 年

11 ジンメル『貨幣の哲学』(1900 年) で「生の様式 (lebensstil)」と呼び、深く考察した。

12 デュルケーム『社会分業論』(1893 年) で、「個人化」「社会化」、後者の優位性を論じた。

13 Giddens : *The Constitution of Society*, University of California Press, 1984 年

14 ギデンズは、ジャガーノート（重量トラック）の比喩でダイナミックなモダニティのシステムを乗りこなすと表現した。

15 マッカーシーとゾールド：資源動員論、1973 年

16 トゥレーヌ：声とまなざし―社会運動の社会学、新泉社、1983 年

17 ユルゲン・ハーバーマス：*Strukturwandel der Öffentlichkeit*（独語版）、1962 年『公共性の構造転換』細谷貞雄訳（日本語版）、未来社、1973 年

18 クロード・レヴィ＝ストロース：*La pensée sauvage*（仏語版）、1969 年、『野生の思考』大橋保夫訳（日本語版）、未来社、1976 年

19 ここでは、ヘルメネウティック（解釈学）（独：Hermeneutik）を想定している。テクスト解釈の流れを踏まえつつ、さらにハイデガーによる現存在の解釈を想定している。

20 アリストテレスは、テオーリア（観想）、プラクシス（実践）、ポイエーシス（制作）を論じ、テオーリアを事物の真理を理性的に知ろうとする人間の最高至福の活動とした。デカルトは、『情念論』(1649 年) で、身心の相互作用を論じた。カントは『実践理性批判』(1788 年) で、実践理性の優位、道徳的実践による人間の完成を論じた。

21 パースは、純粋経験からの知性を論じてデカルトを批判 (1868 年) し、プラグマティズムを論じた。デューイは、『民主市議と教育』(1916) で、経験の中にある衝動や疑問（反省的想像力）を大切にすることによって新しい習慣や知性がうまれると論じた。学校における交流、意見交換、相互協力、問題解決学習などの経験が民主主義に重要であると論じた。

22 ハイデガーは、存在について現象学的還元による再解釈を論じた。存在するということは、物体が実在することではなく、自己認識の中で確実になることであると論じた。『存在と時間』(1927)

23 ガダマーは、テキストの解釈において、記述されたものとそれが意味するものの一致・不一致を問題とし、言葉だけではなく文法、文脈、さらに書かれていないことをも含めた理解が必要であると論じた。『真理と方法』(1960 年)

24 仏教には、「八正道」という基本的な実践法がある（正見、正思、正語、正業、正命、正精進、正念、正定の8つ）。

25 儒教には、「格物知致」（道徳を高めて判断が明晰になる）、「修身」（行ないを正し修める）の循環を基本とする。

26 中村元『東洋人の思惟方法〈第2部〉日本人・チベット人の思惟方法』、みすず書房、1949 年

[27] クルト・レヴィン（1946）が提唱したもので、パウロ・フレイレの「参加型アクションリサーチ」(Participatory action research = PAR)、ジョン・ヘロンとピーター・リーズンの「協同探究」(Cooperative Inquiry)、クリス・アーガイリスの「アクション科学」、ウィリアム・バリーの「生の教育理論」(Living Educational Theory = LET) アプローチなどの系譜がある。特にバリーのLETは、オントロジー（存在論）をベースにしており、人生に意味・目的・エネルギーを与える価値を重視しつつ、それを成立させているシステム、さらにその背後にある知識構造などを探る。これはガダマーの問題意識とも通底している。

[28] 以下 web 参照。社会再生アプローチで伴走しながら地域を元気にする（早稲田大学ウエッブサイト）https://www.waseda.jp/top/news/35194

[29] 4人の教授（土方正夫、卯月盛夫、佐藤洋一、早田宰）の合同指導でおこなわれている。

[30] 早田宰教授、加藤基樹助教が学科目を担当し、さらにまちづくりや農業の専門家がゲストスピーカーとして講義や実習を担当している。

[31] 孔子「悱（ひ）せずんば、発（はっ）せず」（『論語』述而第七）（言えそうで言えずに口をもぐもぐさせているくらいでなければ、はっきり教えない）の意。

# 第3章

## 理工系教育と「体験の言語化」の交差点

朝日　透

### 一　博士・ポストドクターを対象とした別立て教育の必要性とシステム改革

　理工学術院では近年、博士課程学生やポストドクターを対象として、専門教育とは別に、社会に対する俯瞰力やコミュニケーション能力、さらにビジネスなど実務の場でリーダーとして活躍できる能力を養成する教育プログラムの充実に力を注いでいる。

　かかる理工学術院における博士課程学生・ポストドクターを対象とした教育は、WAVOCを中心に取り組みがなされている「体験の言語化」プロジェクトとは別個に、理工系教育の現場から立ち上がった問題意識から始まったものである。しかし、私たちは理工のこの博士課程学生・ポストドクター向け教育の試みと「体験の言語化」プロジェクトの間には、課題と方法論に大きな共通性があると考えている。さらには敷衍して、まさにこの両者が交差する点こそが、いわゆる「文理融合」の教育が駆動する起点になるのではないか、と考えている。このことについては本稿の最後に考察する。

　理工学術院では、博士課程学生やポストドクターに対して、なぜ専門教育とは別立ての教育が必要であると考えているのだろうか。博士課程学生やポストドクターは、専門研究に取り組む中で、現象を論理的に把握し研究論文として言語化する能力を日々磨いている。その意味では、彼らは論理的思考や言語化能力についてはすでに高いレベルにあるといえる。それにもかかわらず、理工学術院であえて専門教育とは別立ての教育が構想されるようになったのは、博士課程学生やポストドクターの能力について、従来の大学の専門教育では十分に錬成することのできない領域のあることが認識されるようになってきたからである。

第3章　理工系教育と「体験の言語化」の交差点　235

　産業のグローバルな競争が熾烈化・加速化する現在、日本でも欧米諸国をモデルに、理工系の博士人材がイノベーションの担い手として活躍することを期待する声が高まっている[1]。理工系博士人材に対して、従来のように研究開発に貢献するだけではなく、高度な専門知識を武器に、組織のリーダーとしてマネジメントに従事したり、新しいビジネスモデルを創出するようになることが望まれているのである。

　しかし、理工系博士人材が社会でイノベーションの担い手として活躍するようになるには、従来の専門教育で養成される研究者としての知識や観察・分析の能力だけでは十分ではない。実社会の複雑かつ刻々と変化する状況に適切に対応するためには、専門知識だけでなく、社会を広い視野で捉える俯瞰力やさまざまな人々と対話できるコミュニケーション能力、実務の場でリーダーシップを発揮できる能力などが必要となる。これらの能力は特定の専門分野でのみ必要とされるものではなく、これからの理工系博士人材には（恐らくはこれからの文系博士人材にも）共通して必要となる能力である。

　大学院教育のシステムとの関係で見れば、これらの能力は個々に立ち並ぶ専門教育を横に串刺しにするものであり、かつての学部教養教育に代わり知識の新しいプラットフォームとなるべきものである。

　これこそが理工学術院で現在展開されている博士課程学生・ポストドクター向け教育の本質である。言うまでもなく、ここでは養成されるべき人物像として、単にスペシャリストを否定してジェネラリストが望まれている訳ではなく、あくまで高い専門性を有することを前提として、その能力を社会のために広く活用できる高度専門人材の養成が期待されているのである。

　理工学術院では、かかる思想のもと、博士課程学生やポストドクターを対象とした教育システムの整備が進められてきた。以下本稿では、この教育システムの状況を紹介する。

　概要を先に述べると、理工学術院では文部科学省事業の採択を契機として、博士人材のキャリア支援や能力開発に取り組む博士キャリアセンターやポストドク・キャリアセンターが整備されている。そこで博士課程学生やポストドクターに実践的な能力を身につけさせる講座やインターンシップなどのプログラムが先駆的に実施され、効果が認められた取り組みは理工学術院の大学

院正規科目へと転換してゆくことが試みられている。さらに、WASEDA-EDGE人材育成プログラムとして、理工学術院の学生と文系学術院所属の学生が協同で社会的課題の解決に取り組む大学院教育の新たな展開が進んでいる。

## 二　教育システム

### 1　取り組み拠点の整備
#### （1）　ポスドク・キャリアセンター

　早稲田大学では、2006年に文部科学省「科学技術関係人材のキャリアパス多様化促進事業」の採択を受けたことを契機に、理工学術院にポスドク・キャリアセンターを設置し、産業界などアカデミア以外のキャリアをめざすポストドクターや博士課程学生の支援を開始した。

　この取り組みの背景には、2000年代より高等教育でクローズアップされてきたいわゆる「ポスドク問題」がある。日本では1990年代に国により「ポストドクター等1万人支援計画」（第1期科学技術基本計画、1996年）が示され、「欧米並みに」博士学位取得者がアカデミアに限らず社会のさまざまな分野で活躍することが期待された。その影響もあり、博士学位取得者は大幅な量的増加を見たが、産業界などでは博士学位取得者の雇用機会は期待されていたほど提供されず、博士学位で担保される能力と産業界など実社会から期待されるそれとの間のミスマッチが指摘されるようになったのである。

　このミスマッチについては本稿では紙幅の都合もあり詳細な分析は避けるが[2]、これを大学院教育に着目し、考えてみる。博士学位取得者は本来、研究成果を分節化し言語に表出することや、現象について科学的真理に基づき考察することにかけては高度な鍛錬を積んでいる筈である。それにもかかわらず、知識社会の中で博士学位取得者がアカデミアの領域を越えると十分にその能力を活かすことができないというのは、従来の大学院教育で行われてきた言語化や考察の訓練がアカデミア向けに特化され過ぎ、一般社会で普遍的に通用するには不十分であったことを示している。

　ポスドク・キャリアセンターでは、アカデミア以外のキャリアをめざすポ

ストドクターや博士課程学生に「気づき」を与えること（意識改革）と、新しい大学院教育のカリキュラムを創造し、全学での制度化に先駆けて実施することに並行して取り組んだ。

ポストドクターや博士課程学生の意識改革については、民間企業や公的研究機関で研究開発や人事評価に長年の経験を持つ人材をキャリア・コーディネータとして採用し、ポストドクターや博士課程学生を対象に将来のキャリアに関する面接を行った（センターの設立から3年間で延べ93名に実施）。

また、博士学位取得者の採用に意欲的な複数のリーディングカンパニーの協力を得て、各社の人事担当者を大学へ招き、ポストドクターや博士課程学生が実際に面談して企業の人材採用の基準や方針を聞くことのできるマッチング・イベントを多数開催した。

これらの面接やイベントを通じて、参加したポストドクターや博士課程学生は、自身の専門的知識をビジネスなど実社会で実践するには言語化に工夫が必要なこと（専門分野を異にする聞き手に対しては、専門用語に頼りすぎずに理解させ、説得できる力が求められる）、社会的実践においては状況に主体的に介入することが重要になること（観察者としてではなく、自ら課題を解決する力が求められる）等を学ぶこととなった。

新しい大学院教育のカリキュラムを創造することについては、ポスドク・キャリアセンターでは企業アンケートや有識者へのヒアリングを通じて、グローバルな競争が激化する現在、博士学位取得者が社会でリーダーとなりうる人材として活躍するにはどのような能力が必要であるかを探り、その能力を養成する講座を企画・運営した。

たとえば、国際コミュニケーションの手段としてのテクニカル・ライティング技法を磨く「書く英語の重要性と明確なルール」（2007年）、独フラウンホーファ研究機構日本代表部代表を講師に招き実施した「研究マネジメント・イノベーション能力開発講座」（2008年）、大手民間企業の管理職研修で用いられているメソッドや教材を使用した「対人対応コミュニケーション スキルアップ研修」（2008年）などである。

これらの講座は、参加者の感想を分析し効果を測定することにより、後に理工学術院で博士後期課程の履修科目を整備する際に基礎となる貴重なデー

タを提供することとなった。

**（2）　博士キャリアセンター**

　博士キャリアセンターは、前述のポスドク・キャリアセンターの取り組みを理工学術院においてさらに推進する目的で設立された。ポスドク・キャリアセンターの試行を通じて、グローバルリーダーとなるべき博士課程学生・ポストドクターを育成するには、学部・学科、研究科・専攻等の違いを乗り越えた実践力を鍛える教育を修士課程から遡って実施する必要があることが認識されたのである。

　折しも 2008 年に公募された文部科学省・科学技術振興調整費「イノベーション創出若手研究人材養成事業」に本学がその必要性を提案し、プランが採択されたことで、理工学術院における教育システムの一環として整備を進めることができた。

　博士キャリアセンターの取り組みは、「研究科・専攻を横通しする大学院教育」、「キャリア形成支援システム」、「教育的見地から実施される長期インターンシップ」を3本の柱としている。

　「研究科・専攻を横通しする大学院教育」では、次節で紹介する博士実践特論 A：イノベーションリーダーシップ、博士実践特論 S：ロジカル コミュニケーション、博士実践特論 B：産業イノベーション、実践的英語プログラムが企画・実施された。これらのプログラムは、博士課程学生やポストドクターを主対象としながらも、修士学生の参加も可とすることとした。各プログラムは運営を通じてその成果と改善点等を検証し、PDCA サイクルを回しながらレベルアップを図った。これらの教育プログラムは文部科学省補助事業が終了した後も、大学院正規科目として継続的に実施されている。

　「キャリア形成支援システム」では、「エレクトロニクス・情報系」、「自動車・機械系」、「化学・材料系」、「ライフサイエンス系」、「シンクタンク・金融・商社・マスコミ等系」のジャンルに、その分野の日本を代表する企業からコーディネータとしての人材を招聘し、キャリア相談を行っている。キャリア相談では博士学生やポストドクター、さらに博士課程進学を考えている修士課程や学部の学生に対してコーディネータが面談し、各自が自身のキャリアデザインを考え、実行するサポートを行っている。

「教育的見地から実施される長期インターンシップ」については、公的資金等を原資としてさまざまなインターンシップのモデルを設計、実施している。前述の文部科学省「イノベーション創出若手研究人材養成事業」では「個人型インターンシップ」を実施し、2010年に採択された「実践型研究リーダー養成事業」により「チーム型インターンシップ」がそれに続いた。さらに、2014年度に採択された「グローバルアントレプレナー育成促進事業（EDGEプログラム）」により「起業家育成インターンシップ」が開始され、この事業は現在も継続実施中である。2014年からは、一般社団法人産学協働イノベーション人材育成協議会の事業にも参加し、「産学連携による人の交流」と「知の交流」に基づくイノベーション創出の場に、博士課程学生やポストドクターが参加する道を拓いている。

現在の博士キャリアセンターの活動は、「Waseda Vision 150」プログラムの支援を受け実施されている。博士キャリアセンターはその支援に応えるべく、今後も、本学の全学術院における博士課程学生、ポストドクター、修士課程学生ならびに博士課程進学を考える学部生を支援する。さらに、本学で得られた実績と知見を基に、文部科学省を中心とする博士人材育成のための政策立案等へも協力している。

## 2　カリキュラムの整備
### （1）博士実践特論A：イノベーションリーダーシップ

先述したように、理工系博士人材が社会でイノベーションの担い手として活躍するようになるには、アカデミアで伝統的に養成されてきた研究者としての能力だけでは十分ではない。社会的な実践では、対象に対峙し観察・分析するということに加え、状況へ主体的に介入し課題解決に貢献することが決定的に重要になるからである。

博士実践特論Aでは、博士課程学生が将来イノベーションを創出する人材となるために必要な能力として①マネジメント、②リーダーシップ、③ネゴシエーションを取り上げ、早稲田大学大学院経営管理研究科（ビジネススクール）で指導を行っている気鋭の教員が参画し、講師や受講学生間の対話を重視した双方向性の講義を行っている。

授業は実際にビジネスの現場で生起する課題に即して進められてゆく。たとえば、リーダーシップの講義では、最初に講師から、ビジネスの世界ではリーダーシップの目的は生産性の向上にあること、リーダーが行う人的資源のマネジメントは、結局のところ Competency（メンバーの能力「デキ」）、Commitment（献身「ヤルキ」）、Congruence（調和「ムキ」）の向上に集約されることなどが理論的に解説される。そして、受講学生はグループに分かれ、「部下を『デキ』るようにし、『ヤルキ』を与え、『ムキ』を揃えるには、リーダーはどうすべきか」をテーマに議論を重ねてゆく。

また、ネゴシエーションの講義の例では、ロールプレイングで受講学生を「経営者」と「営業マン」に分け、実際に交渉を行うことから始める。そして、交渉が落着するまでにどのような課題があったかを学生同士で議論したうえで、講師の解説を通じて、たとえば「交渉の本質とは、相手を理解し、協調することでお互いの利益となる解決方法を見出すこと」、「ネゴシエーションを支えるのはコミュニケーションリテラシーにほかならない」ことを理解してゆく。

受講学生は講義を通じて、日常の研究生活では意識することの少ない社会実践におけるリーダーシップのあり方をあらためて課題として捉えなおすことになる。そして、対話やロールプレイングなどの状況的な学習と、知識としてもたらされる理論学習の間で往復運動を繰り返すことによって、経験に頼るだけでなく、理念に傾きすぎることもなく、イノベーションをもたらすリーダーとしての考え方や行動を身につけてゆく。

（2） **博士実践特論 S：ロジカル コミュニケーション**

一般に社会成員の文化的・言語的同質性が高いと信じられている日本では、会話によって「相手に伝える」ということはごく自然なこととされ、その論理性や明解性が意識化されることは少ない。そのこともあってか、日本では、学校教育のプロセスで口語によるコミュニケーションの技法を学ぶ機会はごく限られている。

しかし、実際には、社会関係の中で相手に「正確に伝える」「快適に伝える」ということは、それほど容易なことではない。とりわけ分業が高度化し、グローバルな情報伝達や意思共有に正確さとスピードが要求される現代の実務

環境では、相手に正確な情報を伝え、ポジティブな人間関係を作れるように話すことができるかどうかは、極めて重要な意味を持つようになってきている。

博士実践特論Sは、博士課程学生を対象に、自身が置かれるシチュエーションに応じて相手に「正確に」「快適に」伝えることができる話し方を教授する。大手民間企業の社員研修等で豊富な教授実績を持つ外部講師が担当し、具体的にビジネスなどの場面で応用できる実践的なスキルの養成を目指している。

講義では、情報をアウトライン化して伝える「ロジカル・コミュニケーション」の技法、人間の心理的側面を考慮しながら他人へアプローチする「対人対応コミュニケーション」の技法を学ぶ。そして、グループディスカッションやグループプレゼンテーションで普段は意識する機会も少ない「相手に伝えること」を課題化し取り組むことで、相手に「正確に」「快適に」伝えるスキルを身につけてゆく。

受講学生はさまざまな専攻から参加している。講義ではこれら学生を4～5名ずつのグループに分け、集中的な議論を行う。学生は背景や専門が異なる相手に意思や情報を伝えることの難しさに直面しながら、なぜ伝わらないのか、また、どのようにすれば伝わるのか、その問題解決方法や相手を分析する手法を体感的に学んでゆく。

博士課程学生は、専門教育によって、論理的に思考する力や現象を言語化する力はすでに高い水準で獲得していると考えられる。しかし、旧来の大学院の教育環境では専門領域を超えてその力を量り、伸ばしてゆく機会はほとんど無かった。博士課程学生は、自分の専門分野では、学会発表などを通じて専門用語を駆使して話す技術を日々鍛えているが、分野の異なる専門家や科学的知識に慣れていない一般人を相手に話すことは、研究室で専門研究に取り組むだけでは経験する機会が少なく、ともすると、その必要性に気づくことすらできていない場合もある。

博士実践特論Sは、かかる博士課程学生に振り返りの機会を与え、課題を解決するための理論と手法を身につけさせることで、専門教育が培ってきた博士課程学生の論理的思考や言語化の能力を広く社会に実践するものである。

## （3） 博士実践特論 B：産業イノベーションとキャリアデザイン

　現在の大学における研究、中でも理工系の研究は、その内容が先端であればあるほど、社会一般との距離は大きい。このため、博士課程学生やポストドクターが社会と直接的に接することになる就職活動を行う際、企業等と自分との間に距離感や意識のギャップ等を強く感じ、自身が培ってきた研究内容等を説明し、理解を得るのに大変困難を感じることがある。一方、受入れ側の企業等にとっても、かかる人材に対する正当な評価は難しく、しばしば優秀な人材を逃す結果にもつながる。

　博士実践特論 B では、産業分野として「エレクトロニクス・情報系」、「自動車・機械系」、「化学・材料系」、「ライフサイエンス系」の 4 大分野を対象に、「大学で創造された知」がどのように「社会で活用される知」へと変換されるべきかについて学ぶ。

　これらの事業分野を支えたサイエンスとテクノロジーは何であったか、何故その時期に発生し、それが社会へどのようなインパクトを与えたか等の講義を通して、博士課程学生やポストドクターが、自分自身の行っている研究と社会がどのように結びつくかを考える機会とする。また、「イノベーションとは何か」、「イノベーションを起こすための仕組み」、「イノベーションを起こすための社会との関わり」等の事例研究を通して、博士課程学生やポストドクターが自身の研究成果を社会へ発信する能力を育んでゆく。

　これらの講義を成立させるには、講義を担当する人材が研究成果の事業化や普及のための制度化に密接に取り組んだ経験を持ち、自らの言葉で語れることが求められる。そこで、講師のキャリアについて「自身が研究者として研究成果をビジネスまで立ち上げた経験や失敗した事例も語れる人材」、「組織の中で若手研究者を育成し、その研究者を成功体験まで導いた人材」、「本社等で然るべき役職を経験し、新規事業を立ち上げるプロセス等を語れる人材」、「アカデミアで研究成果を事業化した経験を持つ人材」、「官公庁でイノベーションを立ち上げる組織作りの経験を持ち、国の産業政策等に精通した人材」に焦点をあて、日本の産業分野を代表するグローバル企業である日立製作所、日産自動車、三菱化学、旭化成グループや国立研究開発法人産業技術総合研究所、一般社団法人日本化学工業協会等の協力を得て、外部講師を

選任した。

　これらの講義の成果が、どれだけ博士課程学生やポストドクターに浸透したかを確認するため、講義の最終日には、講義参加者にはプレゼンテーションの課題が与えられ、「この講義を通して何を学び」、「自身の研究生活を通して得られた成果をどう社会に結びつけてゆくか」をテーマに発表させている。そして、受講者同士の質疑応答や講師による講評を通じて、「自身の研究の立ち位置」、「研究と社会の接点」、「今後社会で活躍するための戦略」等を自身の言葉で語る能力を磨かせている。

### （4）　実践的英語教育プログラム

　いわゆるグローバル化という現象を背景に英語を学ぶことの意味は、英語という言語を媒介として、情報や論理を普遍的に交換できるようになるということにある。したがって、教えられるべきことは、英語という前提条件であれば相手を選ばず自分の意思を正確に伝えることができる話し方の技術や、アカデミアやビジネス、行政機関などで流通する英語文書のルールと習慣を踏まえ、読み手の関心とリスペクトを得て広く受け入れられる文書を作文できる作法などである。

　博士キャリアセンターでは、2008年に文部科学省補助「イノベーション創出若手研究人材養成」に基づき、理工学術院の英語教育センターの協力を得て、博士課程学生を主対象とした実践的英語教育プログラムを開始した。本プログラムは、英語で口頭発表する際に必要な技術を学ぶ Professional Communication、その応用として、国際会議などにおいて英語で効果的な発表ができるプレゼンテーション能力を身につける Advanced Technical Presentation、国際的な学術誌に発表できる読み・書きの技術を高める Advanced Technical Reading and Writing、職場で自信を持って仕事ができる英語コミュニケーション能力を養成する Work place English の各講義で構成されている。

　講義は、英語教育センターの教員が英語で行い受講学生は講師の英語による説明を聞き取り、英語で質疑応答をしなければならない。また、講義は博士課程の専門性を意識し、各学生の立場や研究内容を素材に取り上げる。受講学生は異なる専攻から集まっているため、専門の異なる相手にも理解でき

るよう英語で説明する力が（反対に専門の異なる相手の英語を聞く力も）求められる。

講義内容の実例として、Advanced Technical Presentation を取り上げる。同講義は大きく分けて 4 つのパートから構成される。

① プレゼンテーションを準備する際の全体プロセスについて議論する。受講学生には講師の説明を聞くだけでなく、自分自身の経験に基づいて英語で自分の考えを述べることが求められる。プレゼンテーションの目的や意義にも触れ、オーディエンス（聞き手）、オーガニゼーション（構成）、フロー（流れ）、スタイル（様式）、デリバリー（伝達）の戦略を議論する。
② PC ルームで実際にプレゼンテーション用のソフトを使い、研究の背景や手法、結果、結論を効果的に発表する方法を実践的に学ぶ。また、日本人が英語で発表する際に犯しやすい文法の過ち等の注意が与えられる。
③ 受講学生が実施している各自の専門研究について、スライドを使って英語で発表する。聞き手側の学生は発表者に質問を行い、発表の感想と改善点を探り、レポートにまとめて提出する。
④ 各自の研究を通じて得られた知見を基にした、より完成度の高いプレゼンテーションを、国際会議と同様のかたちで行う。

③④の発表後には、グループディスカッションとフィードバックセッションを設け、それぞれの学生が指摘された改善点を共有し、各自の技術向上に役立てる。かかる実践と議論を通じて、受講学生は英語を知識としてではなく、確かなコミュニケーションの手段として身につけてゆく。実践的英語教育プログラムの各講義は、博士キャリアセンターの文部科学省補助事業が終了した 2012 年以降も、英語教育センターが実施する大学院正規科目として継続している。

（5） 産業-博士交流マッチング会

理工系博士人材が「実社会へのアピール力」を訓練する実践的な場として、2009 年より博士キャリアセンター主催で「産業-博士交流マッチング会」を定期的に開催している。

本イベントは、学会等での研究発表とは異なり、企業研究所や人事部門からの参加者に対し研究内容や自分自身をどのように表現し、アピールするか

を訓練する機会となり、また企業からの参加者との対話を通じてキャリアデザインについて考えを深めることに繋がっている。また、「産業−博士交流マッチング会」での交流がきっかけとなりインターンシップの実施や採用に繋がった事例も出てきている。

> **参加企業・機関（50音順）**
> 旭化成、旭硝子、アクセンチュア、アルバック、IHI、出光興産、エーザイ、amsジャパン、オルトメディコ、カネカ、京セラ、シスメックス、シーメンスジャパン、JFE、JCN、新日本石油、新日本製鐵、島津製作所、ジャフコ、ソフトバンクグループ、ソリトンシステムズ、帝人、DIC、TESニューエナジー、テクノスデータサイエンスマーケティング、テルモ、トヨタ自動車、東芝、東レ、凸版印刷、日産自動車、日本IBM、日本たばこ産業、日本電気、BASF、ファソテック、富士フイルム、富士フイルムメディカル、ブリヂストン、古河電気工業、三菱化学、三菱マテリアル、リコー、安川シーメンスオートメーションドライブ、産学協働イノベーション人材育成協議会

「産業−博士交流マッチング会」のプログラムは、下記の構成となっている。

① 参加企業によるショートプレゼンテーション
　参加企業より各社10分弱でプレゼンテーションを実施する。プレゼンテーションの内容は会社概要に留まらず研究開発領域や博士人材への期待・メッセージなどを紹介する。
② 博士人材によるポスターセッション
　学会等での研究発表ではなく、自分自身の紹介を目的としたポスターを事前に作成し、掲出する。また、本人をポスター脇に常駐させ、参加企業とのディスカッションを行う。ポスターの作成に際し、要請があれば博士キャリアセンターのコーディネータが一人ひとりに対して添削・指導を行っている。
③ 個別交流会
　参加企業ごとにブースを用意し、学生がブース訪問する形式で実施する。ポスターセッションよりも時間を掛けて密なコミュニケーションが図れるため、企業研究者としてのキャリアパスのイメージを得られるなど、自身のキャリアデザインを深めることが出来ている。

### 3 長期インターンシップ

民間企業は、最近になって大学生や大学院生を対象としたインターンシップを盛んに行うようになってきた。しかし、これらは一般に、あくまでも企業が優秀な人材を確保するための手段として実施されるものである。

一方、博士キャリアセンターが目指すインターンシップは、グローバルに活躍できるリーダーを養成するということを第一の目的としており、本学の新しい教育活動の一環として実施されるものである。博士キャリアセンターが現在までに実施してきたインターンシップは、派遣期間が3か月から1年と長期なケースが多く、(a) 個人対象型インターンシップ、(b) チーム型インターンシップ、(c) 企業家育成インターンシップの3パターンがある。

### (1) 個人対象型インターンシップ

博士キャリアセンターで実施される個人対象型インターンシップは、一般に大学で行われているインターンシップと異なり、博士課程学生とポストドクターを対象としている。また前述の通り、いわゆる就職を目的としたインターンシップではなく、参加する博士課程学生やポストドクターが、研究生活で得られた研究成果やその方法論等が社会にどう結びつくかを考える機会とすることを目的としている。インターンシップの参加者は、企業での働き方を体験し、自身が考えている今後の進路と自身の適性等をじっくり考え、そこで学んだことを自身の言葉で表現できる能力を身につける。そのため、博士キャリアセンターで企画・実行するインターンシップは、短期間のものではなく、長期インターンシップとしている。

個人対象型インターンシップの実施にあたっては、参加者はまずコーディ

ネータと面談し、本人の希望する将来の職種、業種等について意見交換を行う。そして、本人の希望がある程度固まってきた段階で、希望分野を「エレクトロニクス・情報系」、「自動車・機械系」、「化学・材料系」、「ライフサイエンス系」、「シンクタンク・金融・マスコミ等系」に大別し、それぞれの専門コーディネータがさらなる面談を行う。かかるインターンシップ希望者とのきめ細かな面談を通じて、研修のテーマや希望企業等について意思を共有し、そのうえでコーディネータが受入先と交渉に入ることとしている。

博士キャリアセンターで実施される個人対象型インターンシップは、グローバルに活躍できるリーダーを養成するという本学の教育活動の一環として実施されることから、インターンシップのビフォーとアフターを評価し、これを参加者本人にフィードバックしている。事前にインターンシップ希望者の面接を行い、研修参加の目的、内容、受入れ先の妥当性等を聞いて、認められた者だけがインターンシップに参加することが可能となる。そしてインターンシップの終了後、参加者は、インターンシップの達成度が評価される。

この個人対象型インターンシップの経費は、早稲田大学が2008年に文部科学省・科学技術振興調整費「イノベーション創出若手研究人材養成事業」に採択されたことにより、その資金によってサポートされた。

このプログラムによりインターンシップに参加した博士課程学生・ポストドクターは、79名で、受入れ機関数は79機関（重複含む）であった。この内26名は海外で長期インターンシップを行い、その比率は全体の34％を占めている。海外でのインターンシップ実績は文部科学省事業において他の採択機関に比べても著しく大きく、本学の取り組みの特徴である。

（2） チーム型インターンシップ

このタイプのインターンシップが企画・立案されたのは、本学が2010年に文部科学省「実践型研究リーダー養成プログラム」に採択されたことによる。本学のテーマ名は「社会問題解決リーダー育成のための文理相乗連携プログラム」であり、「文理の枠を超えたチームワークで社会の解決に貢献できる将来のリーダー人材を養成する」ことを目的としていた。

このプログラムを構成する要素は、「事前学習」「事後学習」「企業演習」の

3つであり、このうちの「企業演習」が、「文理相乗連携型チームを編成し、バックグラウンドの異なる研究者同志の考え方や行動を理解し、チームとして結論や提言を纏め、発表する」という本プログラムの構想の中核を成すチーム型インターンシップであった。

インターンシップのチームは、博士課程学生をチームリーダーとして文系理系の大学院生からなる混成チームを編成した。

また、研修の課題についてその関連分野を専門的に研究する学生の参加はできるだけ排除し、専門外の参加者を含んだチームを構成することとした。これは「社会的課題は何か」「その課題を如何に解決するか」を専門の異なる者同士で話し合い、経験や体験等を共通の言葉や認識に纏め上げる経験こそが、学生が今後、自分自身のキャリアと社会との接点を作るにあたって欠かせない能力育成につながるという考えに基づいたものである。

このチーム型インターンシップの方式による「企業演習」には、文系理系の大学院生の混成チームとなる文理相乗連携型チームが16編成され、14の企業及び機関で実習を行った。また参加者は58名で、課程別にみると博士課程学生21名、修士課程学生37名、文理の別では文系25名、理系33名という構成となった。

### （3） 起業家育成インターンシップ

2014年から2017年までの3年間、博士キャリアセンターは後述する「WASEDA-EDGE 人材育成プログラム」[3]の一環として起業家育成インターンシップを実施している。

取り組みの背景として、技術的な専門性を持った人材（特に博士人材）が、その技術の知識あるいは技術への理解力を生かして新しい製品・サービスを創出し、しかもそれが驚異的なスピードで拡大しグローバル展開されていく起業事例が欧米、特にシリコンバレーで多く生まれているということがある。一方で、我が国の多くの理工系の学生は、従来、研究開発や専門性を深めることには積極的であったが、研究成果を製品やサービスに展開したり、事業化したりすることには関心が乏しく、この点においては欧米の後塵を拝しているという認識がある。

この起業家育成インターンシップでは、理工系学生を研究成果や先端技術

【事例1】先進理工学研究科先進理工学専攻一貫制博士3年生[4]

インターンシップ先：ams（グラーツ・オーストリア）
期間：2015年11月〜2016年2月
業務内容：半導体センサーの試験と評価

【事例2】先進理工学研究科生命医科学専攻博士後期課程2年生

インターンシップ先：WHILL 米国本社
（サンフランシスコ）
期間：2015年11月〜2015年12月
業務内容：マーケティング部門に配属。
　　　　　市場調査、販売戦略の立案

の事業化に取り組んでいる企業の現場に2〜3ヶ月間派遣し、実際の体験を通じた学びの機会を提供している。起業意識の醸成に主眼をおく他の教育カリキュラムと複合的にこのインターンシップを実施することで、インターンシップが座学で得た知識を再確認する場となり、あるいは座学がインターンシップで得た体験を言語化する場となり相乗的な教育効果が見い出されている。

現在進行中の起業家育成インターンシップの取り組み事例として、2015年度の3つの事例を紹介する。

【事例3】基幹理工学研究科情報理工学専攻修士1年生

インターンシップ先：Digital Garage 米国本社
（サンフランシスコ）
期間：2015年9月〜2016年3月
業務内容：マーケティング部門に配属。
　　　　　イベントの企画立案、販売戦略の構築

## 4　WASEDA-EDGE 人材育成プログラム

2014年度に早稲田大学は文部科学省「グローバルアントレプレナー育成促進事業（EDGE プログラム）」に採択された。これは、日本においてイノベーションの創出を活性化させるため、①大学等の研究開発成果を基にしたベンチャー創業、②既存企業による新事業の創出を促進する人材の育成、③イノベーション・エコシステムの形成、を目的とした3年間の補助事業である。

早稲田大学では採択を受けて、「WASEDA-EDGE 人材育成プログラム～共創館イノベーション・エコシステムの構築～」（以下、WASEDA-EDGE プログラム）を実施している。早稲田大学は本プログラムで日本の成長戦略の実現に寄与するため、文理融合で多様な人材によるイノベーション創出を可能にする場である「社会デザイン工房『共創館』」を整備し、そこで教育プログラムである WASEDA-EDGE プログラムによって起業化マインドを持った人材（EDGE 人材）を育成し、持続的イノベーション・エコシステムの形成に貢献することを目指している。

多様な学生の学びの場となる「社会デザイン工房『共創館』」として、西早稲田キャンパス61号館「ものづくり工房」にラーニングコモンズを増設し「NISHIWASEDA 共創館」を整備、また、早稲田キャンパス19号館に「WASEDA 共創館」を設置した。

西早稲田キャンパスに所在する NISHIWASEDA 共創館では、新しい発想やアイデアを形にするための機具が豊富に用意されている。3Dプリンタ、3Dスキャナ、レーザー加工機などのデジタルアプリケーション、旋盤・フライス盤などの金属・木工加工機から陶芸用ろくろまでが揃えられ、ラピッドプロトタイピングが可能となっており、モノに基づく共創の空間が実現している。

一方、早稲田キャンパスにある WASEDA 共創館では、より磨かれたアイデアの創出を可能にするため、自由に空間をデザインできるようにし、多様な視点に触れる環境づくりと学生同士あるいは学生と社会人の交流を促進する共創の場としている。

2016年度より『共創館プログラム』と題し、隔週～月1回程度のペースで「共創館」を利活用した起業・新規事業化・メンタリング・キャリアデザイン・

業界分析などをテーマにしたセミナー等が実施されている。

WASEDA 共創館

NISHIWASEDA 共創館

WASEDA-EDGE プログラムは、次の３つのプログラムを通し「EDGE 人材」を育成している。

（１）アントレプレヌールシップ教育プログラム

シーズを持つ理工系大学院生の起業マインドを醸成するプログラムである。起業や新規事業化により実現可能な未来の社会を描像できる能力を身につけ、起業に必要な基本知識や考え方を起業経験者らの協力を得て修得する。またグローバル社会での活躍を目指し、丁々発止の議論や交渉を英語で行う能力を専門家の協力を得て高める。さらにベンチャー企業や新規事業部における中長期インターンシップにより、緊張感とともに現場でのイノベーション創出へのプロセスの一端を学ぶ。

本プログラムを構成する科目は以下となる。

・起業特論 A・起業特論 C：トップリーダーマネジメント
・起業特論 B：スタートアップエッセンシャル
・グローバルコミュニケーション基礎・上級
・博士実践特論 A：イノベーションリーダーシップ
・博士実践特論 B：産業イノベーションとキャリアデザイン
・博士実践特論 S：ロジカルコミュニケーション
・CSR マネジメント実践
・技術系経営幹部講話
・起業インターンシップ

### （2） 価値共創デザイン教育プログラム

　主に文系学生を対象とし、ビジネスアイデアの具現化に導くプログラムである。単なる思いつきを超えた実践的なアイデアを創出する方法について学ぶ。実際のビジネスで磨き上げられた手法を体系化し、海外で生まれたデザイン手法を日本向けにカスタマイズしたデザイン系のコースと、イノベーションを創出するための思考手順＝全てのモノ・コトを機能中心で考える発想法を学ぶアイデア系のコース、起業を考えている人材に、そのきっかけとなる体験を海外プログラムなどで提供するグローバルコースの3つで構成される。

　主なコース及び開催したイベントは以下となる。

- ・イノベーション創出思考法
- ・未来創造デザインコース
- ・Business Idea Design コース
- ・プロダクトデザインコース
- ・海外集中講座
- ・海外連携講座
- ・デザイン共創プログラム
- ・テクノロジービジネスの最前線
- ・ハッカソン「未来のキャンパス」

### （3） ビジネスモデル仮説検証プログラム

　上記2つの教育プログラムで得られたシーズやアイデアを、起業に結び付けるための具体的手法を学ぶプログラムである。米国スタンフォード大学で実施されている最先端の起業家教育プログラム「リーン・ローンチパッド」を我が国の環境に最適化した新規事業創造のための実践講座となっている。研究成果や商品アイデアを元にした製品・サービスを題材として実際にビジネスモデルをデザインし、そのブラッシュアップを図りながら、事業を立ち上げるための手法を学ぶ。プロトタイプの作成や潜在顧客へのヒアリングによるビジネスモデルの検証が課題となる実践的な内容である。事業化手法を学ぶ総仕上げに、研究者にとって自分の研究成果が社会のニーズに結び付くものか検証することで、社会の課題解決に役立つ研究としての方向性を明確

にする。
　以下の2コースにより、新規事業立ち上げの実践を経験する。

　・エッセンシャルコース
　　　製品・サービスのアイデア、事業化を目指す研究成果を基に新事業を立ち上げることを想定し、ビジネスプランを実現する方法を学ぶ。2回の講習の間に実践的なフィールドワークを行う。
　・プレミアムコース
　　　合宿による集中特訓を含めたフィールドワークで実践的に新規事業の立ち上げをめざす。アドバイザーやメンターが学習を支援する。

## 三　結びに代えて

　以上のように、理工学術院では、ポスドク・キャリアセンターと博士キャリアセンターが博士課程学生やポストドクターを対象とした教育プログラムを先駆的に実施し、有意義なプログラムは大学院の正規科目化を目指すといったプロセスで専門科目とは別立ての教育システムを整備する流れができている。そして、WASEDA-EDGE 人材育成プログラムの開始により、理工学術院の学生と文系学術院の学生が協同でビジネスの立ち上げや社会問題など実社会に直結した課題に取り組むという大学院教育の新たな展開が進んでいる。
　最後に、文理融合教育という切り口から、「体験の言語化」と理工学術院の博士課程学生・ポストドクター向け教育との関係性を考察し、本稿の結びに代えたい。
　「体験の言語化」と理工学術院の博士課程学生・ポストドクター向け教育の実践は、ともに、複雑な現代社会の諸課題に果敢に立ち向かう人材の養成には従来の大学教育が行ってきた知識提供型の教育のみでは限界があることを見据え、それを補完するものとして、対話や現場での経験といった実践系の教育手法を効果的に取り入れることによって、おかれた状況に主体的に介入できる能力を養成しようとするところに共通性がある。

WAVOCで「体験の言語化」モデルが構想された際に、教育対象としてさしあたり想定されたのは、文系学術院の学部学生や修士学生であったと推測するが、かかる学生を対象にした教育モデルの模索が、ここにおいて理工学術院における博士課程学生・ポストドクターの教育の試みと交差したことは示唆的である。

　いわゆる「文理融合」は、大学教育においても古くから提唱されている概念ではあるが、その具体的な教育手法については未だ確定していない印象がある。これは、1つは大学教育における専門領域の壁、特に日本の理系／文系の壁は、教員が専門知識を学生へ授けるといった大学の伝統的な教育手法のみでは越え難い（専門の壁を乗り越えて融合する動きにはつながりにくい）という事実に理由が帰せられるだろう。

　しかるに、知識提供一辺倒の従来型の大学教育を止揚したところに拓かれる新しい教育モデルは、実践系の教育手法を軸に「文理融合」を具体的に展開させる可能性を秘めている。理系と文系の学生がチームを組み、共創館の一室でそれぞれの専門分野の知識を武器に議論を行い、課題の解決に挑むWASEDA-EDGE人材育成プログラムはその端緒となる予感がある。

　「文理融合」を理工系教育から見れば、その教育実践は、理工系の学生へ社会的課題に対する当事者としての意識を回復させる取り組みであるといえる。言うまでもなく、全ての社会成員は多かれ少なかれ社会的な課題を引き受ける立場にある。しかし、従来の理系／文系の教育枠組みでは、理工系学生は専門分野のスペシャリストになるという意識は自然に身につけることができても、社会の現実的な課題に対応するということは、どちらかというと文系の役割として視野の外に置いてしまう傾向があったように思われる。「文理融合」の教育実践では、理工系学生にも文系学生と席を並べて社会的課題に向き合わせることで、自分も当事者として主体的にその解決に取り組む立場にあることを再認識させてゆく。

　「文理融合」の教育の意味は、つまるところ、大学の学知を結集して社会の課題を解決してゆくこと、そのための担い手を養成することにある。そして、社会貢献は、従来の大学の役割であり、かつ最大の使命である教育、研究に続く大学の第三の重要な役割である。

博士キャリアセンターでは、これからも理工学術院におけるカリキュラム開発を先駆的に進めることで、社会でイノベーションを創出できるリーダーとなる理工系博士人材の養成を図る。そして、理工学術院での教育実践の経験と方法論を文系学術院の教職員とも共有し意見交換することで、早稲田大学全学の教育システムの拡充に貢献したい。

　本稿は早稲田大学博士キャリアセンターの事務局長兼センター長代行の高橋浩客員教授、同センター元事務局次長の鈴木清貴氏（現早稲田リーディング博士プログラム事務局）、及び同センターチーフコーディネーターの深澤知憲氏、コーディネーターの大野昌人氏らが分筆し、鈴木氏と同センター長の朝日が取りまとめたものであり、各氏の多大なる貢献に深く感謝したい。

---

[1]　その嚆矢として、日本経済団体連合会「イノベーション創出を担う理工系博士の育成と活用を目指して」2007 年，がある。
[2]　この点については、たとえば文部科学省 科学技術・学術政策研究所『民間企業における博士の採用と活用』2014 年 12 月，などを参照。
[3]　文部科学省グローバルアントレプレナー育成促進事業（EDGE プログラム）。「研究成果を基にした起業家・新規事業創出人材の育成」を掲げたプログラム。
[4]　2015 年 2 月 8 日開催 EDGE コンペ GOLD AWARD 受賞。チームリーダーとして牽引した。

# 第5部
# 体験の言語化の可能性

# 第1章

## 「体験の言語化」今後への期待

大野髙裕

### 一　はじめに

　早稲田大学で先進的に行われてきた教育プログラムとしての学生ボランティアは、単に学生がボランティア活動の現場に入って体験をするだけでなく、体験前後に事前学習と事後学習をサンドイッチ化することによって、理論と実践が結び付いた人間力育成に対する高い教育効果を上げることができた。学生ボランティアを教育の一環として考えるにあたり、本学ではボランティア体験の中身をいかに言葉として、そしてロジックとして取り出すかの新たな取り組みを始めた。これが早稲田大学発の「体験の言語化」である。大学という学問の府においては、言語化され論理化された知識集合を対象として教育・研究がなされている。ところが、人間生活には、「感じて」はいるものの、それが未だ言葉による表現や論理的な説明がなされていない部分が数多くある。人間の「内面」には存在しているが、それが何であるかを自分自身で認識したり、あるいは他者に伝えるための言葉を発見し論理を構成するという作業能力は、これまでは人々がそれぞれ試行錯誤的に自分の力で培ってきたものであろう。しかし、そうした能力の開発に生まれつき長けた人もいればそうでない人もいる。誰にでも一定の能力を備えることができるようにするのが「教育」の役割であるとするならば、このような「人が感じている」ことを「言葉や論理」に置き換えていく能力を開発するための「教育プログラム」が存在しなければならないだろう。そうした思いから「体験の言語化」の開発作業が開始されたものと私は解釈している。

　「体験の言語化」がどのように開発されたか、あるいはその成果として得られたものが何かという議論は岩井先生や兵藤先生が尽くしているので、重ね

て話を展開するつもりはない。しかしこの「体験の言語化」の取り組みはまだ緒についたばかりであって、今後さらに進化する可能性があるし、また進化させなければならない価値の高いものであると認識している。そこで、「体験の言語化」の進化の方向性について私見を述べてみたい。

## 二　「体験」の価値

　その人の「体験」は言うまでもなく、その人だけのものであり、まさに世界にただ1つ only one である。インターネットに代表される現在の情報化社会では、どこにでも情報は転がっていて、誰でも、いつでも、どこでも、知識を得ることはできる。しかしそれらはすでに誰かの手によって加工された2次情報であり、また情報取得者にとってはバーチャルに過ぎない。しかし、体験は本人にしかない0次情報であるし、また対面して他者から見聞きして得た事実は1次情報であって、いずれもリアルな世界でそこにしか存在しない貴重なものである。情報化社会のようなバーチャル・ワールドが広がれば広がるほど、体験等のリアル・ワールドはその価値を増すものである。それはなぜか？人間は体験しないと心身で物事を理解・修得することが得意ではないからである。知識を得ると頭では理解できるが、深い本質までを心で捉えることが難しい。早稲田大学では中長期計画 Waseda Vision 150 において、なぜ「全員留学」を目指しているのかといえば、それは現地で生活をして異文化を肌で体験しなければ、異文化の本質を心身で把握することができないと考えているからである。映像などで海外の様子を見ても、それは頭での理解に終わってしまい、身心には染み込まない。

　人は自分が悲しい出来事を体験しないと他人の悲しみや痛みを本当に理解することはできないし、親身になれないものである。心からの涙は流せないし、その人の悲しみを本当に小さくできる行動を採ることができない。「お気の毒に」「かわいそうに」という言葉には、他人の悲しみをどこか高みから見ている感情を含んでいる。「自分は違っててよかった」という安心感や優越感があって、所詮、他人事である。しかし、自らの体験はすべてのことを自分事に変えてしまう。自らの悲しみを背負った人は他人の悲しみも一緒になっ

て背負うことができる。それはすべてを自分事として心身に刻み付けることができているからである。そして他者に対して本当に優しくなることができる。自己体験は他者の体験や知識を自分事へと変換し、背後にある本質の発見へと化学反応を起こさせるものである。さまざまな体験を積めば積むほど、他者の体験への理解の範囲が広がり、また深くもなる。そして、1次情報や2次情報からの本質の抽出能力も高くなる。したがって数多くの体験を積むことは、人間性豊かな人として生き抜くために不可欠なものであり、特に現代のようなバーチャルな世界が大きくなればなるほど、必要性が増してくるのである。

## 三 「体験の言語化」の意義

体験の価値は今後ますます高まるが、せっかくの宝である「体験」を得たとしても、それが自分の内面にあって自らが「それはいったい何なのか？」と気づくことがなければ、まさに宝の持ち腐れである。他者へ伝えるにしても、言葉に表現し文章という最低限の論理構成をしなければならない。まして、大学が範疇とする学問は、言葉となり論理となった時点からが対象となって、そのスタートを切ることができる。そしてスタートラインに立つための内面的な作業が「体験の言語化」と位置付けられる。

私見として「体験の言語化」は2つのレベルに分けることができると考えている。それは「自分自身への働きかけ」と「コミュニティ（組織）への働きかけ」の2つである。

まず自分自身への働きかけに関しては、

① 自分が何を感じた（得た）のか事実の発見
② その事実がコミュニティや社会とどうつながるのかという問題意識の醸成
③ その問題に対する自分の役割の発見による自分が何をすべきかの規範の確認
④ 自分の役割を果たすための行動計画の策定

という4つのプロセスから構成されるべきと考えている。人が社会的な存在

である以上、自らの体験は社会への貢献へとフィードバックされなければならないはずであり、単なる「気づき」に終わらせてはならないし、最終的に課題解決のための実践的行動へと結びつかなければならない。

次に、コミュニティへの働きかけについては、自分自身での「体験の言語化」の上に、

① 他者に伝え理解を得て共有
② 問題を共有し解決のための協働
③ 協働のためのチームビルディングとリーダーシップ
④ コミュニティとしての行動計画策定

という4つのプロセスを考えている。個人で課題を解決するには人の能力はあまりに小さく、誰であっても組織を形成することで課題解決が図れる。そのためにも、「体験の言語化」は自分自身だけに閉じることなく、他者に伝わるような言葉・論理へと、より一般性を高めることも求められる。

これまで「体験の言語化」のための「素材」となってきたのは学生ボランティアであるが、上述のように2つのレベルでそれらプロセスを整理してみると、まさに学生ボランティアは「素材」として極めて適切であったと思われる。今後、「体験の言語化」教育をより広範に行うにあたっては、素材をボランティア以外にも求めることが必要になるが、どういう「素材」が適切かを検討するにあたっては、上述の二種類のプロセスに合致しやすいかどうかを1つの基準として用いることもできるのではないか。

ところで、「体験の言語化」は芸術家が産み出した絵画・音楽などの芸術作品と、評論家による芸術作品の解説との関係に似ているように思われる。感覚・感情表現としての芸術作品が秘めている内面を評論家が言葉や論理によって外部へと説明していく。この場合には芸術家と評論家という別人格が2つをつなぎ合わせているわけだが、「体験の言語化」の場合には本人がそれを一人でやっており、その作業にインストラクターがアドバイザーとして介在する形態となっている。そうした意味において、芸術作品に対する評論というのは、今後の「体験の言語化」を進化させるための1つの先行事例として参考になるかもしれない。

## 四　「体験の言語化」の危うさ

　内面的な感覚や感情を言葉や論理によって外部に露出させるという「体験の言語化」は人が社会生活を営む上で不可欠であり、また重要であることは言うまでもないが、一方で注意すべき点も存在することに心を配るべきである。ここでは私見としては2つのことを取り上げてみたい。
　1つには、「体験の言語化」が自分の再発見や再構築のプロセスを伴うことによる「危うさ」を挙げる。人が「なぜそう感じたのか？」ということはその人の深層的な内面性に依拠している。それをあぶり出すということは、その人が普段、心の奥底にしまっていて、本人も忘れている、あるいは忘れていたいことを無理やりに気づかせることにもなりかねない。うまく自己の再発見・再構築ができればいいが、失敗して自分の中でアイデンティティがバラバラになり大きな混乱をきたしてしまう危険性もある。そうした意味ではカウンセリング的な要素が「体験の言語化」には含まれていると考えられるので、その方面での知見を取り入れてブラッシュアップすることも検討すべきであろう。
　もう1つは感覚や感情を言葉や論理へと変換するときの翻訳ミスに関する「危うさ」である。ともすると、本当はドロドロした感情であったとしても、自分や他者へのかっこうを気にして、建前やきれいごとで表現してしまうケースもあり得るだろう。自分で自分を誤魔化すならばまだしも、そこに他者を巻き込むとなるとその影響は大きい。外部に露出された言葉や論理に基づいてコミュニティが走り出した時に、本人が自らの内面的感情とのかい離に悩むというケースも想定されなくもない。また、人の感情や感覚には必ずしも一貫性がないことも少なくない。しかし、あまりに論理性を突きつけると、形式的には「体験の言語化」ができたものの、まったく実体に即していないものになってしまう危険性もあろう。

## 五　期待する進化の方向性

　「体験の言語化」が独自の発展を遂げてきたことは素晴らしいことである。しかしこれからのさらなる進化を考えると、周辺の学問領域との類似性・異質性の分析や連携・接続といったことを検討する必要性がある。たとえば、前述したカウンセリングのノウハウの援用やリーダーシップ育成との接続性などはすぐにでも導入できそうな分野である。これ以外にも検討するために、「体験の言語化」を中心に据えた周辺領域の学問・手法などのマッピングを行う作業を早急に進めてみてはどうかと考える。

　また、「体験の言語化」の教育プログラムは一部の人間が受講すればいいという性質のものではなく、社会的存在であるためのすべての人が備えるべき能力である。そこで、この教育展開を大規模化することが急がれるが、そのための指導者養成プログラムの作成や、さまざまな「素材」での「体験の言語化」プログラム展開が必要となる。さらに言えば、現在は大学生を対象として教育プログラムが実施されているが、これをどの程度まで低年齢化して初等・中等教育の場で行うことが適切であるかの検討もすべきであろう。

# 第2章
## 教育の国際潮流・国際目標達成における「体験の言語化」の可能性

黒田一雄

### 一　はじめに

　人の国際的移動の爆発的増加、情報通信技術の長足の進歩、国際的経済統合の進展と市場経済の進化、そして知識基盤経済の形成は、従来一国の枠組みで議論されることの多かった教育に対しても、「国際的」で「グローバル」な変容を迫っている。国際化（internationalization）やグローバリゼーション（globalization）は21世紀における教育のキーワードとして認識され、個々の教育機関や国レベルの行政機構、そして国際社会における教育に関する議論の中心的な位置を占めるまでの課題となってきた。そうした国際社会における動向は、教育の内容や政策目標にも、大きな影響を与え、「21世紀型スキル」「持続可能な開発のための教育」等の能力観や教育のあり方への関心が高まっている。本論では、「体験の言語化」をそうした教育の国際的変容・潮流の観点からとらえ直し、その将来像を展望したい。

### 二　高等教育国際化の潮流

　高等教育の国際化とグローバリゼーションに関しては、近年様々な議論がなされてきた。その過程で、国際化を、国家的枠組みを前提として、高等教育の国境を越えた活動が拡大することとし、グローバリゼーションを、国境や国家的枠組みを前提とせず、高等教育が世界的に展開することとして区別する議論（Scott 2000）や、国際化を、学生や教員の物理的な移動、学術協力、国際教育、大学間連携等の伝統的な高等教育の国際的活動とし、グローバリゼーションを、国境を越えた高等教育の競争的市場の形成やトランスナショ

ナルエデュケーション等の革新的な高等教育の展開を背景とした高等教育の変容として特徴づける議論（Wende 2003）がなされてきた。しかし、最近の国際高等教育研究において最も頻繁に使用される定義はナイト（Knight, J.）が提示した「（グローバリゼーションとは）人、文化、思想、価値、知識、技術、経済が国境を越えて移動し、結果的に世界をより結合させ、相互に依存する状況にすること」（Kight 2008：4）、「（高等教育の国際化とは）中等後教育の目的、機能、もしくは提供の形態に国際的、異文化間的、グローバル的側面が統合されていく過程」（Knight 2008：213-214）とした定義であろう。つまり、ナイトは、グローバリゼーションをデファクトで進む社会経済の変容であるとし、国際化をそれに対する政府や高等教育機関の対応だとした。

　こうしたグローバリゼーションに対応する高等教育の国際化には様々な形態が存在する。世界貿易機関（WTO：World Trade Organization）はサービス貿易の自由化交渉の対象として、教育をとりあげ、サービス貿易の4つのモードに当てはめて分類している（塚原 2008）。第一モードは「国境を超える取引」で、高等教育では国際的な遠隔教育の提供がこれに当たる。情報通信技術の進展により、インターネットを活用するなどして、近年急速に拡大している高等教育の国際的活動の形態である。第二モードは「海外における消費」で、最も伝統的な高等教育の国際的形態である海外留学がこれに当たる。最新のユネスコ統計によると現在世界には300万人の学生が海外留学しており、今後も大きく増加すると予測されている（UNESCO Institute for Statistics 2010）。第三のモードは「業務上の拠点を通じてのサービス提供」で、分校の設置や現地高等教育機関との提携による海外での教育活動がこれにあたる。英国やオーストラリアの大学のアジア・中東へのブランチキャンパスを通じた進出や中国での現地提携校を通じたトランスナショナル教育プログラムの提供など、大きく展開している分野である。第四のモードは「自然人の移動によるサービス提供」で、大学教員が海外に赴き、教育を行うこと等を示す。このようなWTOのサービス貿易という観点からの分類は、ダイナミックに進展する高等教育の市場的な国際化を把握し、他のセクターの国際化と比較対照するために長けているが、必ずしも国境を超えてではなく、国内においても進展する高等教育国際化の態様を把握することが難しい。

ナイトは、こうした観点から高等教育の国際化を「国内における国際化」(internationalization at home) と「国外における国際化」(internationalization abroad)」に分類し、上記のような国外における国際化以外にも、「国内における国際化」として、国際的テーマを教育プログラムや研究の対象としたり、外国語教育や地域研究を振興する等の教育プログラムの国際化や、外国人教員や外国人学生、国際的な教材を積極的に活用し、教育・学習のプロセス・環境を国際化すること等を、高等教育国際化の重要な構成要素としている。また、国境を超える教育 (cross-border education) を、①人 (people) の活動として、留学や海外研修等、②プログラム (project) としてダブルディグリーやツイニング等の海外大学と教育連携事業等、③大学・サービス提供者 (providers) の活動としてキャンパスの海外展開や海外事務所の設置等、④プロジェクト (project) として国際共同による研究やカリキュラム開発等と分類しており、様々な国際高等教育研究で、この分類が使用されている。しかし、プロジェクトとプログラムの区別が明確でない等、問題も多い。

そこで、国際協力機構研究所における東アジアの高等教育国際化研究では、国際化の態様をアクターによって分離し、①大学の組織的国際化の活動として、カリキュラム・教育環境の国際化、国際的大学間協定の締結、国際的共同学位プログラム、国際的遠隔教育の提供等、②教職員に関わる国際化として、教職員の海外派遣、外国人及び国際的経験のある教職員の採用、国際的共同研究等、③学生に関わる国際化として、在学生の長短期の海外留学・派遣、外国人留学生や帰国子女等の国際経験のある学生の受け入れ等、の3アクター・9項目を分析の対象としている (Kuroda, Yuki, and Kang 2010)。

## 三　高等教育国際化における「体験の言語化」の可能性

上記のように、高等教育の国際化には様々な態様が存在する。これが社会経済のグローバリゼーションにどのように対応しようとしているのかを個々に分析することが、国際高等教育研究の今後の重要な課題となるが、データの限界から、総合的な実証研究は未だ少ない。また、個々の教育機関にとっても、高等教育国際化のかけ声の下、拡充してきている留学や国際共同学位

課程・海外ボランティア・海外インターンシップ等を含む国際教育プログラムを、どのように実施し、評価・検証し、より教育的なプログラムとしていけるのかについて、成案は乏しく、徒に派遣受入の留学生数や国際教育プログラム数・外国人教員比率等を目標として設定し、他機関と競うような取り組みに終始してきた。そもそも、こうした数量的な競争が、学生にとっての教育の質的向上そのものに直結する可能性はほとんどなかった。しかし、国際教育プログラムの運営に「体験の言語化」を活用することができれば、いくつもの可能性が開かれるのではないだろうか。

　第一に、留学や海外ボランティアに代表されるような国際教育の機会について、「体験の言語化」の取り組みを行うことは、学生個々の国際体験を「ふりかえり」によって反芻させ、体験からの学びを飛躍的に向上させる可能性がある。国際的な教育経験による学びは、そこで認知的に学んだ知識だけではなく、異文化との交流や文化摩擦を通じて、まさに「体験」から学んだ非認知的な能力をその主要な対象としており、こうした学びを「体験の言語化」によってとらえ直すことが学習成果を何倍にもする可能性がある。

　第二に、講義科目におけるような客観的・相対的な試験によるモニタリングでは測りきることのできない、国際教育における学生の学びを、「体験の言語化」は数量的ではないにしろ、可視化し、説明責任を明確にし、国際教育の質向上に資する可能性がある。こうした「体験の言語化」を通じた国際教育による学びの体系化は、偶発的なものとしてのみ想定された「体験的」な学習効果をよりシステム的に国際教育に取り入れていく方法をも示唆することができる。

　第三に、国際教育に関する「体験の言語化」の大学レベルや一国レベルの蓄積は、組織・国の戦略や政策への含意として、改革の礎となる可能性がある。近年の大学改革・高等教育政策において見られるような数値目標にしばられた高等教育国際化の在り方・改革の方向性に風穴を開ける可能性もある。

## 四　非認知的学力をめぐる国際潮流と「体験の言語化」

　高等教育の国際化と並んで、近年の教育をめぐる国際潮流として注目すべ

きは、非認知的学力に関するものであろう。2015年9月、「国連持続可能な開発サミット」は、「持続可能な開発目標（SDGs）」を含む「持続可能な開発のための2030アジェンダ」を採択した。2015年から2030年までのグローバルガバナンスの基となるこの政策目標は、17項目にも及ぶが、その第4の目標として教育は位置づけられ、「すべての人に包摂的かつ公平で質の高い教育を提供し、生涯学習の機会を促進する」ことを大目標に、さらに細分化された幼児教育から高等教育に渡る広範な教育分野の目標が定められた。2000年から2015年に至る枠組みであったミレニアム開発目標に比して特筆すべきは、新たな目標には、「持続可能性」や「地球市民性」「平和の文化」「非暴力」「文化多様性」というようなキーワードをもって、教育の目指すべき価値が盛り込まれたことである。翻って、世界各国の教育改革に大きな影響を与えているユネスコのドロール報告書やメルボルン大学研究チームによる21世紀型スキル論でも、こうしたこれまでの認知的学力を基本とした教育観とは異なる非認知的なスキル形成が、今後の教育の方向性として重要視されてきている。

　近年、こうした非認知的学力の促進のための様々な教育のあり方が国際社会において提案され、また非認知的学力をモニタリングし、測定しようとする取り組みも活発化している。例えば、2002年のヨハネスブルグ環境サミットにおいて、日本政府と日本の市民社会が共同提案した「持続可能な開発のための教育（Education for Sustainable Development、以下ESD）」は、ユネスコによって2005年から2014年まで「ESDのための10年」として推進され、様々な教育実践として結実した。認知的学力のモニタリングシステムとして国際的な影響力を拡大しつつあるOECDの国際学力調査（Programme for International Students Assessment、PISA）も、早くから「問題解決能力」等の非認知的学力の測定にもその対象を広げ、直近では「協働的問題解決能力（Collaborative Problem Solving Skill）の測定を行っている。

　そうした取り組みの中で明確になってきていることは、非認知的学力のシステム的なプログラム開発と、そのモニタリングの、特に数量的把握の困難さである。「体験の言語化」が、「体験から社会の課題を発見」し、「学びの意欲につなげる力」（第3部第1章）を育成するために、有効な教育手法であると

するならば、上記の非認知的学力の国際潮流にも適合した教育プログラムの提案となる。また、「体験の言語化」を通じて生み出された成果物は、数量的ではないにしろ、非認知的学力の可視的な把握の重要なデータとなり得る。

## 五　まとめ

　以上、高等教育国際化と非認知的学力の関する国際潮流を概観し、その立場から「体験の言語化」の可能性を示唆した。こうした可能性を追求していくために、「体験の言語化」プロジェクトに対して、2つの方向性を提案したい。まず、ボランティア活動を中心に取り組んできた「体験の言語化」の対象を、留学や海外インターンシップ等に広げ、国際的な教育機会に関する「体験の言語化」の知見を蓄積してほしい。そうした過程の中で「地球市民性」や「持続可能性」「平和の文化」といった、教育におけるグローバルガバナンスの潮流で目標とされる価値の達成に、国際教育や体験がいかに結びついているかを明らかにしてほしい。同時に将来の国際展開を可能とするため、多言語・外国語での「体験の言語化」を促進してほしい。第二に、教育手法としての「体験の言語化」に加えて、教育成果のモニタリング手法としての「体験の言語化」をも探求してほしい。「ふりかえり」が自律的な学びの深化であるとするならば、モニタリング手法として「体験の言語化」を活用することは決して教育手法としての「体験の言語化」と矛盾しない。

　「体験の言語化」は、現代における教育の国際潮流・国際目標に対して、大きな可能性を秘めた教育実践である。今後の益々の進化と発展を期待したい。

**参考文献**
塚原修一編（2008）、『高等教育市場の国際化』玉川大学出版部.
Knight, J. (2008), *Higher Education in Turmoil : The Changing World of Internationalization*, Rotterdam : Sense Publishers
Kuroda, K., T. Yuki, and K. Kang (2010), *Cross-border higher education for regional integration : Analysis of the JICA-RI survey on leading universities in East Asia*, Tokyo : JICA Research Institute.
Scott, P. (2000), "Globalisation and higher education : Challenges for the 21st century," *Journal of Studies in International Education*, 4(1), pp. 3-10.
UNESCO Institute for Statistics (2010), Global Education Digest 2010, Montreal : UNESCO

Institute for Statistics.
Wende, M. (2003), "Globalization and access to higher education," *Journal of Studies in International Education*, 7(2), pp. 193-206.

# 第3章

## 「体験の言語化」の今後の可能性

村上公一

### 一　はじめに

　平山郁夫記念ボランティアセンター（WAVOC）は 2002 年の発足以来、数多くの学生をボランティア現場に派遣するとともに、学生自らが企画し実施するボランティア活動を支援している。当初より、ボランティア活動を単なる一過性の活動で終わらせることなく、学生自らの成長につなげていくためには何が必要かとの問題意識を持ち、様々な試みを行ってきた。とりわけボランティア活動における「ふりかえり」については、いずれの教員もその重要性と可能性を認識しており、それぞれのやり方で「ふりかえり」を実践してきた。「体験の言語化」はこれらの実践を踏まえ、「ふりかえり」を体系化、標準化したものである。

　体験の言語化の開発過程や授業内容、またその意義やそれを通した学生の成長などについては既に詳しく述べられている。ここでは、その成果を踏まえた上で、今後の可能性について3つの側面から考察する。

### 二　体験の言語化の横への拡張

　「体験の言語化」は学生がそれぞれの体験を内省することが授業の中核となる。当初において対象とされたのはボランティア活動での体験であったが、現在ではボランティア活動に限定せず、部活動、サークル活動、インターンシップ、アルバイトなど、様々な体験が対象とされている。教室では学生たちが多様な体験を持ち寄り、①体験を思い出し、気持ちをふりかえる、②相手の事情と気持ちを想像する、③体験からつながる社会の課題を発見する、

④多面的な視点から社会の課題を発見する、⑤最終語りに向けて「有機的なつながり」をつくる、⑥学生による語りとディスカッション、の流れで体験の言語化の授業は進む。体験はどんな体験であっても社会と全く無関係に存在することはない。したがって社会という文脈に還元することができる。ボランティア活動のふりかえりからスタートし、その対象を広げることで（授業の流れに②があることから分かるように、人間関係を伴った体験に限定されるものの）、「体験の言語化」は一定の普遍性を持った授業に進化した。

「体験の言語化」の「言語化」が社会という文脈に収斂するのは、ボランティア活動という社会性の極めて強い体験のふりかえりからプロジェクトがスタートしたことに起因する。専門的な学問分野であれ、スポーツであれ、それらが社会の中で存在し、一定の機能を果たしている以上、社会という文脈での言語化は大きな意味を持つ。その意味で「体験の言語化」は現在のプログラムのままでも、様々な学問分野での活用が可能である。

また、「言語化」を社会以外の文脈に収斂させるモデルを作ることにより、さらに適用範囲を拡大することが可能である。例えば、外国語や専門的な学問分野の学習体験を言語化の対象とし、学習、修得の方法や過程自体に収斂させることも考えられる。スポーツの試合や練習中の心にひっかかった場面から「体験の言語化」をスタートする場合も、着地点を社会以外の文脈に設けることができるだろう。

「体験の言語化」プログラムの経験によれば、単一分野での閉ざされた狭い体験を持ち寄るのではなく、複数分野での開かれた広い体験を持ち寄った方が、学習、とりわけ学生間の相互助言の中で多様な視点を得られやすく、多面的、重層的な言語化につながる。これらの点を踏まえ、「体験の言語化」プロジェクト担当教員とそれぞれの学問分野等の教員との協働により、具体的な拡張プログラムを作っていくべきであろう。

## 三　体験の言語化の縦への拡張

「体験の言語化」の履修者は学部生を対象としており、学年は問わない。教室には新入生もいれば、就職活動中の４年生もいる。彼らはお互いに協力し

ながら、教育目標である①体験を「自分の言葉」で語る力、②体験から社会の課題を発見する力、③体験を学びの意欲へつなげる力を身に付けていく。これらの能力は、人が他者との関係性の中で、また社会の中で学び、生きていくために必要な基本的な能力である。また同時に、「体験の言語化」を通してものの見方や社会との関係性が変わる、つまり自らを変容させる学習でもある。基本的な能力であるという点からみれば、「体験の言語化」のような授業は、大学教育以前に行われるべきであり、自らを変容させる学習であるという点から見れば、成人後の場においてより大きな意味がある。

　体験を「自分の言葉」で語るという学習は、小学校、中学校、高校の教育において何度も繰り返されてきたはずである。それにもかかわらず十分な力が身に付いておらず、大学教育の中であらためてその学習の場を設けなければならない。この現状は変えていく必要がある。また、体験から社会の課題を発見する力や体験を学びの意欲へつなげる力も高校段階で身に付けておきたい能力である。とりわけ、選挙権年齢が18歳に引き下げられたこともあり、高校生の段階で社会とのかかわりを考え、主体的に行動できるようにならなければならないのは当然のことであり、学校はそのような力を獲得する場を設けなければならない。「体験の言語化」はその一つのモデルとなる。現在大学生を対象として開講されている「体験の言語化」は、そのままでも高校での実施に耐えうるが、やはり高校の教員との協働により高校の現場に合った拡張プログラムを作るのが望ましい。

　その際に、注意したいのは、同じクラスの生徒を対象とした場合、極めて類似した体験が取り上げられることが多くなることが容易に予想できる。「体験の言語化」は多様な体験に多様な視点が加わることによって活性化する。単一的な体験に単一的な視点といったものにならないように注意しなければならない。

## 四　体験の言語化の裏への拡張

　「体験の言語化」は学生の成長を促すための授業であるが、同時に教員自身の成長の場ともなりうる。「体験の言語化」は複数の教員が関わるプロジェク

トとしてスタートし、教員間の議論を通じてブラッシュアップにつとめ、現在の形にまとまった。この開発過程そのものが実質的なファカルティ・ディベロップメントとして評価しうることは既に前章で述べられている通りであるが、ここで注目したいのは、88ページからなる『授業者用ガイドブック』（2016年度版）が作成されていることである。「体験の言語化」は、複数の担当者により同一シラバスの授業が20クラス以上開講されている。年度により担当者も入れ替わりがあり、その入れ替わりを可能にしているのがこの『授業者用ガイドブック』である。

ガイドブックは【理念と参加型授業の心構え】【理論背景】【各回の授業ガイド】【添付資料】から構成されている。細目は以下の通り。

---

【理念と参加型授業の心構え】
　教育の目標／教える側の姿勢／参加型講義の心構え
【理論背景】
　体験の言語化を大学生に実践する意味／授業実践をする教員にとっての意味／授業で実践する方法論の意味
【各回の授業ガイド】（第2回目の例）
　第2回目の位置づけ／第2回目の目的／授業のタイムテーブル／受講生への指示に対する留意点／教員による具体的なインストラクション例（学生の言葉を引き出す）／学生のつまずき事例とその対応／モデル受講生の様子／学生の到達度チェックリスト
【添付資料】
　第1回目～8回目配布資料／学生が発見する「社会の課題」の具体事例／「自分の言葉」の事例集（学生によるオリジナル表現）／モデル学生の発表原稿／Q＆A

---

「体験の言語化」授業を実施するにあたっての必要事項が、これまでの授業実践の中で得られた経験に基づき、つまずき事例も含め掲載されており、非常に有用である。もちろん実際の授業では、ガイドブックに記載されてない事例が次々に現れるが、その情報が共有され、重要な事例はガイドブックに追加されていくことになる。

大学教育は現在、その教育の在り方を受動的な学習から能動的な学習へと大きく転換することを求められている。その際にこれまで受動的な学習に慣れ親しんできた学生たちの学習習慣、学習態度が大きな障壁となるのはもちろんだが、それ以上の障壁は、教員の側も受動的な学習に慣れ親しんできたため、簡単には能動的な学習に切り替えられない点にある。ファカルティ・ディベロップメントが声高に叫ばれるゆえんである。

「体験の言語化」をファカルティ・ディベロップメントの場として活用することが第三の拡張である。「体験の言語化」は体系化されたアクティブラーニング型の授業である。この授業を担当するために特定の学問分野の専門知識を必要とするものでもない。クオータ科目なので8回の授業で完結する。さらに、詳細な授業ガイドブックも既に準備されている。アクティブラーニング型授業を体験してみたい教員にその場を提供する条件は整っている。また今後、大学教員を目指す大学院生や助手にとっても格好のアクティブラーニング型授業実習現場となる。もちろん、彼らが初めから単独で授業を担当することは難しいかもしれない。その場合は、既に担当したことのある教員が伴走者として授業に臨むことも考えられる。授業終了後はそれぞれの事例を持ち寄って共有し議論する機会を設ける。こうしたことにより、実践的なファカルティ・ディベロップメントの場とすることが可能である。

## 五　おわりに

ボランティア活動における「ふりかえり」から始まったWAVOC教員たちの教育方法開発をめぐる冒険は「体験の言語化」という体系化されたアクティブラーニング型授業として結実した。その成果については本書の各所で述べられているので、本稿では今後の可能性を、1. 横への拡張（「言語化」を社会以外の文脈に収斂させるモデルを作ることにより、スポーツや外国語学習や専門的な学問分野への拡がりを期待できる）、2. 縦への拡張（「体験の言語化」は高校段階でも有効であり、高校の教員との協働により高校の現場に合った拡張プログラムを作るのが望ましい）、3. 裏への拡張（「体験の言語化」をファカルティ・ディベロップメントの場として活用する）の3つの側面から考察した。

もちろん、現行の「体験の言語化」をより精緻なものとしていく努力は必要であるが、「体験の言語化」の拡張により、あらためて方法論や内容についての重層的な議論が深まることが期待でき、全体として大きな進展があると考えている。

　本書には『授業者用ガイドブック』そのものを資料として掲載していないが、近いうちに何らかの形で公開し、日本の大学における授業方法の転換の一助となることができればと考えている。

## あとがき

### 1 「体験の言語化」前夜

　WAVOCの「ふりかえり」の手法（暗黙知）を標準化（可視化）することは、可能か？「体験の言語化プロジェクト」の挑戦は、憤りから生まれた1つの問いかけからスタートした。

　「ふりかえり」を初めて体験したのは、2011年6月東日本大震災のボランティア活動中、宿泊させていただいた廃校の中だった。視覚だけでなく、熱、匂い、音、そして悲しみ、怒り、疲労、一人ひとりの小さな声、沈黙……整理しきれない「生の情報」を目の当たりにし、学生たちの感情は昂ぶっていた。何とかクールダウンをするように「ふりかえり」を始め、心の中でひっかかりを感じた場面や、もやもやとした気持ちを語り、耳を傾け、意見を交換した。ある者は、ぽつりぽつり絞り出すように、別の者は、堰切ったように。

　東京に戻り、1か月が過ぎた頃、学生たちと集まった。皆、あの時に感じた「ひっかかり」を考え続けていた。次の行動に踏み出した者、「もやもや」が続いている者、一人の力ではどうすることもできない現実と向き合い、それぞれに苦しんでいたが、考えることをあきらめていなかった。

　その頃、マスメディアから流れてくる情報に憤りを感じない日はなかった。中でも特に、「立場」が言わしめている発言に、どこに怒り向けたらよいのかわからず、自身の無力さにももがいていたが、学生たちの「体験の言語化」から紡ぎだされた言葉に、ようやく踏み出すことができたのだ。現状を打破するためには、社会の課題を自分ごととして考え続けた「あの学生たち」が必要だ。早稲田から「あの学生たち」を送り出すために自分にできることをしようと考えた。

　当時、年間の定員数が50名だった科目「体験の言語化」を一人でも多くの学生に受講してもらうためにできることは何か。

　「先生、WAVOCの『ふりかえり』の手法を標準化することは、可能でしょ

うか?」私のもやもやは、この問いかけにつながった。

「簡単なことではないけれど、やりましょう。」

最後になるが、本書で紹介したプロジェクトの成果は、WAVOCで活動した学生、学内外の多くの方々の努力と援助に依るものである。また、常にメンバーを支えてくださった髙橋精一さん、成文堂の篠﨑雄彦さんに語り尽くせないほどお世話になった。この場を借りて心より感謝の意を表したい。

(本間知佐子)

## 2 WAVOCメソッドからWASEDAメソッドへ

振り返ってみると、自分の経験の中で所謂"もやもや"とした感情を抱えたり、"ひっかかり"を覚えたことがいくつかの場面であったものである。

ときに「なぜ」と自分に問いかけてもよくわからず、ときに「まあいいか」と自分自身を半ば強制的に納得させ、起こった出来事と真剣に向き合って来たことはあまりなかったかもしれない。

しかし、これからを生きてゆく私たちは、違った態度が求められることは確実ではないだろうか。

WAVOCは正課(科目)による学びと課外(ボランティア活動)による学びの往還を目指している。これは教室での講義だけではなく、キャンパスの外に飛び出して実際に社会の課題に直面し、その解決方法を問うていくという学びである。つまり教室で学んだことを現場で活かし、現場で直面した課題を教室に持ち帰って再度学ぶのである。

そのキャンパス外の活動、特にボランティア活動の現場では、冒頭の"もやもや"を感じたり、なにかに"ひっかかり"を感じたりすることがよく起こるものである。学生たちは、楽しいはずの活動でなぜか辛さを感じてしまったり、あるいは自分が意図しなかったのに、ひとに喜ばれたり悲しまれたりと様々なことに出くわす。

そこでWAVOCでは、学生がボランティア活動を通じて自分が感じたこと、考えたことをそのままにしておくのではなく、同じ活動に参加した他者に伝え、共有するという作業「ふりかえり」を行う。学生はそれらの作業を通じ、さらに深い学びを得て大きく成長するのである。「体験の言語化」は、

まさにこれらの活動の中で蓄積されてきた大きな1つの成果であると強く感じる。

　他者に何かを伝えるということは、自分自身の内省にも繋がるのではないだろうか。いったい自分が何を感じどのように思ったのか、そしてどうしたいのかといったことをきちんと振り返り、また思考しなければ恐らく他者には伝わらないであろう。その意味からも「体験の言語化」は単に言葉を紡ぐだけではなく、自身の在り方を追及することまでも内包した手法といえよう。

　授業の中で、しかもそれが属人的なものではなく教員誰も使用可能な手法により、そのような教育が可能になるとすれば、それはとても大きな意義のあるもののはずである。

　また、この「体験の言語化」はWASEDAメソッドと銘打っており、もはやWAVOCだけの教授方法にとどまらず、広く本学の様々な授業で用いられる手法に発展したことをうれしく思う。そして、このメソッドにより自身の体験を語る能力を身に着けた学生がやがて社会に羽ばたいてゆくことは、我々にとって大きな喜びにほかならない。

　本書には、そのような新たな学びやそのための手法がたくさん詰まっているはずである。一人でも多くの方にお読みいただけることを願ってやまない。

（鈴木　護）

執筆者一覧（掲載順）　＊印編集委員

＊兵藤　智佳（ひょうどう　ちか）
　　早稲田大学平山郁夫記念ボランティアセンター准教授

＊岩井　雪乃（いわい　ゆきの）
　　早稲田大学平山郁夫記念ボランティアセンター准教授

　鎌田　薫（かまた　かおる）
　　早稲田大学総長

　古谷　修一（ふるや　しゅういち）
　　早稲田大学教務部長、法学学術院教授

　橋本　周司（はしもと　しゅうじ）
　　早稲田大学副総長

　溝上　慎一（みぞかみ　しんいち）
　　京都大学高等教育研究開発推進センター教授

　河井　亨（かわい　とおる）
　　立命館大学スポーツ健康科学部准教授

　和栗　百恵（わぐり　ももえ）
　　福岡女子大学国際文理学部准教授

　秋吉　恵（あきよし　めぐみ）
　　立命館大学共通教育推進機構准教授

　加藤　基樹（かとう　もとき）
　　早稲田大学大学総合研究センター准教授

　石野　由香里（いしの　ゆかり）
　　早稲田大学平山郁夫記念ボランティアセンター講師

　島﨑　裕子（しまざき　ゆうこ）
　　早稲田大学社会科学総合学術院准教授

　久塚　純一（ひさつか　じゅんいち）
　　早稲田大学平山郁夫記念ボランティアセンター副所長、社会科学総合学術院教授

　早田　宰（そうだ　おさむ）
　　早稲田大学社会科学総合学術院教授

　朝日　透（あさひ　とおる）
　　早稲田大学理工学術院教授

　大野　髙裕（おおの　たかひろ）
　　早稲田大学理事、理工学術院教授

　黒田　一雄（くろだ　かずお）
　　早稲田大学国際部長、国際学術院教授

　村上　公一（むらかみ　きみかず）
　　早稲田大学理事、平山郁夫記念ボランティアセンター所長、教育・総合科学学術院教授

　本間　知佐子（ほんま　ちさこ）
　　早稲田大学図書館総務課長

　鈴木　護（すずき　まもる）
　　早稲田大学平山郁夫記念ボランティアセンター事務長

体験の言語化

2016年11月20日　初版第1刷発行
2018年4月20日　初版第2刷発行

|編　集|早稲田大学平山郁夫記念ボランティアセンター|

|発行者|阿　部　成　一|

〒162-0041　東京都新宿区早稲田鶴巻町514番地
発行所　株式会社　成　文　堂
電話 03(3203)9201　Fax 03(3203)9206
http://www.seibundoh.co.jp

製版・印刷・製本　三報社印刷　　　　検印省略
©2016 早稲田大学平山郁夫記念ボランティアセンター
Printed in Japan
☆落丁・乱丁本はおとりかえいたします☆
ISBN978-4-7923-6110-5　C3037

定価（本体3500円＋税）